湖湘文化
创造性转化创新性发展研究

RESEARCH ON CREATIVE TRANSFORMATION
AND INNOVATIVE DEVELOPMENT OF
HUNAN CULTURE

廖卓娴 著

社会科学文献出版社
SOCIAL SCIENCES ACADEMIC PRESS (CHINA)

目　录

第一章　中华优秀传统文化创造性
转化、创新性发展

习近平总书记强调:"中华优秀传统文化是中华文明的智慧结晶和精华所在,是中华民族的根和魂,是我们在世界文化激荡中站稳脚跟的根基。"① 中华优秀传统文化涵盖哲学思想、历史文化、道德伦理、文学艺术、价值观念和审美品格等多个层面,源远流长、博大精深,不仅是中华民族的宝贵财富,也是世界文化遗产的重要组成部分。

当今世界,风云变幻,国际格局产生巨大变化。中国正处于全面推进中华民族伟大复兴的关键时期。面对新的形势和任务,中华优秀传统文化以其强大的生命力、影响力和感召力,正日益成为凝聚文化自信、推进强国建设、实现民族复兴的重要力量源泉。党的十八大以来,习近平总书记将推动中华优秀传统文化创造性转化和创新性发展摆在突出位置,推动中华优秀传统文化传承发展、焕发新生。② 这一重大举措,深刻体现了党中央对中华优秀传统文化的认识,为中华优秀传统文化的创造性转化、创新性发展指明了方向,提供了根本遵循。

第一节　中华优秀传统文化创造性转化、
创新性发展的研究现状

中华优秀传统文化创造性转化、创新性发展的研究受到学术界的广泛关注。相关学者从理论、实践等多个层面进行深入探索,取得丰硕成果。

---

① 《习近平关于社会主义精神文明建设论述摘编》,中央文献出版社,2022,第236页。
② 郑敬斌:《在推动中华优秀传统文化"两创"中赓续中华文脉》,《人民日报》2024年2月7日。

一 关于习近平中华优秀传统文化创造性转化、创新性发展重要论述的研究

习近平总书记全方位、多角度阐释中华优秀传统文化创造性转化、创新性发展的价值理念、鲜明特色和实践路径，体现了对待中华优秀传统文化的科学态度。国内学者对习近平总书记中华优秀传统文化创造性转化、创新性发展重要论述进行了科学研究与阐释，成果颇丰。

关于习近平总书记对中华优秀传统文化创造性转化、创新性发展科学论断的来源和遵循，学者们从理论来源和实践要旨视角加以分析阐释。徐光木、江畅指出推动中华优秀传统文化的创造性转化和创新性发展是习近平总书记在中国特色社会主义进入新时代之际提出的重大任务。① 李维武认为习近平总书记关于中华优秀传统文化的创造性转化、创新性发展重要论述的基本点，是从马克思主义的唯物史观出发，回答传统文化与当今时代中国文化发展关系问题。② 其阐明推动中华优秀传统文化创造性转化、创新性发展的根据、指导思想和切入点，要求处理好中华优秀传统文化、革命文化、社会主义先进文化三者关系，确立中华优秀传统文化由"古"向"今"的发展道路。张涛、高惠珠认为，习近平总书记关于传承中华文明的重要论述，是马克思主义经典作家的文明理论的赓续，根植中国共产党传承中华文明的理论探索，立足新时代实现中华民族伟大复兴的时代背景，具有深厚的理论渊源与现实基础。③ 阮晓菁、肖玉珍结合习近平总书记关于中华优秀传统文化的重要论述，提出在加强研究阐释、文物保护利用和文化遗产保护传承，将中华优秀传统文化融入国民教育，进行国际交流传播等推动中华优秀传统文化创造性转化和创新性发展的路径。④

---

① 徐光木、江畅：《习近平总书记对中华优秀传统文化的创造性转化和创新性发展》，《思想理论教育》2019 年第 2 期。

② 李维武：《传统文化的创造性转化与创新性发展——对习近平文化观的思考》，《武汉大学学报》（哲学社会科学版）2018 年第 5 期。

③ 张涛、高惠珠：《习近平关于传承中华文明的重要论述研究——基于创造性转化和创新性发展的视角》，《经济社会体制比较》2023 年第 5 期。

④ 阮晓菁、肖玉珍：《习近平关于"中华优秀传统文化创造性转化、创新性发展"论述研究》，《思想理论教育导刊》2019 年第 1 期。

关于习近平文化思想对中华优秀传统文化发展的科学指导作用的研究亦硕果累累。潘莉、卞程秀指出，习近平文化思想深植于中华优秀传统文化的丰厚沃土，以中华优秀传统文化为重要对象，明确揭示了中华优秀传统文化的理论认识、传承发展和新时代具体实践的"贯通"。① 林国标指出，习近平文化思想深刻论述中华优秀传统文化的本质与价值，为树立文化自信确立价值坐标；科学阐明弘扬中华优秀传统文化的原则与方法，为推进中华优秀传统文化的创造性转化、创新性发展提供基本遵循；精准概括中华文明的突出特性，为推进中国特色社会主义文化建设，创造属于我们这个时代的新文化指明方向。② 郭丽瑾、肖周录认为习近平关于推动中华优秀传统文化创造性转化和创新性发展重要论述的精神实质是坚持马克思主义和中华优秀传统文化之间的"融通和合"关系，坚持传统文化和现代文化之间的"互融共进"关系，坚持守正和创新之间的"辩证统一"关系，坚持内容和形式之间的"相辅相成"关系，坚持理论和实践之间的"相互推进"关系。③

二　中华优秀传统文化创造性转化、创新性发展研究

20 世纪 80 年代中期，有学者就提出中华优秀传统文化的可转化问题。到 20 世纪 80 年代末 90 年代初，一些学者开始就传统文化的转化问题进行深入研究，并取得一些研究成果。进入 21 世纪以来，特别是习近平总书记做出关于中华优秀传统文化"创造性转化、创新性发展"的重要论述后，关于中华优秀传统文化创造性转化、创新性发展的研究成果逐渐增多。

（一）关于中华优秀传统文化创造性转化、创新性发展的内涵研究

学者们从基本内涵、价值等层面诠释何为创造性转化、创新性发展。曹苗认为，中华优秀传统文化的"天人合一""以人为本""刚健有为"

---

①　潘莉、卞程秀：《习近平文化思想对中华优秀传统文化"体""用""贯通"的揭示》，《海南大学学报》（人文社会科学版）2024 年第 4 期。

②　林国标：《习近平文化思想对中华优秀传统文化的阐释与弘扬》，《海南大学学报》（人文社会科学版）2024 年第 1 期。

③　郭丽瑾、肖周录：《习近平中华优秀传统文化创造性转化和创新性发展的逻辑理路》，《学术探索》2022 年第 10 期。

的基本精神是中华优秀传统文化创造性转化、创新性发展的基础和前提，领会基本精神才能把握正确方向。[①] 鞠忠美将对中华优秀传统文化进行创造性转化、创新性发展定位为把中华优秀传统文化转化发展为新文化，转化发展为新文化的中华优秀传统文化被人们所掌握，并成为指导人们实践的思想文化。[②]

（二）关于中华优秀传统文化创造性转化、创新性发展的必要性与运行机理

学者们从当前中国特色社会主义文化建设、社会主义核心价值观培育、国家文化软实力提高和中华民族伟大复兴中国梦实现等层面对中华优秀传统文化创造性转化、创新性发展的必要性进行研究阐释。董成雄在分析传统与现代的内在关联基础上，总结经典作家和我党对待中华优秀传统文化的科学态度。[③] 李新潮基于语境与思想、抽象与具体、时间与空间和理论与实践关系视角，将中华优秀传统文化的创造性转化、创新性发展运行机理概括为"思想再现—语境再植""辩证分析—逐级抽象""时空交融—综合创新""纵横结合—循环往进"[④]。孔繁轲认为，创造性转化、创新性发展的过程实际上就是坚持马克思主义的立场、观点和方法对中华优秀传统文化抽丝剥茧的过程，更是根据时代发展需要赋予其新生命的化茧为蝶的过程。[⑤]

（三）关于中华优秀传统文化创造性转化、创新性发展的制约因素

学者们对中华优秀传统文化创造性转化、创新性发展所面临的挑战和困难进行研究。吴增礼、王梦琪指出，中华优秀传统文化创造性转化、创新性发展受到社会物质条件的制约、历史差异的制约以及文化自身内在价

① 曹苗：《中华优秀传统文化的创造性转化创新性发展研究——兼论中华优秀传统文化的基本精神》，《理论探讨》2021 年第 6 期。
② 鞠忠美：《中华优秀传统文化创造性转化创新性发展实现机制研究》，博士学位论文，山东大学，2018。
③ 董成雄：《中国优秀传统文化的系统解读和传承建构》，博士学位论文，华侨大学，2016。
④ 李新潮：《中华优秀传统文化创造性转化创新性发展的运行机理》，《理论学刊》2022 年第 2 期。
⑤ 孔繁轲：《推动中华优秀传统文化创造性转化、创新性发展的实践运用与路径探析——以传统文化与社会主义核心价值观的耦合转化为例》，《理论学刊》2018 年第 6 期。

值的制约。① 李先明、成积春认为传统文化传承存在良莠不分、重"硬"轻"软"、重开发与轻保护的问题，认为不把握好传统文化传承的基本向度，就难以形成传承合力。② 黄意武指出，在推进中华优秀传统文化创造性转化、创新性发展过程中，存在氛围不够浓厚、思想认识水平不高、方式相对落后、载体部分缺失、主体动力不足、人才比较匮乏等问题。③

（四）关于实现中华优秀传统文化创造性转化、创新性发展的原则与保障研究

学者们从文化主体、制度建设等方面，对中华优秀传统文化创造性转化、创新性发展的保障条件进行研究。文吉昌阐述中华优秀传统文化创造性转化、创新性发展的基本导向和方法论，认为应坚持以马克思主义为指导，坚持人民性、时代性，坚持"明体达用、体用贯通"，让理论与实践熔铸于社会主义文化建设之中。④ 何显明从观念文化与物质文化、制度文化的关系入手，分析制度建设是实现中华优秀传统文化创造性转化的社会实践基础。⑤

（五）关于中华优秀传统文化创造性转化、创新性发展的路径研究

学者们从哲学、史学、政治经济学等不同角度阐述中华优秀传统文化创造性转化、创新性发展的实践路径。王艺霖以知行关系为例，认为坚持马克思主义的立场、观点和方法是创造性转化、创新性发展的前提；培养文化自信，加强对中华优秀传统文化的学习与认知，是创造性转化、创新性发展的基础；完善价值表达，实现话语转换，处理好内容与形式的关系，是创造性转化、创新性发展的关键。⑥ 陈先达指出，对中华优秀传统

---

① 吴增礼、王梦琪：《中华优秀传统文化创造性转化与创新性发展的维度和限度》，《湖南大学学报》（社会科学版）2020年第1期。
② 李先明、成积春：《中华优秀传统文化传承体系的构建：理论、实践与路径》，《南京社会科学》2016年第11期。
③ 黄意武：《中华优秀传统文化创造性转化、创新性发展面临的障碍及破解路径》，《重庆社会科学》2020年第5期。
④ 文吉昌：《习近平文化思想中"两创"的主要内涵和基本原则》，《邓小平研究》2023年第6期。
⑤ 何显明：《传统文化创造性转化的社会实践基础》，《哲学研究》1999年第7期。
⑥ 王艺霖：《习近平对中国传统文化的创造性转化和创新性发展——以知行关系为例》，《党的文献》2016年第1期。

文化的创造性转化、创新性发展要正确处理马克思主义与中华优秀传统文化的关系，创造出与社会主义经济制度和政治制度相适应的文化形态。①李凤亮、古珍晶认为中华优秀传统文化创造性转化、创新性发展所蕴含的创意表达、科技引领、传播助力，为中华优秀传统文化的当代传承与传播提供特殊的审美意义和艺术经验，提出古今融通、中西合璧、形神兼备和开放多元的转换原则，为新时代中华优秀传统文化的现代化转换与自我超越提供新的思路。②李林、杨海越结合互联网思维、智慧应用、智能技术、文化产业、城市形象，探索智慧城市中华优秀传统文化传承创新路径。③浦粹云、袁北星从提炼中华优秀传统文化内涵、汲取精华和经验智慧、将其融入经济发展和社会生活、深化传承体系、开展道德建设等方面来探索实践路径。④

（六）数字技术赋能中华优秀传统文化创造性转化、创新性发展

目前，学术界有关数字赋能中华优秀传统文化的研究主要集中在三个方面。一是讨论数字技术赋能文化的研究涉及数字赋能中华优秀传统文化创造性转化、创新性发展问题。江小涓以传统文化产业的低效率特征为出发点，分析数字技术如何全面全链赋能文化产业和提升效率，如何改变文化消费、生产和市场结构，在数字大潮中如何创造和传承文化内涵。⑤李凤亮、单羽指出人工智能、大数据、虚拟现实等数字技术使文化消费朝虚拟式、碎片式、沉浸式等方向发展，数字技术在丰富文化内涵的同时也为文化消费创造出新的机遇，为中华优秀传统文化在数字创意时代发展提供助力。⑥二是数字技术赋能中华优秀传统文化精神内涵与时代价值的研究。

---

① 陈先达：《中国传统文化的创造性转化和发展》，《前线》2017年第2期。
② 李凤亮、古珍晶：《新时代中华优秀传统文化现代化转换的价值、路径及原则》，《东岳论丛》2020年第11期。
③ 李林、杨海越：《基于智慧城市的传统文化传承创新路径研究》，《江汉论坛》2016年第8期。
④ 浦粹云、袁北星：《探索现代社会弘扬优秀传统文化的现实路径》，《江汉论坛》2016年第10期。
⑤ 江小涓：《数字时代的技术与文化》，《中国社会科学》2021年第8期。
⑥ 李凤亮、单羽：《数字创意时代文化消费的未来》，《福建论坛》（人文社会科学版）2018年第6期。

王育济、李萌围绕党的十八大以来，数字技术赋能中华优秀传统文化创造性转化、创新性发展的相关实践，着重从创造性转化、创新性发展的数字生产机制、消费机制维度，对新技术环境下中华优秀传统文化传承创新的内在逻辑进行阐释和讨论。① 三是数字技术赋能中华优秀传统文化创造性转化、创新性发展的行业性、区域性、案例性研究。黄永林基于目前我国非物质文化遗产保存与保护、传承与传播，以及创新与发展所面临的机遇和挑战，重点探讨数字化背景下非物质文化遗产的保护传承与开发利用问题。② 宋方昊、刘燕认为数字交互设计技术具备将非物质文化遗产成果转化为可娱乐化和产品化的文化产业的优势，能够实现从非物质文化遗产到文化创意产业的成果转化，应不断加强对非物质文化遗产的数字化传承和创新。③

三　中华优秀传统文化现代化与马克思主义中国化研究

（一）关于中华优秀传统文化现代化与马克思主义中国化内在关联

一是"同一说"，认为中华优秀传统文化现代化与马克思主义中国化是同一过程。王国炎在《中国传统文化现代化与马克思主义中国化》一书中提出，中国共产党成立以后，中华优秀传统文化现代化一直是在马克思主义和中国化的马克思主义的指导下不断深入和持续发展的；从某种程度上说，马克思主义中国化的过程也就是现代社会中华优秀传统文化现代化的过程。④ 刘怀玉也认为马克思主义的中国化过程其实就是中华优秀传统文化向现代转化的一个组成部分。马克思主义中国化的历史与中国革命与现代化的历史具有本质统一性，与中华优秀传统文化的现代化转化和现代文化传统的形成具有密切联系。徐稳从中华优秀传统文化现代化角度和马

---

① 王育济、李萌：《数字赋能中华优秀传统文化"两创"的产消机制研究》，《山东大学学报》（哲学社会科学版）2023 年第 3 期。

② 黄永林：《非物质文化遗产文化基因的结构特征和保护利用》，《中央民族大学学报》（哲学社会科学版）2024 年第 2 期。

③ 宋方昊、刘燕：《文化产业视野下的非物质文化遗产数字化保护与传承策略》，《山东社会科学》2015 年第 2 期。

④ 王国炎：《中国传统文化现代化与马克思主义中国化》，高等教育出版社，2005。

克思主义中国化角度，论证马克思主义中国化和中华优秀传统文化现代化
是同一过程的两个方面。马克思主义将为中华优秀传统文化的现代化转换
确立发展定位，马克思主义同中国文化的有机结合是马克思主义中国化的
必经之路。二是"区别说"，认为两者并不完全一致。① 陈方刘认为，广义
上理解中华优秀传统文化现代化和马克思主义中国化，都可能把两者看成
一体或者一个问题的两个方面。从狭义上理解，中华优秀传统文化现代化
与马克思主义中国化具有历史与逻辑的一致性，但进程、推进主体、性
质、在中华文化谱系中的地位等并不完全一致。狭义上的中国传统文化现
代化与马克思主义中国化互相推进、互相渗透、互相转化，但不互相包
含，更不能互相取代。②

（二）关于中华优秀传统文化与马克思主义中国化的相互作用研究

学者们提出中华优秀传统文化是马克思主义中国化的思想基础。中华
优秀传统文化从内容与形式两个方面推动马克思主义中国化，马克思主义
基本原理同中华优秀传统文化有机结合，造就新的文化生命体。杨耕认为
中华优秀传统文化与马克思主义具有契合之处，这是把马克思主义基本原
理同中华优秀传统文化相结合的理论前提、理论依据，是中华优秀传统文
化能够同马克思主义基本原理相结合的内在规定性。③ 张谨提出，中华优
秀传统文化是"马克思主义中国化的根本性资源"，中华优秀传统文化现
代化"是马克思主义中国化的时代诉求"。④学者们认为，马克思主义及马
克思主义中国化的理论成果为中华优秀传统文化的发展提供理论指导。都
培炎从马克思主义与中国不同历史阶段的关系出发论述两者，指出马克思
主义与中国传统文化在"五四"时期开始对话；中国共产党成立后，两者
走向辩证结合；改革开放以来，两者实现融合创新。⑤ 包心鉴提出要按照
马克思主义的人民群众的立场、历史的分析、阶级的观点、唯物辩证的方

---

① 徐稳：《传统文化现代化与马克思主义中国化》，《山东社会科学》2011年第8期。
② 陈方刘：《中国传统文化现代化与马克思主义中国化的文化矛盾及化解之道》，《科学社
　会主义》2021年第4期。
③ 杨耕：《再论马克思主义的理论主题和理论结构》，《哲学研究》2023年第10期。
④ 张谨：《传统文化与马克思主义中国化的关系新论》，《理论月刊》2014年第6期。
⑤ 都培炎：《马克思主义与中国传统文化关系辨析》，《马克思主义研究》2013年第10期。

法批判传统文化。① 李朝阳提出二者相结合需要合格的结合主体，即中国共产党。②

（三）关于中华优秀传统文化现代化与马克思主义中国化结合的机制研究

学者们在结合历程、手段、途径等方面展开研究。田克勤认为其历程包括马克思主义中国化的起步与中华优秀传统文化从传统向现代转化的开端、马克思主义中国化的奠基与中华优秀传统文化从传统向现代转化的突破、马克思主义中国化的再创造与中华优秀传统文化从传统向现代化转化三个大的发展阶段。③ 李朝阳认为二者的结合主要有思想内容上的结合和形式上的结合两种手段。④ 宁阳提出二者相结合的路径，要在内容上扬弃和发展传统文化，借鉴传统文化的表现形式和表现手法，建立长效机制，并提出马克思主义大众化要重视与民间文化相结合，发挥红色文化的作用。⑤ 徐剑雄从大众化的话语体系、文化内核和文化支持体系三个方面入手，提出传统文化与马克思主义结合的三种途径。⑥

综上所述，学术界对创造性转化、创新性发展的时代内涵、思想渊源、社会基础、重要意义、目标旨趣、指导原则、方式方法和实现路径等一系列问题展开广泛而深入的探究，并取得进展。然而，目前关于中华优秀传统文化创造性转化、创新性发展的研究还存在一些不足，需进一步深化。一是"创造性转化、创新性发展"包含"创造""转化""创新""发展"，以及"创造性""创新性"等既抽象又复杂的概念，需要进一步厘清其真实义理，完整揭示其本质内涵。二是许多研究仅仅从中华优秀传统

---

① 包心鉴：《在坚持"两个结合"中不断推进马克思主义中国化》《山东社会科学》2021 年第 8 期。

② 李朝阳：《对马克思主义与中国传统文化相结合的思考》，《天津师范大学学报》（社会科学版）2006 年第 6 期。

③ 田克勤：《马克思主义中国化与中国文化从传统向现代的转化》，《马克思主义研究》2015 年第 9 期。

④ 李朝阳：《对马克思主义与中国传统文化相结合的思考》，《天津师范大学学报》（社会科学版）2006 年第 6 期。

⑤ 宁阳：《马克思主义大众化——基于中国传统文化视角的分析》，《辽宁师范大学学报》（社会科学版）2009 年第 5 期。

⑥ 徐剑雄：《论传统文化与马克思主义大众化》，《马克思主义与现实》2009 年第 6 期。

文化传承的角度去理解创造性转化、创新性发展，忽视弘扬与复兴中华优秀传统文化的维度。需要从弘扬与复兴的层面去研究"创造性转化、创新性发展"。三是需要进一步科学理解和把握党的二十大报告中关于坚持创造性转化、创新性发展中华优秀传统文化的科学阐释，从而进一步丰富创造性转化、创新性发展内涵，总结思想来源，揭示辩证关系。

第二节　中华优秀传统文化创造性转化、创新性发展的内涵探赜

习近平总书记指出："创造性转化，就是要按照时代特点和要求，对那些至今仍有借鉴价值的内涵和陈旧的表现形式加以改造，赋予其新的时代内涵和现代表达形式，激活其生命力。创新性发展，就是要按照时代的新进步新进展，对中华优秀传统文化的内涵加以补充、拓展、完善，增强其影响力和感召力。"[①] 这一论断阐明创造性转化、创新性发展的目标任务、遵循原则、践行路径与基本要求，为中华优秀传统文化传承弘扬持续推进、中国特色社会主义文化事业不断发展提供科学指南。

一　创造性转化：挖掘甄别，古为今用，激活传统文化生命

创造性转化是中华优秀传统文化适应时代发展的重要途径，通过对中华优秀传统文化中存在的一些不适应时代发展要求的内容、形式加以审视和改造，确保传统文化元素与时俱进，激活其内蕴的生机活力。创造性转化可以视为一个从传统到现代的历史过程，一个以现代的视角看传统、走出传统的实践过程。创造性转化的核心在于对中华优秀传统文化理念、内容、表达和形式等多个层面进行系统的现代转型，旨在提炼中华优秀传统文化的时代价值，实现其在当代社会的新生，让中华优秀传统文化以新的文化形态呈现于世。这一过程旨在形成一种能够跨越时代、具有强烈现实意义的传统文化表达，具有"挖掘甄别""推陈出新""古为今用"三个阶段性特征。

---

① 《习近平关于社会主义精神文明建设论述摘编》，中央文献出版社，2022，第214页。

（一）挖掘甄别

创造性转化中华优秀传统文化的内涵，首先体现在对传统文化元素的深入挖掘与甄别上。提炼和弘扬中华优秀传统文化中的积极成分，仔细甄别、转化与更新那些不再适应现代社会发展的元素。在这一过程中，需重视中华历史文化，但这种重现并非不加辨别地将所有相关文化元素一一复原，而是要进行细致的筛选与提炼。中华传统文化有"精华"与"糟粕"之分，创造性转化的核心任务是要根据当代社会的特质和需求，从传统文化中筛选出其最宝贵的部分，摒弃那些不再适用的内容，去粗取精，去伪存真。中华传统文化博大精深，涵盖多个层面。在进行创造性转化时，需根据每个文化类别的特点，采取不同的策略和方法，确保转化过程精准、有效。

哲学思想领域需辨析积极与消极因素，汲取精华，去伪存真。中华传统哲学思想源远流长，主要包括儒、道、墨、法等学派。在进行创造性转化时，首先要对这些思想学说进行深入研究和辨析，区分其积极因素和消极因素。如儒家思想中的仁爱、正义、礼制等观念，强调人伦道德和社会秩序，在现代社会仍具有重要的现实意义。但其中的一些等级观念、男尊女卑等思想，则与现代社会文明和价值观相悖，需要摒弃。道家思想中的无为而治、顺应自然等观念，主张尊重自然规律和社会发展规律，可以为现代社会治理提供借鉴，但其消极避世的态度则与时代发展潮流相悖，不宜提倡。文学艺术领域需挖掘审美价值，推陈出新。中华传统文学艺术形式多样，包括诗词、戏曲、绘画、书法等。在创造性转化过程中，应当深入挖掘这些艺术形式中的审美价值和文化内涵，汲取其精髓，并结合时代特点和审美需求进行创新。可以对传统戏曲中的表演形式和故事情节进行现代化改编，融入现代元素，以吸引年轻观众。例如，《霸王别姬》电影，就通过现代化的电影语言和叙事手法，将传统戏曲艺术与现代审美需求相结合，取得巨大的成功。传统绘画和书法中的技法和意境，可以与现代艺术相结合，创作出具有时代特色的新作品。例如，中国画家齐白石的画作，就将传统水墨技法与现代艺术理念相结合，形成独特的艺术风格。礼仪制度领域需保留精华，传承文明。中华传统礼仪包括古代的宫廷礼仪、民间习俗等多种形式。在创造性转化中，应当去除那些过于烦琐和落后的礼仪形式，保留那些具有文化价值和教育意义的元素。对传统的婚礼、葬礼等仪式，可以进行简化和现代化改造，以适应现代社会的需求。同时，保留一些具有文化传承意义的礼仪和理念，例如长幼有序、尊师重道等。科技工艺领域需推动现代化发展，保护传承历史文化。中华传统科技工艺包括古代的四大发明、传统手工艺等多种形式。在创造性转化中，应当推动传统科技工艺的现代化发展，同时保护那些具有历史和文化价值的传统工艺。传统的中医、中药，可以结合现代医学理论和技术进行研究开发，使其更加科学化、规范化。同时，保护传统的手工技艺，传承中华民族的技艺之美。例如，苏绣、景德镇陶瓷等传统手工艺品，可以通过现代设计和营销手段将其推向市场，实现其文化传承和经济价值的提升。

（二）推陈出新

推陈出新是去掉旧的、陈腐的部分，给新的部分创造空间和机会。在中华优秀传统文化创造性转化的语境中，推陈出新被赋予更深层次的内涵，指的是在尊重和继承传统文化的基础上，去除那些不再适应现代社会的元素，同时注入新的活力和创新思维，使文化传统得以更新和发展。推陈出新是中华优秀传统文化转化的核心动力，其要求有三点。一是转化思维，发散创新，激活中华优秀传统文化生命力。突破简单嫁接、拼凑的思维模式，运用发散性思维，通过全方位、多角度、多结构的思考，将传统文化中富有当代意义、具有永恒价值的文化要素和文化形式转化为当代文化。这并非对传统文化的生搬硬套，而是以时代精神激活传统文化生命力，使其在新时代焕发出新的光彩。二是要求重视转化规律，共性更新与特性迭代并重。文化发展既要侧重"共性"的更新，根据普遍规律和一般原则实现其自我更新，又需要实现"特性"迭代，根据时代特色和社会需求的"特殊性"进行革新。这体现了中华优秀传统文化在传承创新中的辩证统一关系，既要保持传统文化的根基，又要适应时代发展的要求。三是实现中华优秀传统文化从一种形式、状态变为另一种形式、状态的革命性转变，即通过对中华优秀传统文化内涵的改造和创造性诠释将源自古代的中华优秀传统文化转化为符合现实社会的当代文化。这并非对中华优秀传统文化的简单复制，而是使其在新的历史条件下焕发出新的活力，实现革命性质变。

（三）古为今用

古为今用是一个涉及传统文化与现代社会结合的概念，其核心在于将古代的智慧和文化遗产应用到现代社会的实践中，使之服务于现代人的需求和社会发展。古为今用，是中华优秀传统文化创造性转化、创新性发展的永恒主题。只有坚持古为今用，中华优秀传统文化才能在新的时代焕发出新的光彩，为实现中华民族伟大复兴提供强大精神力量。

从物质形式看，中华优秀传统文化的载体形式发生变化，变为新的文化形式。这意味着，中华优秀传统文化不能固守原貌，而要以新的形式融入现代生活。从深层次价值看，古为今用不是简单地搬运移植传统文化，而是按照当今时代要求、现实社会标准、当代人思维，以现实为尺度，以服务于现实为旨归，力求与现代社会接轨、与民众需求相吻合，使中华优秀传统文化为今天所用、为现实所用。要使之与时代同频共振，解决现实问题。

古为今用体现在以下三个方面。一是面向时代，回应现实。中华优秀传统文化创造性转化、创新性发展，必须紧扣时代脉搏，回应现实需求。要深入挖掘传统文化的思想观念、人文精神、道德规范所蕴含的积极因素，赋予其新的时代内涵，使其在解决当代社会问题中发挥积极作用。在文化产业的发展中，可以发掘古代文学、艺术作品的丰富内涵，开发新的文化创意产品，如开发以古代神话为题材的动漫和游戏，吸引年轻人群体。二是突出特色，彰显价值。中华优秀传统文化创造性转化、创新性发展，必须坚持以马克思主义为指导，坚持创造性转化、创新性发展，坚持中华优秀传统文化和社会主义文化相融合，坚持以人民为中心，弘扬中华优秀传统文化，增强中华文化影响力。三是求同存异，包容创新。实现中华优秀传统文化创造性转化、创新性发展，必须坚持求同存异、包容创新，在借鉴世界文明成果的基础上，推进中华优秀传统文化创造性转化、创新性发展，不断铸就中华文明新的辉煌。

习近平总书记指出："让收藏在禁宫里的文物、陈列在广阔大地上的遗产、书写在古籍里的文字都活起来。"[1]"活起来"，就是使中华优秀传统

---

[1] 《习近平谈治国理政》，外文出版社，2014，第 161 页。

文化自觉存在于当代人的精神意识之中，于当代人的实践之中潜移默化发挥作用，熔铸于当代人的精神之中，融入人民习焉不察的价值观。这一过程使优秀传统思想融入现实生活的各个方面，成为社会生活大厦的有机组成部分，并"与当代文化相适应""与现代社会相协调"。激活传统文化有价值的因子，重新赋予中华优秀传统文化生命力，使得中华优秀传统文化资源在当代中国、当今世界获得新生。

二 创新性发展：守正创新、融合发展，整体推进文化发展

创新性发展是在继承中华优秀传统文化所蕴含的价值观念、民族精神、道德规范等的基础上，融入时代精神，结合现代元素，以观念革新、技术手段迭代、表现形式创新，不断补充、拓展和优化中华优秀传统文化。从历史发展规律、发展阶段、发展目标等方面看，创新性发展是一个从现代到未来，动态演进、多元融合、开放创新的过程，着眼于中华优秀传统文化的提升与超越。

（一）从历史发展规律看，中华优秀传统文化发展过程就是不断推进中华优秀传统文化自我革命与创新性发展的过程

中华优秀传统文化发展过程不仅体现了文化的传承性，更彰显文化的动态发展过程和时代适应性。在历史长河中，每一次文化的自我革命和创新性发展，都是对传统文化的一次深刻反思和前瞻性超越，推动了中华文化的繁荣与进步。中华优秀传统文化的发展是一个动态的、与时代同行的过程。古圣先贤通过对传统文化的深入理解和批判性思考，不断识别和解决文化发展中的问题，推动文化适应时代的需求。这种自我革命的精神，是中华优秀传统文化不断更新和发展的内在动力。同时，中华优秀传统文化的每一次重大发展，往往伴随着对传统文化的深刻反思和创新。

以儒家思想发展为例，儒家思想作为中华优秀传统文化的核心之一，经历了不断的传承与创新。孔子作为儒家学派的创始人，提出了"仁爱""礼治"等核心思想，为后世儒家思想的发展奠定基础。汉代董仲舒强调儒家思想的正统地位，对儒家思想进行改造和发展。到宋代，朱熹等理学家对儒家思想进行进一步的阐释和发展。他们提出了"天理""格物致知"

等思想，将儒家思想与哲学、自然科学等领域相结合，推动儒家思想的哲学化进程。到明清时期，儒家思想面临着新的社会环境和挑战，于是进行自我批评与反思，强调个体价值，融合其他学派。黄宗羲提倡法治反对人治，认为君主专制是天下之大害，主张限制君权，提出改革君主专制的方案。顾炎武强调经世致用的实际学问，提出"天下兴亡，匹夫有责"的思想，鼓励人民关心国家大事。王夫之对朱熹的理学和王阳明的心学进行批判，提出了气是物质实体、理是客观规律的唯物主义观点。这些新的理论观点在当时社会产生了广泛的影响，也为后来的儒家思想发展提供新的思路和方向。

（二）从发展阶段看，创新性发展是从 0 到 1，再从 1 到 n 的过程

中华优秀传统文化创新性发展的核心内涵，体现为由孕育萌芽至广泛实践的动态进程，即从无到有，再从点的突破到面的覆盖的过程。这一过程深植于对中华优秀传统文化精髓的挖掘与汲取，旨在通过多维度的创新，回应现实挑战，推动中华优秀传统文化的当代价值重塑与实践拓展。创新性发展具有以下几个任务。一是内涵补充。创新性发展是根据时代需求和时代发展，增加中华优秀传统文化体系所没有的内涵。在中华优秀传统文化中汲取思想养料，在内涵上加以补充，在内容上加以拓展，在观念上加以完善，在形式上加以更新，在传播上加以创新，实现传统文化内容创造和思想价值升华。例如，根据时代的发展要求，"自由""平等""民主""法治"等核心价值理念就是中华优秀传统文化体系中所没有而现代社会所急需的理念。又如，中华优秀传统文化对科技创新的直接论述较少。现代社会科技突飞猛进，亟须建立相关的伦理规范，如人工智能伦理、生物科技伦理等，以确保科技发展的道德可持续性。二是内容拓展。创新性发展是根据时代需求和特征，拓展中华优秀传统文化体系的适用范围，丰富中华优秀传统文化内涵。将"天人合一"的传统理念与现代"可持续发展与生态文明"相结合，强调经济、社会、环境的和谐发展，推动形成可持续的生产和消费模式，加强生态保护和环境治理。三是观念完善。创新性发展是根据现代社会需求，深入剖析中华优秀传统文化的特殊内在理念，优化观念以增强中华优秀传统文化现代性。如中华优秀传统文

化着重强调和谐、稳定，对竞争和创新缺乏足够的重视。那么在现代经济管理中，可以借鉴中华优秀传统文化中的和谐、稳定等观念，同时引入现代市场经济的竞争机制和创新理念，构建更加健康、可持续的经济管理体系。

（三）从发展目标看，创新性发展旨在促进中华优秀传统文化和现代文化的融合发展

习近平总书记明确指出："我们要善于把弘扬优秀传统文化和发展现实文化有机统一起来，紧密结合起来，在继承中发展，在发展中继承。"①创新性发展目标不仅关乎中华优秀传统文化的现代转型，激活中华优秀传统文化的内在活力，更在于充分满足现代社会的需求，并在此过程中实现与现代化文化、未来、世界的和谐对接。第一，创新性发展是"古"文化和"新"文化深化融合，将中华优秀传统文化的精髓与现代社会的文化需求相结合，形成一种新的文化表达和实践方式。这种融合不是简单的叠加，而是在深刻理解中华优秀传统文化内涵的基础上，进行创新性的解读和应用。第二，创新性发展是将时代精神融入中华优秀传统文化。在创新性发展的过程中，中华优秀传统文化需要吸纳时代精神，反映现代社会的价值观念和社会需求。这意味着中华优秀传统文化的发展不仅要保持其原有的文化特质，还要与时俱进，体现时代特征。第三，创新性发展是创新实践的推广。发展目标强调通过创新实践，将中华优秀传统文化的理念和价值观念转化为社会发展的动力。在教育、艺术、科技、经济等多领域，通过各种渠道，探索中华优秀传统文化与现代生活的结合点，推动文化创新成果的广泛应用。第四，创新性发展是文化传播的拓展。创新性发展还着眼于中华优秀传统文化的传播与交流，通过现代传播手段和平台，将中华优秀传统文化推广至更广阔的空间，增强其在国内外的影响力和吸引力。第五，创新性发展是文化生态的优化。建立一个开放、包容、充满活力的文化发展环境，使中华优秀传统文化能够得到充分尊重和发展，现代文化能够得到滋养。通过以上种种渠道，最终建立起文化自信，使中华优秀传统文化能够更好地展现其独特的文化魅力和价值。这种自信是文化可

---

① 《习近平谈治国理政》，外文出版社，2017，第313页。

持续发展的重要基础，也是推动文化创新的重要动力。

此外，将中华优秀传统文化的创新性发展与现实文化的发展相统一，意味着自觉地推动中华优秀传统文化向现代转化，同时促使外来文化实现本土化。这一双向转化过程不仅能够增强中华优秀传统文化的当代解释力，也能够提升其感召力，从而扩大中华优秀传统文化的影响力。

三　创造性转化与创新性发展的辩证关系

创造性转化与创新性发展各有侧重，但二者内在联结、辩证统一，构成统一整体。创造性转化是创新性发展的基础，创新性发展则是创造性转化的接续与提升。创造性转化需保持与创新性发展衔接联通，创新性发展则需承继创造性转化的努力，使之融为一体。无论是创造性转化，还是创新性发展，都是传承弘扬中华优秀传统文化的指导方针、根本遵循、科学方法和正确路径。

在哲学内涵上，中华优秀传统文化创造性转化、创新性发展以辩证唯物主义和历史唯物主义为方法论，以创造与创新为手段，以转化发展为动力，使中华优秀传统文化的优秀基因与时代相结合，不断赋予其新的时代内涵和现代表达形式，实现中华优秀传统文化内涵意蕴、表达方式与当代文化相适应、与现代社会发展相协调，实现中华优秀传统文化的现代转型与提升超越，实现中华优秀传统文化的现代化。[1] 对于传承弘扬中华优秀传统文化而言，创造性转化与创新性发展具有共同的目标，负有一致的责任。推动中华优秀传统文化创造性转化、创新性发展，既是中华优秀传统文化数千年传承延续的内在规律的现代彰显，也是当代中国语境下完成民族复兴伟业对中华优秀传统文化释放能量、发挥作用的客观要求。习近平总书记在2016年哲学社会科学工作座谈会上的讲话中指出："中华文明延续着我们国家和民族的精神血脉，既需要薪火相传、代代守护，也需要与时俱进、推陈出新。"[2] 要加强对中华优秀传统文化的挖掘和阐发，使中华民族最基本的文

---

①　万光侠：《中华优秀传统文化创造性转化创新性发展的哲学审视》，《东岳论丛》2017年第9期。

②　《习近平关于社会主义文化建设论述摘编》，中央文献出版社，2017，第83页。

化基因与当代文化相适应、与现代社会相协调，把跨越时空、超越国界、富有永恒魅力、具有当代价值的文化精神弘扬起来。

在方法论上，创造性转化、创新性发展既坚守中华优秀传统文化立场，又与现代发展相适应、相协调，形成纵向传承模式和横向创新模式交叉互渗的双向机制。在全球化时代，尤其要"深化对社会横向发展规律的研究"，以横向创新模式为双向转化机制建立的重点。① 在实践中实现创造性转化、创新性发展的一体规划、一体践行。把握两个层次由此及彼、相互衔接的关系，把握两个阶段前后相继、互为支撑的作用。以中华优秀传统文化重要思想——大一统思想为例，这一思想在历史上发挥了维护国家统一、促进社会进步和发展的重要作用，今天为我们在国家治理、保障人民主体地位等方面提供巨大帮助，因此，需要对其进行创造性转化、创新性发展。创造性转化，具体甄别大一统思想中的精华和糟粕，去除蕴含的"等级和尊卑""权威和服从"等消极观念，提炼大一统思想团结、统一、稳定、和谐等核心价值，强调这些价值对于当代社会的重要性和意义。创新性发展，在去除封建内涵和旧有表达方式的前提下，挖掘、提炼"大一统"的本原意义，结合当代社会的发展趋势和问题，对大一统思想进行拓展和深化。探讨大一统思想对于全球治理、民族团结、社会和谐等方面的价值，进而生发出面向未来的"包容性增长和社会公平"等新理念，确立"各民族共同团结进步""文化多样性和文明互鉴"的价值导向。这样进行创造性转化、创新性发展，才能使中华优秀传统文化真正活起来，使之以新的姿态走入现代社会、走入现实生活。

第三节　中华优秀传统文化创造性转化、创新性发展的基本遵循

中华优秀传统文化，作为中华民族的精神命脉和文化基因，具有深厚的历史底蕴和丰富的文化内涵。在新时代背景下，对中华优秀传统文化进

---

① 张加才、牛思琦：《现代转化：传统文化赓续研究》，《兰州大学学报》（社会科学版）2018年第3期。

行创造性转化、创新性发展，坚持习近平文化思想引领、坚持唯物辩证思维和历史唯物主义、坚持以人民为中心，确保创造性转化、创新性发展符合社会主义核心价值观，使中华优秀传统文化成为构建中华文明新形态的重要力量。

一　思想引领：习近平文化思想的科学内涵和实践伟力

对中华优秀传统文化进行创造性转化、创新性发展是习近平文化思想重要组成部分。党的十八大以来，习近平总书记多次强调中华优秀传统文化的历史影响和重要意义，指出应赋予其新的时代内涵。

（一）习近平文化思想是中国特色社会主义文化建设的行动指南

对于新时代建设什么样的中国特色社会主义文化，习近平文化思想从民族复兴高度、新时代文化使命、人类文明视角、根本政治立场出发，给出行动指南。

文化融通于社会整体全方面、全领域、全过程，既从深层次影响社会的政治运行、经济发展，又塑造人们精神和灵魂。党的十九大报告指出："中国特色社会主义文化，源自于中华民族五千多年文明历史所孕育的中华优秀传统文化，熔铸于党领导人民在革命、建设、改革中创造的革命文化和社会主义先进文化，植根于中国特色社会主义伟大实践。"[1] 党的二十大报告指出："发展面向现代化、面向世界、面向未来的，民族的科学的大众的社会主义文化，激发全民族文化创新创造活力，增强实现中华民族伟大复兴的精神力量。"[2] 党的十九大报告、二十大报告的重要论述明确了中华优秀传统文化、革命文化和社会主义先进文化是中国特色社会主义文化的基本内容；中国特色社会主义文化应面向现代化、面向世界、面向未来，是民族的科学的大众的，这是中国特色社会主义文化基本要求。只有把握好社会主义文化建设的内容，深入贯彻落实这些基本要求，才能铸就社会主义文化新辉煌，建设社会主义文化强国。中国共产党在百年奋斗历

---

[1]　《习近平谈治国理政》第三卷，外交出版社，2020，第32页。

[2]　《高举中国特色社会主义伟大旗帜 为全面建设社会主义现代化国家而团结奋斗——在中国共产党第二十次全国代表大会上的报告》，人民出版社，2022，第43页。

程中，传承博大精深的中华优秀传统文化，创造激励人们奋进的革命文化，培育充满活力的社会主义先进文化，为救国、兴国、富国、强国提供了强大的精神支撑。

科学理论的价值在于指导实践。习近平文化思想既有文化理论观点上的创新和突破，又包含文化工作布局上的部署要求，明体达用、体用贯通，明确了新时代文化建设的路线和任务，兼具理论性和实践性。

习近平文化思想有着理论观点上的创新和突破，为我国社会主义文化建设提供强大动力。习近平文化思想蕴含着清晰的历史逻辑、鲜明的文化理论逻辑、明确的使命任务实践逻辑。从文化意识形态看，明确了着力建设具有强大凝聚力和引领力的社会主义意识形态的总体方向。中国特色社会主义事业是一项极其艰巨的事业，世界上各种思想文化相互激荡，外界思潮影响不断，习近平文化思想以社会主义意识形态为总体引领，倡导做好为国家立心、为民族立魂的工作。习近平文化思想强调了"明体达用、体用贯通"的理念，即文化发展的本质（"体"）与应用（"用"）之间的相互贯通。从文化思维看，习近平文化思想把握了文化发展现实情境中的"体"与"用"、中华优秀传统文化创造性转化和创新性发展中的"古"与"今"、马克思主义文化理论中国化时代化新境界中的"本"与"新"、新时代新征程上实现"第二个结合"新的思想解放中的"根"与"魂"、以人民为中心和人民立场的"党"与"群"、人类文明的深度交流多元互鉴中的"时"与"势"的辩证关系。从文化眼光看，习近平文化思想坚定了文化自信的价值观方法论，强调坚持守正创新的世界观实践论，坚持理论自立、实践自强、精神自觉，是做好新时代新征程文化工作的导航灯塔、指路明灯。

（二）习近平文化思想指明中国特色社会主义文化发展路径方向

针对新时代怎样建设中国特色社会主义文化，党中央立足中国式现代化的伟大实践，以问题为导向，以人民为中心，围绕文化制度、意识形态、社会主义核心价值观、文化传承创新、文化动力、文化安全、文化交流互鉴，建构中国特色社会主义文化发展道路。

在发展道路上，习近平文化思想把中国发展放在中华文明史、100多年的近代史和"两个一百年"的新征程中看，提出必须坚持中国特色社会主义道路，坚持马克思主义在意识形态领域中的指导地位。在根本遵循上，聚焦用党的创新理论武装全党、教育人民这个首要政治任务，强调"坚定文化自信，秉持开放包容，坚持守正创新"。在主要任务上，创造性提出"九个坚持""十四个强调""七个着力"，① 建设社会主义文化强国。在文化使命上，创造性提出新的文化使命，强调在新的历史起点上继续推

---

① 九个坚持：2018 年 8 月，习近平总书记在全国宣传思想工作会议上用"九个坚持"高度概括了我们党对宣传思想工作的规律性认识，即坚持党对意识形态工作的领导权；坚持思想工作"两个巩固"的根本任务；坚持用习近平新时代中国特色社会主义思想武装全党、教育人民；坚持培育和践行社会主义核心价值观；坚持文化自信是更基础、更广泛、更深厚的自信，是更基本、更深沉、更持久的力量；坚持提高新闻舆论传播力、引导力、影响力、公信力；坚持以人民为中心的创作导向；坚持营造风清气正的网络空间；坚持讲好中国故事、传播好中国声音。

十四个强调：在 2023 年 6 月 2 日文化传承发展座谈会上，习近平总书记总结了党的十八大以来在文化建设中提出的一系列新思想新观点新论断，明确了文化建设方面的"十四个强调"。强调坚持和加强党对宣传思想文化工作的全面领导，担负起新的文化使命，建设社会主义文化强国，铸就社会主义文化新辉煌；强调坚持马克思主义在意识形态领域指导地位的根本制度，推进马克思主义中国化时代化，建设具有强大凝聚力和引领力的社会主义意识形态；强调坚持文化自信，推动社会主义文化繁荣兴盛，建设中华民族现代文明；强调以社会主义核心价值观引领文化建设，广泛开展中国特色社会主义和中国梦宣传教育，使全体人民在理想信念、价值理念、道德观念上紧紧团结在一起；强调加快构建中国特色哲学社会科学，以我国实际为研究起点，阐释中国道路、解读中国实践、构建中国理论；强调推动中华优秀传统文化创造性转化、创新性发展，让中华文化展现出永久魅力和时代风采；强调提高新闻舆论传播力引导力影响力公信力，弘扬主旋律、传播正能量，巩固壮大奋进新时代的主流思想舆论；强调坚持以人民为中心的创作导向，把社会效益放在首位，推出更多增强人民精神力量的优秀作品；强调要像爱惜自己的生命一样保护历史文化遗产，加强文物保护利用和文化遗产保护传承，守护好中华文脉；强调中国式现代化是物质文明和精神文明相协调的现代化，能促进全体人民精神生活共同富裕，促进人的全面发展；强调铸牢中华民族共同体意识，建设中华民族共有精神家园；强调过不了互联网这一关就过不了长期执政这一关，要把互联网这个变量变成事业发展的增量，培育积极健康向上向善的网络文化，建设网络文明；强调提升国家文化软实力和中华文化影响力，加强国际传播能力建设，讲好中国故事，推动中华文化更好走向世界；强调弘扬全人类共同价值，落实全球文明倡议，推动文明交流互鉴，丰富世界文明百花园，等等。

七个着力：2023 年，习近平总书记对宣传思想文化工作做出重要指示，提出"七个着力"的要求。"七个着力"即着力加强党对宣传思想文化工作的领导；着力建设具有强大凝聚力和引领力的社会主义意识形态；着力培育和践行社会主义核心价值观；着力提升新闻舆论传播力引导力影响力公信力；着力赓续中华文脉、推动中华优秀传统文化创造性转化和创新性发展；着力推动文化事业和文化产业繁荣发展；着力加强国际传播能力建设、促进文明交流互鉴。

动文化繁荣、建设文化强国、建设中华民族现代文明。在方法路径上，总结中华文明的五个突出特性，鲜明提出推动中华优秀传统文化创造性转化、创新性发展，强调古为今用、辩证取舍、推陈出新。在原则立场上，创造性提出"四个自信"，强调坚定道路自信、理论自信、制度自信，说到底是要坚定文化自信，要守护好中华文化主体性；强调坚持以人民为中心的工作导向，更好满足人民精神文化生活新期待。在根本保证上，鲜明提出"经济建设是党的中心工作，意识形态工作是党的一项极端重要的工作"[1]，强调坚持和加强党对宣传思想文化工作的全面领导。

（三）习近平总书记关于创造性转化、创新性发展的重要论述

党的十八大以来，以习近平同志为核心的党中央高度重视中华优秀传统文化的传承发展，始终从中华民族最深沉的精神追求的深度看待中华优秀传统文化，从国家战略资源的高度推动继承中华优秀传统文化，从推动中华民族现代化进程的角度创新发展优秀传统文化，使之成为实现"两个一百年"奋斗目标和中华民族伟大复兴的根本性力量。习近平总书记做出的一系列重要论述，为传承和创新发展中华优秀传统文化指引了方向。

习近平总书记在中央党校建校 80 周年庆祝大会暨 2013 年春季学期开学典礼上的讲话中指出："中国传统文化博大精深，学习和掌握其中的各种思想精华，对树立正确的世界观、人生观、价值观很有益处。……我们都应该继承和发扬。"[2] 还指出，"要坚持古为今用、以古鉴今，坚持有鉴别的对待、有扬弃的继承"。[3] 在 2014 年省部级主要领导干部学习贯彻十八届三中全会精神全面深化改革专题研讨班上，习近平指出"努力实现中华传统美德的创造性转化、创新性发展"。[4] 2014 年习近平在纪念孔子诞辰 2565 周年国际学术研讨会暨国际儒学联合会第五届会员大会开幕会上讲话，深刻阐述包括儒家思想在内的中华优秀传统文化对解决当代人类面临难题的重要启示。[5] 2014 年 2 月 24 日，习近平总书记在主持十八届中央政

---

① 《习近平谈治国理政》，外文出版社，2014，第 153 页。
② 《习近平谈治国理政》，外文出版社，2014，第 405~406 页。
③ 《习近平著作选读》第一卷，人民出版社，2023，第 281 页。
④ 《习近平谈治国理政》，外文出版社，2014，第 106 页。
⑤ 《习近平外交演讲集》第一卷，中央文献出版社，2022，第 189~190 页。

治局第十三次集体学习时指出，弘扬中华优秀传统文化，"要处理好继承和创造性发展的关系，重点做好创造性转化和创新性发展"①。2016 年习近平总书记在哲学社会科学工作座谈会上的讲话中再次重申要"推动中华文明创造性转化、创新性发展，激活其生命力，让中华文明同各国人民创造的多彩文明一道，为人类提供正确精神指引"。② 同年，习近平总书记在中国文联十大、中国作协九大开幕式上强调，"坚持不忘本来、吸收外来、面向未来，在继承中转化，在学习中超越"。③ 在党的十九大报告、二十大报告中，在文化传承发展座谈会上，习近平总书记都着重强调"创造性转化、创新性发展"的原则。2022 年 5 月习近平总书记在主持中共中央政治局第三十九次集体学习时强调，"中华文明源远流长、博大精深，是中华民族独特的精神标识，是当代中国文化的根基，是维系全世界华人的精神纽带，也是中国文化创新的宝藏"④。2023 年 6 月 2 日，习近平总书记在北京出席文化传承发展座谈会并发表重要讲话，强调"只有全面深入了解中华文明的历史，才能更有效地推动中华优秀传统文化创造性转化、创新性发展，更有力地推进中国特色社会主义文化建设，建设中华民族现代文明"。⑤ 2023 年，习近平总书记对宣传思想文化工作做出重要指示，提出"七个着力"。这是习近平文化思想的最新成果。其中"着力"之一是"着力赓续中华文脉、推动中华优秀传统文化创造性转化和创新性发展"。⑥

（四）习近平文化思想为担负新时代文化使命提供科学行动指南

思想是行动的先导。一切伟大的实践，都需要科学理论的正确指引。在习近平文化思想中，建设具有强大凝聚力和引领力的社会主义意识形态、在新形势下宣传思想工作、弘扬社会主义核心价值观、创作文艺精品、推动中

---

① 《习近平谈治国理政》，外文出版社，2014，第 164 页。
② 《习近平著作选读》第一卷，人民出版社，2023，第 480 页。
③ 《十八大以来重要文献选编》（下），中央文献出版社，2018，第 477 页。
④ 《习近平在中共中央政治局第三十九次集体学习时强调 把中国文明历史研究引向深入 推动增强历史自觉坚定文化自信》，新华网，2023 年 5 月 28 日，www.xinhuanet.com/politics/leaders/2022-05/28/c_1128692207.htm。
⑤ 习近平：《在文化传承发展座谈会上的讲话》，人民出版社，2023，第 1 页。
⑥ 《习近平对宣传思想文化工作作出重要指示》，中华人民共和国中央人民政府，2023 年 10 月 8 日，https://www.gov.cn/yaowen/liebiao/202310/content_6907766.htm。

华优秀传统文化创造性转化和创新性发展、推动文明交流互鉴等悉数被强调，这推进形成了"文化自信——文化创新——文化强国——建设中华民族现代文明，创造人类现代文明新形态"的发展框架，为当下中华民族文化繁荣发展提供行之有效的实践进路。习近平总书记强调："坚定文化自信，是事关国运兴衰、事关文化安全、事关民族精神独立性的大问题。"[1] 习近平文化思想从文化自信出发，深刻阐明了创新对中国特色社会主义文化道路、理论、制度的深层支撑作用，鲜明提出"两个结合"，是建设社会主义文化强国的行动指南，激发全民族文化创新创造活力，推动更好构筑中国精神、中国价值，凝聚中国力量，创造全新的人类文明形态。

就中华优秀传统文化创造性转化、创新性发展具体路径，习近平总书记强调三点。一是要坚持把马克思主义基本原理同中国具体实际相结合、同中华优秀传统文化相结合，不断推进马克思主义中国化时代化，推动中华优秀传统文化创造性转化、创新性发展。习近平总书记在党的二十大报告中指出："我们必须坚定历史自信、文化自信，坚持古为今用、推陈出新，把马克思主义思想精髓同中华优秀传统文化精华贯通起来、同人民群众日用而不觉的共同价值观念融通起来，不断赋予科学理论鲜明的中国特色，不断夯实马克思主义中国化时代化的历史基础和群众基础，让马克思主义在中国牢牢扎根。"[2] 二是要坚持守正创新，推动中华优秀传统文化同社会主义社会相适应，展示中华民族的独特精神标识，更好构筑中国精神、中国价值，凝聚中国力量。习近平总书记指出，"把跨越时空、超越国度、富有永恒魅力、具有当代价值的文化精神弘扬起来，让收藏在博物馆里的文物、陈列在广阔大地上的遗产、书写在古籍里的文字都活起来，让中华文明同世界各国人民创造的丰富多彩的文明一道，为人类提供正确的精神指引和强大的精神动力"。[3] "要把优秀传统文化的精神标识提炼出来、展示出来，把优秀传统文化中具有当代价值、世界意义的文化精髓提炼出来、展示出来。"[4] 习近平总

[1] 《习近平关于社会主义文化建设论述摘编》，中央文献出版社，2017，第16页。
[2] 《高举中国特色社会主义伟大旗帜 为全面建设社会主义现代化国家而团结奋斗——在中国共产党第二十次全国代表大会上的报告》，人民出版社，2022。
[3] 《习近平关于社会主义精神文明建设论述摘编》，中央文献出版社，2022，第215页。
[4] 《习近平谈治国理政》第三卷，外文出版社，2020，第314页。

书记 2023 年 7 月 29 日在陕西省汉中市考察时的讲话指出，"文物承载灿烂文明，传承历史文化，维系民族精神。要发挥好博物馆保护、传承、研究、展示人类文明的重要作用，守护好中华文脉，并让文物活起来，扩大中华文化的影响力"。[①]

二　方法指导：历史唯物主义和唯物辩证思维

中华优秀传统文化创造性转化、创新性发展是一个理论创新和思想创造的过程，要坚持用马克思主义立场、观点、方法去研究和阐释中华优秀传统文化。马克思主义唯物辩证思维和历史唯物主义不仅为我们提供一种深刻的世界观和方法论，而且对于深刻认识和推动中华优秀传统文化传承发展具有重要的现实意义。唯物辩证法和历史唯物主义为中华优秀传统文化创造性转化、创新性发展提供方法论指导，通过这一理论创新和思想创造的过程，能够实现从传统到现代的价值重构和文化更新。

（一）历史唯物主义为创造性转化、创新性发展提供一种科学的历史观和分析历史变迁、文化演进的方法论

历史唯物主义作为马克思主义哲学的重要组成部分，为全人类提供理解社会历史变迁的科学视角。这一理论强调社会存在决定社会意识，经济基础决定上层建筑。在中华优秀传统文化创造性转化、创新性发展过程中，运用历史唯物主义科学分析中华优秀传统文化的历史根源、社会功能及在不同历史阶段的变化，在尊重历史逻辑的基础上，赋予中华优秀传统文化时代内涵，塑造其表现形式。第一，科学的历史观。马克思主义通过其唯物史观，揭示文化与经济基础之间的相互作用和影响机制。一方面，经济基础决定文化的发展方向和形态；另一方面，文化作为上层建筑的一部分，能够通过影响人们的意识形态和价值观念，反过来影响经济基础和社会结构的发展。[②] 马克思从社会历史发展的角度，探讨文化、意识形态

---

① 《习近平总书记在陕西汉中考察时的重要讲话在政协委员中引起热烈反响》，人民政协网百家号，2023 年 8 月 5 日，https://baijiahao.baidu.com/s？id = 1773364549979010214&wfr = spider&for = pc。

② 贾丽艳：《马克思的文化观及其方法论意涵》，《教学与研究》2024 年第 2 期。

等上层建筑与经济基础之间的关系，以及它们在社会变革中的作用。文化继承是文化发展的基础，中华优秀传统文化作为历史的积淀，承载着一个民族的精神基因和智慧结晶，文化需要在继承的基础上进行创新，以适应时代的发展和社会的需求。在马克思主义的理论视野中，文化的发展被视为一个动态的、连续的创新过程。这一过程要求我们在继承和吸收传统文化精髓的同时，不断地进行创新和超越。在中国特色社会主义文化建设中，习近平总书记多次强调要"不忘本来、吸收外来、面向未来"，通过创造性转化、创新性发展赋予中华优秀传统文化生命力，使其成为推动社会进步、促进人的全面发展的强大精神力量。① 第二，客观对待历史变迁的科学方法。历史唯物主义认为，社会存在决定社会意识。在审视传统文化时，必须将其置于具体的历史背景和社会环境中。中华优秀传统文化是历史的瑰宝，是在悠久的历史长河中逐渐孕育和形成的，不仅映射出古代社会的生产模式、生活习惯和思想观念，而且蕴含着深厚的历史价值和人文精神。中华文明绵延五千年，历经无数的变迁和发展。伴随着社会生产力的进步和社会制度的变革，中华优秀传统文化也在不断地发展变化。在对待中华优秀传统文化的态度上，不能将其简化为一系列永恒不变的真理，而应当深刻理解其形成的历史背景和条件限制。第三，历史唯物主义强调人民群众在文化传承和创新中的主体地位。中华优秀传统文化的丰富内涵并非由少数精英创造，而是根植于广大人民群众的长期生产劳动，是集体智慧和实践经验的结晶。中华优秀传统文化的创造性转化、创新性发展，是一场以人民为主体，广泛汲取民间智慧，旨在创造既符合现代审美又深受大众喜爱的文化新形态的伟大实践。这不仅巩固了中华优秀传统文化的社会基础，也为其在全球化语境下的传播与发展提供人民群众广泛参与的实践支撑，展现中华优秀传统文化蓬勃的生命力与巨大的创新潜力。

　　历史唯物主义强调文化的继承性与创新性，中华优秀传统文化不是僵死的化石，而是活生生的现实存在，需要在新的历史条件下不断与时俱进，吸收新的时代元素，创造出符合现代社会发展要求的新形态。这种创

---

① 李军：《不忘本来 吸收外来 面向未来 不断铸就中华文化新辉煌》，《人民日报》2019 年 7 月 11 日。

新是对中华优秀传统文化在继承基础上进行发展。

（二）马克思唯物辩证法在历史发展中实现理论创新、在实践检验中逼近思想真理

马克思唯物辩证法的核心在于对量变质变、对立统一、否定之否定等规律的深刻阐释，为理解和推动中华优秀传统文化的创造性转化与创新性发展提供科学的指导和实践路径。一是有助于对传统文化进行实事求是的甄别和挖掘。马克思唯物辩证法坚持实事求是的原则，对待传统文化，既要看到其历史价值，又要根据现代社会的发展需求，筛选出传统文化中的精华部分，剔除糟粕，保持其科学性。文化创新是一个渐进积累的过程，在推动中华优秀传统文化的创新性发展时，需要重视量的积累，通过不断的创新，最终达到质的飞跃。这种逐步推进的创新方式，有助于确保文化发展的连续性和稳定性。二是有助于科学把握中华优秀传统文化发展的内在逻辑和演变规律。辩证唯物主义认为事物存在普遍联系，主张从事物的内在矛盾运动中去揭示事物发展的动力与规律。深入分析中华优秀传统文化的内在逻辑和演变规律，挖掘其深层内涵和核心价值，同时结合现代社会的实际需求，进行科学合理的转化和创新。唯物辩证法否定之否定观强调事物发展的螺旋上升规律。在中华优秀传统文化的创造性转化过程中，不可避免地会遇到传统与现代、保守与开放之间的矛盾。应正视这些矛盾，并通过批判性继承和创新性发展，实现文化的自我超越和更新。三是有助于中华优秀传统文化在转化、发展中保持开放包容的态度。在中华优秀传统文化的传承与创新中寻找平衡，在保持文化核心价值的同时，积极探索其与现代社会价值观念的融合点，实现其现代转型。在处理中华优秀传统文化与现代文化、东方文化与西方文化的关系时，一方面，要看到中华优秀传统文化与现代文化之间的内在联系和互补性，推动中华优秀传统文化与现代文化的融合创新；另一方面，以对立统一的思维正视东西方文化之间的差异和矛盾，以开放包容的心态，汲取世界优秀文化的营养，促进中华优秀传统文化的国际化发展。根据不同领域的传统文化的特性和矛盾运动规律，进行差异化的创新实践。

应遵循唯物辩证法和历史唯物主义，中华优秀传统文化创造性转化、

创新性发展是一个理论创新和思想创造的过程，是一个"价值判断"与"事实判定"相结合，从摒弃"古今中西"之争到"两个结合"的过程。

（三）"价值判断"与"事实判定"相结合

价值判断是指基于一定的价值标准，对事物进行价值上的评估与选择。就中华优秀传统文化的创造性转化、创新性发展而言，价值判断体现为对中华优秀传统文化道德伦理、社会秩序、人生哲学等价值体系的深刻理解和评价，核心是对中华优秀传统文化的历史价值、精神内涵、现实意义等因素的深刻洞察，判断其是否符合现代社会的价值观和发展需要。马克思主义唯物史观为我们进行中华优秀传统文化的价值判断提供科学的理论基础。中华优秀传统文化是在特定的历史条件下产生的，具有鲜明的时代特征和阶级烙印。价值判断为中华优秀传统文化的创造性转化、创新性发展提供方向指引。通过价值判断，明辨是非、去伪存真，将传统文化中具有积极意义的精华部分继承发扬，剔除其腐朽落后的糟粕部分，使其在新时代焕发出新的生机活力。

事实判定是对事物发展进行客观的描述和分析，侧重于追溯其本质、规律和真相。就中华优秀传统文化的创造性转化、创新性发展而言，事实判定核心在于剥离表象，直面事物发展的实质，对中华优秀传统文化元素的起源、流变、影响及在当代社会中的表现形式和作用机制予以细致探究。唯物辩证法为中华优秀传统文化事实判定提供科学的理论基础。事实判定强调对文化发展规律的科学认识，这包括文化传承的连续性与非连续性、文化变迁的动力与阻力，以及文化创新的路径与机制。通过对这些规律进行深入分析，能够更清晰地认识到中华优秀传统文化在现代社会中的定位，以及如何通过创新性发展来增强其时代价值和文化魅力。

在中华优秀传统文化创造性转化与创新性发展中，价值判断与事实判定相辅相成、相互促进，共同构成推动中华优秀传统文化创造性转化、创新性发展的驱动力。首先，价值判断与事实判定的结合有助于准确把握中华优秀传统文化的历史演进规律和作用机制，因时、因地、因条件地辨析中华优秀传统文化的内在功能和实际效用。价值判断对中华优秀传统文化创造性转化、创新性发展起到指引方向的作用，引导确立转化的目标与方向。事实判定为中华优秀传统文化的转化提供科学依据，通过深入的历史研究和文化分析，更加准确地理解中华优秀传统文化的内涵，挖掘其时代价值。其次，价值判断与事实判定立足于当代社会的文化关切与精神需求，服务于当下、作用于现实，通过对中华优秀传统文化的深入研究和价值评估，筛选出最具代表性和活力的文化元素，使之在现代社会中得以传承和发扬。价值判断与事实判定的过程就是中华优秀传统文化走向具体化、明晰化的过程，是聚焦对象、增强针对性的过程。

（四）以"两个结合"破解"古今中西之争"

破解"古今中西之争"是指如何看待古代与现代、东方与西方的文化问题，也可以说是如何传承并创新中华优秀传统文化，如何吸收西方优秀文化成果，同时回应并破解西方用二分法思维方式研究中国所产生的一系列误解和误判等问题。① 19世纪中叶，西方文化传播进入中国。彼时面对先进的西方文化，一些人主张"全盘西化"，认为只有全盘接受西方文化，中国才能实现现代化。一些人则主张"全盘复古"，认为只有回归传统的儒家文化，中国才能恢复昔日的辉煌。"古今中西"之争，反映近代中国社会深刻的转型，也暴露中华优秀传统文化在面对现代化挑战时的问题。在西方文化的强势冲击下，中华优秀传统文化逐渐陷入一种历史困境。如何处理传统文化与现代文化、本土文化与外来文化之间的关系成为一个核心议题。国人既经历着传统文化与现代文化之间的冲突，又面临着民族文化与世界文化之间的矛盾。俄国十月革命送来的马克思主义，逐渐成为中国革命、建设和改革的指导思想，马克思主义中国化的问题也成为现代中国文化发展的重大命题。

习近平文化思想为推动中华优秀传统文化传承提供思想遵循，从历史和现实出发，提出"两个结合"，即坚持把马克思主义基本原理同中国具体实际相结合、同中华优秀传统文化相结合。"两个结合"方针，是马克思主义指导下的文化发展观，是新时代文化建设的根本方针。以习近平同志为核心的党中央举旗定向、守正创新，超越"激进主义""保守主义"

---

① 刘海霞：《坚持以"两个结合"破解"古今中西之争"》，《中国社会科学报》2024年6月14日。

的文化困境，中国共产党"抛弃中西对立、体用二元的僵化思维模式，排除盲目的'华夏中心论'与'欧洲中心论'的干扰，在马克思主义普遍真理的指导下和社会主义原则的基础上，以开放的胸襟、兼容的态度，对古今中外的文化系统的组成要素及结构形式进行科学的分析和审慎的筛选，根据中国特色社会主义现代化建设的实际需要，发扬民族的主体意识，经过辩证的综合，创造出一种既有民族特色，又充分体现时代精神的高度发达的新中国文化"①。

破解"古今中西"之争，实现"两个结合"，在时间关系上，搭建由古通今之桥，既不厚古薄今、以古非今，又不厚今薄古、以今非古；既要超越"天不变，道亦不变"的僵化历史观，又要克服线性历史观。在空间关系上，要强调"和同之辨"，搭建中西对话平台，超越狭隘的传统夷夏观，探究西方文化的根源及脉络，密切关注西学自身突破其瓶颈和困境的革命性变革，为中华优秀传统文化完成现代转型提供参照和镜鉴，为广泛吸纳和深度融合人类一切文明成果提供途径。

三　实践指向：满足人民对美好生活的期待

文化兴国运兴，文化强国运强。推动中华优秀传统文化创造性转化、创新性发展，既具有超越文化困境、开辟文化传承境界的理论意义，又顺应民族复兴立根铸魂的内在要求、中国社会现实发展的历史需求、繁荣发展社会主义文化的理论需求、为人民提供更多更好精神食粮的现实需要。

随着物质生活水平的提高，人们对美好生活的追求不再局限于物质层面，而是更多地转向精神文化层面。中华优秀传统文化蕴含着丰富的哲学智慧、审美价值和道德规范，能够满足人们对深层次精神文化的追求。这种追求的满足，能够提升个人的文化素养和生活质量，是推动社会文明的进步的重要动力。

（一）底层逻辑：文化符号强化身份认同与唤醒集体记忆

中华优秀传统文化的创新性发展、创造性转化，旨在满足人民不断增

---

① 张岱年、程宜山：《中国文化精神》，北京大学出版社，2015，第306页。

长的对美好生活的需求。这一过程不仅关乎文化符号的身份认同，也涉及对集体记忆的唤醒。文化符号作为连接过去与现在的桥梁，承载着民族的身份认同与集体记忆，是个体追求精神满足和情感归属的关键。人类全部的文化活动，就是有意识地促成各式各样文化符号的诞生的过程，同时也是对所有的文化符号进行解读、理解和转化的过程，应依此去全方位、立体地拓展人类的视野，提高人类的能力，使人们变得更有智慧，更加自如地走向强大。① 中华优秀传统文化作为民族共同的心理纽带和精神家园，蕴含着丰富的文化符号，能够满足人们对身份认同、情感归属和文化自信的心理需求。

文化符号是中华优秀传统文化创造性转化、创新性发展的核心载体，是唤醒集体记忆、凝聚民族精神的关键。而身份认同与唤醒集体记忆是人们对美好生活的追求的底层逻辑。当个体认同自己的民族文化身份时，会产生一种归属感和自豪感，这种精神满足来源于对共同历史、文化和传统的共享，有助于提升个体的自尊、自信。中华优秀传统文化经数千年的沉淀与发展，形成了丰富多样、内涵深厚的文化符号，如汉字、传统节日、民俗习惯等。春节、中秋节、端午节等传统节日，不仅具有深厚的历史底蕴，更承载着丰富的文化内涵和情感寄托。通过庆祝节日，人们能够感受到浓厚的文化氛围，强化民族认同，满足对归属感和亲情友情的渴望。

创造性转化、创新性发展为中华优秀传统文化的传承创新提供重要指引，也为强化身份认同、唤醒集体记忆、凝聚民族精神指明方向。通过对传统文化符号进行现代化的表达和传播，唤醒人们的集体记忆，将民族的历史和文化信息传递给后代，增强民族凝聚力和文化传承的连续性。近年来，我国大力弘扬传统节日文化，通过丰富多彩的节日活动，让传统文化符号更加深入人心，增强人们的文化自信和民族认同感。在中华优秀传统文化创造性转化、创新性发展过程中，要注重文化符号的活化利用，以此为契机，强化集体记忆，凝聚民族精神。要将文化符号融入现代生活，使其焕发出新的光彩。将传统节日元素融入现代设计、产品开发等领域，创

---

① 阮静：《中华文化代表性符号的特色与时代价值》，《中南民族大学学报》（人文社会科学版）2024 年第 2 期。

作出既体现传统文化特色又符合现代审美的作品。还可以利用互联网、新媒体等平台，开展传统文化符号的传播推广，让更多人了解和喜爱中华优秀传统文化。

（二）应用逻辑：消费者对文化消费空间的感知与体验

消费者对文化消费空间的感知与体验，是指消费者通过参与文化消费活动，如参观历史街区、艺术区、创意社区等，以及参与文化商品消费活动和文化活动等与文化内容、空间进行的互动和连接。文化消费空间不仅是物理空间，更是消费者进行情感、认知和行为互动的场所。中华优秀传统文化的创造性转化、创新性发展，通过多元化和情感化的产品体验，满足人民对美好生活日益增长的需求。

当前，文化产业成为文化与经济融合发展的重要领域，成为国民经济的支柱性产业，将社会效益列为优先发展级，实现社会效益与经济效益的统一。与西方国家突出娱乐化、唯利润化、工业化不同的是，我国的文化产业更加注重满足人民群众的精神文化需求，增强人民的精神力量。创造性转化、创新性发展需要通过文化产业从业者深入了解消费者的需求，评估中华优秀传统文化产品和体验方式的潜在价值，设计出能够引起消费者情感共鸣的文化空间和体验方式，创造出一系列具有自主知识产权的文化产品。这不仅推动文化产业的繁荣，也为国民经济的持续增长提供新的动力。通过打造具有鲜明文化特色和情感温度的文化消费空间，满足消费者对文化内容、文化空间的应用需求，更好地满足人民群众日益增长的美好生活需要，推动文化产业发展，增强国家文化软实力。

（三）顶层思维：中华优秀传统文化的道德伦理影响和文化规范功能

中华优秀传统文化蕴含的丰富道德伦理和行为规范，对于维护社会秩序、弘扬社会文明、涵养国民素质发挥着重要作用。2014年5月4日，习近平总书记来到北京大学，与师生一起座谈。习近平总书记道出了社会主义核心价值观与中华优秀传统文化的关系，"我们生而为中国人，最根本的是我们有中国人的独特精神世界，有百姓日用而不觉的价值观。我们提倡的社会主义核心价值观，就充分体现了对中华优秀传统文化的传承和升华"①。2021年9月，在陕西考察的习近平总书记走进绥德县非物质文化遗产陈列馆，强调要坚持以社会主义核心价值观为引领，坚持创造性转化、创新性发展。②

中华优秀传统文化中蕴含的道德伦理和行为规范，如诚信、仁爱、忠孝等，对于解决当代社会问题、消除社会矛盾具有不可替代的精神价值。中华优秀传统文化创造性转化、创新性发展高度重视道德伦理和行为规范的传承与创新，将其转化为现代社会人们的行为准则和道德指引，将优秀传统文化创造性地凝结于社会主义核心价值观中，推动形成崇德向善、奋发向上的社会风尚。这种文化与道德的有机融合，为社会的道德伦理建设和行为规范的确立提供坚实的支撑，有助于构建和谐社会，满足人民的美好生活需求。

第四节　中华优秀传统文化创造性转化、创新性发展的生动实践

中华优秀传统文化创造性转化、创新性发展是新时代中华文化繁荣兴盛的重要战略任务，通过挖掘传统文化的深厚底蕴，赋予其时代内涵，推动其与现代社会相适应、与现代文明相协调，为中华民族伟大复兴提供强大精神支撑。近年来，我国出台一系列重要政策，引导与支持中华优秀传统文化创造性转化、创新性发展，指导并推动各地一系列生动实践。

一　我国中华优秀传统文化创造性转化、创新性发展的主要政策

党的十八大以来，党和国家高度重视中华优秀传统文化的传承与发展，明确提出"推动中华优秀传统文化创造性转化、创新性发展"的重大方针。《中共中央关于繁荣发展社会主义文艺的意见》《关于实施中华优秀

---

① 习近平：《青年要自觉践行社会主义核心价值观——在北京大学师生座谈会上的讲话》，中华人民共和国中央人民政府，2014年5月5日，http://www.gov.cn/xinwen/2014-05/05/content_2671258.htm。

② 黄玥、董博婷、齐琪：《着力培育和践行社会主义核心价值观》，《光明日报》2024年1月29日。

传统文化传承发展工程的意见》等纲领性文件相继出台，为中华优秀传统文化的创新性发展指明方向，提供政策依据。

2017 年，中共中央办公厅、国务院办公厅印发《关于实施中华优秀传统文化传承发展工程的意见》，为建设社会主义文化强国，增强国家文化软实力，实现中华民族伟大复兴的中国梦，就重要意义和总体要求、主要内容、重点任务等方面，对实施中华优秀传统文化传承发展工程提出了一系列的意见。

2021 年，《中华人民共和国国民经济和社会发展第十四个五年规划和2035 年远景目标纲要》提出要深入实施中华优秀传统文化传承发展工程，强化重要文化和自然遗产、非物质文化遗产系统性保护，推动中华优秀传统文化创造性转化、创新性发展。加强文物科技创新，实施中华文明探源和考古中国工程，开展中华文化资源普查，加强对文物和古籍的保护研究利用，加强对革命文物和红色遗址的保护，完善流失文物追索返还制度。建设长城、大运河、长征、黄河等国家文化公园，加强对世界文化遗产、文物保护单位、考古遗址公园、历史文化名城名镇名村的保护。健全非物质文化遗产保护传承体系，加强对各民族优秀传统手工艺的保护和传承。[①]

2021 年中共中央办公厅、国务院办公厅印发《关于进一步加强非物质文化遗产保护工作的意见》，对进一步加强非物质文化遗产保护工作，在总体要求、健全非物质文化遗产保护传承体系、提高非物质文化遗产保护传承水平、加大非物质文化遗产传播普及力度等方面提出了一系列指导意见。

2022 年中共中央办公厅、国务院办公厅印发《"十四五"文化发展规划》，从加强中华优秀传统文化和革命文化研究阐释、加强文物保护利用、加强非物质文化遗产保护传承、推进国家文化公园建设四个方面对传承弘扬中华优秀传统文化和革命文化进行整体规划。

2022 年，文化和旅游部会同教育部、科技部、工业和信息化部等多个部门正式印发《关于推动传统工艺高质量传承发展的通知》（以下简

---

① 《中华人民共和国国民经济和社会发展第十四个五年规划和 2035 年远景目标纲要》，中华人民共和国中央人民政府，2021 年 3 月 13 日，https://www.gov.cn/xinwen/2021－03/13/content_5592681.htm。

称《通知》），对推动传统工艺高质量传承发展做出具体部署，提出传统工艺高质量传承发展要坚持以人民为中心、坚持以社会主义核心价值观为引领、坚持系统性保护、坚持守正创新，部署加强传统工艺项目保护、建设高素质传承人才队伍、促进传统工艺发展振兴、加大传统工艺宣传推广4个方面的重点任务。《通知》深入贯彻习近平总书记关于保护好、传承好、利用好传统工艺类非物质文化遗产的重要指示精神，对于加强各民族优秀传统手工艺保护和传承、服务经济社会高质量发展具有重要推动作用。

此外，2018年中共中央办公厅、国务院办公厅印发《关于加强文物保护利用改革的若干意见》，提出加强文物保护利用的总体要求，改革文物管理体制，提升文物保护的科技支撑，鼓励社会参与，强化文物市场监管，以实现文物资源的保护与合理利用。2018年中共中央办公厅、国务院办公厅印发《关于实施革命文物保护利用工程（2018—2022年）的意见》，为充分发挥革命文物在开展爱国主义教育、培育社会主义核心价值观、实现中华民族伟大复兴中国梦中的重要作用，提出系列意见。2019年中共中央办公厅、国务院办公厅印发《大运河文化保护传承利用规划纲要》，旨在统筹推进大运河文化遗产的保护、传承、利用，明确大运河文化带建设的指导思想、基本原则、发展目标和主要任务，促进大运河沿线区域的经济社会发展；2019年《长城、大运河、长征国家文化公园建设方案》提出，到2023年底，使长城、大运河、长征沿线文物和文化资源保护传承利用协调推进局面初步形成，权责明确、运营高效、监督规范的管理模式具备雏形，形成一批可复制推广的成果经验，为全面推进国家文化公园建设创造良好条件。2021年中共中央办公厅、国务院办公厅印发《关于在城乡建设中加强历史文化保护传承的意见》强调在城乡建设和现代化进程中，必须加强对历史文化名城、名镇、名村和历史街区的保护，维护历史文化遗产的真实性和完整性，促进历史文化与现代生活的融合。

党和国家相继推出一系列政策，这些政策的制定与实施深刻反映了党和国家深切关怀并传承发展中华优秀传统文化的坚定意志。推动中华优秀传统文化传承发展的重点领域、重点工作相互衔接以形成合力，推动中华优秀传统文化在现代社会中活态传承、创新转化、广泛传播。这些政策文件，以社会主义核心价值观为引领，坚持创造性转化与创新性发展的辩证统一，既坚守文化根基，又赋予中华优秀传统文化新的时代内涵和表现形式，推动中华优秀传统文化与现代生活、现代科技、现代传播手段深度融合，使其成为涵养社会主义核心价值观、提升国家文化软实力、建设社会主义文化强国的坚实的文化根基。

二　中华优秀传统文化创造性转化、创新性发展的地方实践

地方各级党委政府坚持以中华优秀传统文化为民族之魂、国家治理之基，发挥我国制度优势，将传承发展中华优秀传统文化作为地方的重要职责，纳入经济社会发展规划纲要和文化发展改革等有关规划，塑造整体推进中华优秀传统文化传承发展的新格局。在政策的有力引导下，中华优秀传统文化创造性转化、创新性发展地方实践呈现丰富多元的景象。各地各部门积极响应，结合地域特色与文化资源，开展了一系列卓有成效的工作。

（一）浙江省：打好促进传统文化发展的政策"组合拳"

浙江省高度重视中华优秀传统文化的传承与发展，以习近平新时代中国特色社会主义思想为引领，以丰富的历史文化遗产为基石，以现代文明的成就为支撑，不断推进实施一系列旨在弘扬和传承浙江传统文化的行动计划。

2018 年发布并实施《浙江省传承发展浙江优秀传统文化行动计划》，通过实施浙江世界级文化遗产培育申报工程、传统村落民居保护工程、非物质文化遗产展示体验工程等六大重点任务，加强对中华优秀传统文化的保护、研究、传播和利用，促进文化与经济交融互动、传统文化和现代社会融合发展。2024 年启动实施《浙江省文化基因激活工程实施方案（2024—2026 年）》，到 2026 年，将全面建成浙江文化基因库，绘制完成重要文化基因图谱，聚焦浙籍名人、浙学书院、浙风古韵、浙传典籍等 8 个重点领域，培育良渚文化、宋韵文化、上山文化、黄帝文化、南孔文化、和合文化、阳明文化、丝瓷茶文化、古越文化、吴越文化等 10 个以上现象级省域文化标识，100 个以上文化基因激活标志性项目，形成若干熔

铸古今的文化成果，使中华文明浙江标识更加鲜明。① 2024 年 4 月，《浙江省历史经典产业高质量发展计划》发布，框定浙江历史经典产业，主要包括茶叶、丝绸、黄酒、中药，以及木雕、根雕、石雕、文房、青瓷、宝剑等工艺美术产业。发布推进历史经典产业高质量发展"146+X"行动计划。"1"是一条主线，即坚持传承保护和创新发展并举，推进历史经典产业高质量发展；"4"是四大高地，即打造历史经典产业创新发展高地、文化传承高地、品牌汇聚高地、人才集聚高地；"6"是六大行动，大力推进传承保护、创新提质、主体培育、融合发展、人才接续和展示推广。同时，浙江将分三类全民招募"X"位历史经典产业新媒体助推官，形成"146+X"行动计划，全面推动历史经典产业品质化、数智化、绿色化、融合化、国际化、可持续发展，铸就产业发展新辉煌。② 2024 年 6 月，浙江出台《浙江省历史经典产业高水平传承高质量发展若干政策举措》（以下简称《若干政策举措》）和《浙江省历史经典产业传承创新发展行动方案》（以下简称《行动方案》）。《若干政策举措》以政策支持和要素保障为主，从 3 个方面提出了 18 条具体举措；《行动方案》以具体举措和任务分工为主，从原料供给、创新引领、主体培育、融合发展、人才接续、交流合作、宣传推广等方面提出了 20 项工作举措。③

从《浙江省传承发展浙江优秀传统文化行动计划》到《浙江省文化基因激活工程实施方案（2024—2026 年）》《浙江省历史经典产业高质量发展计划》，再到《若干政策举措》和《行动方案》，浙江省在中华优秀传统文化保护传承发展上具有明确的方向性、系统性和实践性。通过一系列政策和行动计划的实施，浙江保护和传承了优秀传统文化，将优秀传统文化资源转化为现代文化产业，带动地方经济发展，为中华文明的浙江标识

---

① 陈黎明：《培育 10 个以上现象级省域文化标识，看浙江如何激活文化基因》，《浙江日报》百家号，2024 年 4 月 8 日，https://baijiahao.baidu.com/s? id=1795683986656590116&wfr=spider&for=pc。

② 《浙江发布历史经典产业高质量发展计划》，浙江省人民政府网，2024 年 4 月 20 日，https://www.zj.gov.cn/art/2024/4/20/art_1554467_60207827.html。

③ 《浙江出台政策推进历史经典产业传承发展》，中华人民共和国中央人民政府网站，2024 年 6 月 12 日，https://www.gov.cn/lianbo/difang/202406/content_6956925.htm。

注入了新的活力。如浙江小百花越剧院推出的新国风环境式《新龙门客栈》是近年来成功的文化标识之一，该剧融合经典与现代题材，改编自同名经典武侠电影，将传统越剧的艺术表现形式与流行文化中的武侠 IP 相结合，通过传统戏曲讲述现代观众熟悉的故事，成功跨越不同文化消费群体的界限。今年 3 月首演以来，抖音线上直播观看人次达 924 万，线下一票难求。《新龙门客栈》的成功之处主要在于"内容新、表达新、场景新、传播新"，顺应当今文化发展潮流。从故事改编看，将现代年轻人对"江湖""侠义""恩怨情仇"的思考注入《新龙门客栈》，让旧经典成为新 IP，融入现代化思维，成功"破壁出圈"。这和我国绝大多数戏曲剧情常年不变、固守陈旧思维形成鲜明反差。从表演形式看，在保留浙派越剧特有唱腔的基础上，在唱词节奏、人物造型等方面做出更贴近现代审美的调整改变。从观演模式看，采用时下年轻人喜闻乐见的"情境式""沉浸式"等方式。从推介渠道看，采用了当下时髦的短视频方式。

（二）江苏省：重视城市特色传统文化，使之全面融入社会生产生活

近年来，江苏省委省政府高度重视中华优秀传统文化的保护传承和创新发展工作，将苏州作为中华优秀传统文化重点提升城市，以城市特色传统文化建设为重点，将中华优秀传统文化全面融入社会生产生活，取得显著成效。

苏州在中华优秀传统文化创造性转化、创新性发展中，展现了其深厚的文化底蕴与创新精神，为其他地区提供宝贵的经验与启示。一是将中华优秀传统文化传承与现代社会发展紧密结合。苏州保护和传承文化遗产之举也为城市的全面发展注入新的活力与魅力。苏州拥有昆曲、古琴、宋锦等丰富的非物质文化遗产，通过活化利用与数字化传播等创新举措，将中华优秀传统文化深度融入社会生产与生活。二是将中华优秀传统文化的保护与活化并举。以宋锦为例，这一丝绸名锦曾一度面临失传的危机，但经过当地丝绸企业的不懈努力，不仅成功复原，还实现机械化生产，宋锦以全新面貌重返国际舞台，同时走进千家万户。这一转变不仅体现苏州对传统工艺的尊重与保护，更彰显其在现代化进程中的创新与适应能力。三是大力推进文化与产业的融合。苏州将"苏工""苏作"等传统手工艺转化

为推动城市产业发展的新动力，通过培育高精尖产业，苏州正逐渐成为产业之城、创新之城、开放之城，"硬实力"不断增强。苏州通过"苏作馆"等平台，积极与文化旅游领域的头部企业合作，利用大型展会等，拓展市场化运营方式，发展文化旅游，推动传统工艺与现代金融结合，实现深度合作。这些举措不仅为传统文化的传播与推广开辟新途径，也为文化产业发展注入新活力。

传统文化已成为苏州城市发展的基因，全方位渗透到科技创新、经济建设、城乡发展、基层治理等各个领域，苏州也因此形成具有鲜明个性的城市品质。苏州的"传统味""人文味"在城市的每一角落均有所体现，为城市的持续发展提供独特的文化支撑和精神动力。

（三）河南：推动传统文化发展创新的典范

河南是中华文明的重要发祥地，拥有丰富多彩的传统文化资源。近年来，河南省委省政府高度重视对中华优秀传统文化的保护传承创新，出台一系列政策措施，取得显著成效。特别值得一提的是，通过《唐宫夜宴》这一节目，河南省不仅推动了中华优秀传统文化的现代化发展，而且为其他地区的文化创新提供了可借鉴的模式。

《唐宫夜宴》是一场在2021年河南卫视春晚中播出的舞蹈节目，它以独特的艺术表现和深厚的文化内涵迅速走红网络，成为一种文化现象。《唐宫夜宴》呈现了国宝、国风、国潮三样东西，不仅成功地"出圈"，重新唤醒了中华优秀传统文化的巨大魅力，还为中华优秀传统文化的传承与发展提供了新的思路和方向。

《唐宫夜宴》广受欢迎，为传统文化遗产的现代演绎与创新提供值得借鉴的宝贵经验，其主要经验包括四点。一是深入挖掘中华优秀传统文化精髓，对中华优秀传统文化进行深度挖掘和艺术加工。《唐宫夜宴》节目灵感来源于1959年河南安阳张盛墓出土的隋代乐舞俑。创作团队通过对中国古代乐舞文化、唐代服饰、乐器、诗词等方面进行深入研究，选取极具代表性的唐代宫廷宴会作为背景，以此为基础进行艺术创作。这种从历史文物中获取灵感的方式，充分体现对中华优秀传统文化的深度挖掘和尊重，是实现中华优秀传统文化创造性转化、创新性发展并赋予其时代价值的重要途径。二是创新艺术表现形式。《唐宫夜宴》采用了汉唐古典舞的形式，结合了传统宫廷乐舞的历史形态和民间俗乐舞的语言形式，不迎合、不媚俗，在坚守传统的基础上，大胆创新人物、场景、舞蹈等文化符号的表达，运用现代科技手段，使观众有了置身博物馆、文物"活起来"的神奇体验。三是传播策略成功。利用互联网等新媒体平台进行广泛传播，通过网络媒体的裂变效应，使中华优秀传统文化能够迅速"出圈"。《唐宫夜宴》节目首播后，迅速通过互联网二次传播，引发广泛关注和讨论。这种线上线下结合的传播策略，有效扩大了中华优秀传统文化的影响力，使中华优秀传统文化以更加亲民的方式触及更广泛的群体。

（四）江西：千年瓷都的现代文创转型

作为享誉全球的"世界瓷都"，江西景德镇拥有厚重的陶瓷艺术历史。这座城市在推动陶瓷文化的传承与保护方面开辟了新的途径，使这座古老的瓷都焕发出新的活力。从彩绘到青花，从改进陶瓷工艺到致敬石窟艺术，景德镇保存了千年的记忆和技艺，在新时代的国际贸易和文明交流中，这些宝贵的文化遗产得到了传承和弘扬。

景德镇不仅是中华优秀传统文化创造性转化、创新性发展的一个缩影，也是推动中华优秀传统文化迈向市场化和走向国际化的一个重要示范标杆。其主要经验有五点。一是政策保障。景德镇出台《景德镇市陶瓷文化传承创新条例》，编制《景德镇国家陶瓷文化生态保护实验区总体规划（2021—2035）》，以御窑遗址申遗为龙头，实施景德镇大遗址保护计划，对160余处老窑址、108条老里弄进行抢救性保护。二是薪火相传。景德镇传承千年技艺，大力推动手工制瓷技艺传承发展，全力创建陶瓷文化生态保护实验区，组建非遗协会，建设非遗项目数据库，打造全球首个古陶瓷基因库，打造非遗生产性保护示范基地、培养非遗传承人。三是善于结合。陶瓷文化与现代文创产业结合，悠久的陶瓷文化在现代文创产业的浪潮中焕发出新的活力。5.8万家手工制瓷作坊星罗棋布，一条文创街区便吸引2万多名创客入驻，孵化2902个创业实体，带动超过10万人就业，也吸引来自美国、法国、新加坡、韩国等国家的艺术家和爱好者，高峰时"洋景漂"人数超过5000，形成独特的"文化移民"现象。四是跨界创新。景德镇将历史悠久的陶瓷技艺与敦煌壁画中"三兔共耳""舞乐飞天"等充满动感与神秘色彩的图案相结合打造的作品，不仅保留了传统文化的精髓，同时也融入了现代审美与创新思维。这些作品不仅在艺术价值上得到提升，在文化传播、教育推广、文化创意产品开发以及娱乐体验等多个领域也展现出其独特的魅力和潜力，催生一种集文旅、文教、文创、文娱为一体的新业态。五是打造载体。景德镇市依托国家陶瓷文化传承创新试验区，保护和传承当地陶瓷文化，推动产业转型升级。其通过活化传统文化 IP，激发发展动力，缩短传统文化与现代社会和人民群众内心的距离，使非物质文化遗产不再是高高在上的"珍藏品"，而是变成人们生活中的"日用品""消费品"。

三　中华优秀传统文化数字化创造性转化、创新性发展的个案

近年来，数字技术越来越多被应用到传统文化遗产保护与传承的实践中，数字技术在提高非遗保护水平、丰富非遗保护手段、多样化展示非遗、扩展非遗传播途径、增强大众互动体验等方面发挥着十分重要的作用，能够协助建构"活态"的共同体记忆。

（一）北京"数字中轴"

北京中轴线被称为"古都的灵魂和脊梁"，承载着深厚的历史文化底蕴。在数字化浪潮的推动下，建设北京中轴线线上数字博物馆是一项关键的举措，更是一次创新的飞跃。一是线上展陈。这一平台，将北京中轴线的历史、文化、艺术等元素，以数字化的形式生动地展现出来，让公众在沉浸式体验中，足不出户就可以饱览各类藏品，学习藏品背后蕴藏的历史文化知识，更加直观地感受这条历史轴线的独特魅力。二是线下体验。"云上中轴"小程序、北京中轴线官网等线上平台建设凸显了线上展陈的魅力，北京中轴线线下开发与之共同构成文化遗产传承的完整生态。北京借助数字科技与文化创意内容，综合运用游戏引擎、虚拟现实（VR）、裸眼 3D 等技术，融合北京古都历史与现代城市风貌，打造互动性和体验感较强的创意展览。三是数字藏品。"数字中轴"通过数字藏品的形式，以区块链技术为载体，为版权保护提供保障，实现安全流转。数字藏品为

"数字中轴"的文化传播助力明显，创造了较大的经济价值与社会价值。四是一体发展。"数字中轴"聚焦城市的文化记忆、历史遗存、精神传承，形成集文创大赛、数字展陈、数字藏品、版权维护等于一体的遗产保护监测管理和开发体系，展现出数字技术再现城市非遗、传播城市文化的科技潜能和科技向善的社会价值。五是整合力量。整合非遗建设各方力量，将数字技术与各种应用深度融合，为城市非遗的开发与探索提供助力，让中华优秀传统文化的传承、转化、传播与创新的体系更加完整和高效。

（二）广州全国首创的元宇宙非遗街区

2022 年 6 月 12 日，广州非遗街区（北京路）开街，元宇宙非遗街区同步上线。元宇宙街区呈现广州特色非遗集市，包含广彩、广绣、榄雕、箫笛、通草画、象牙微雕、岭南古琴、西关打铜等八大项目，每个项目选取代表性精品进行 3D 数字建模，并结合 5G 云计算、AR、VR 等技术，在元宇宙中高精度全方位地展示作品细节。非遗街区一期完成构建首层约 800 平方米的展示空间，2023 年正式面向社会开放。秉承"见人见物见生活"的非遗保护理念，一期共设置文创展示区、花市打卡区、非遗 IP 形象互动区和元宇宙 VR 体验区。广州非遗街区（北京路）打造岭南非遗展示窗口，延续城市文脉，以"绣花"功夫留住城市记忆。非遗街区元宇宙应用以文化为核心，构建虚拟公共文化空间，结合传统节庆、品牌文化活动等实现多场景复用，以数字技术为历史文化街区、景区赋能。非物质文化遗产既是历史的记忆，也融入当下人们生活的方方面面，祖辈们的衣、食、住、行都能在非遗街区里找到痕迹，让观众体会到，本土的传统文化随着时间推移不断发展，不断再创造，拉近非遗与观众的距离。

（三）敦煌研究院"数字藏经洞"

敦煌研究院利用数字孪生技术，成功重现莫高窟的"数字藏经洞"，为世界文化遗产的数字化保护与传承提供创新性解决方案。该项目通过高精度的 3D 扫描和数字化建模，实现对藏经洞内壁画、雕塑等文物的全方位、立体化展示，使无法亲临现场的观众也能享受到身临其境的观赏体验。结合虚拟现实（VR）、增强现实（AR）等技术，用户可以进行互动式探索，深入了解藏经洞的历史背景和艺术价值。通过敦煌研究院"数字藏经洞"这一项目，可以看到，数字孪生技术以其创新性在文化遗产保护领域中发挥着革命性的作用，不仅为文物的数字化存档和研究开辟全新的路径，而且极大地拓展了文化遗产展示与教育的边界。

首先，通过创建文物的数字副本，以前所未有的精度，对文物进行深入分析和研究，这在传统方法中是难以实现的，有助于文化遗产的长期保存和可持续利用，对于防止文物因环境、人为等因素造成的损害具有重要意义。其次，数字孪生技术的应用，将文化遗产的"无形"价值以"有形"的方式呈现，增强了文化传播的直观性和互动性。通过虚拟现实（VR）、增强现实（AR）等技术，观众可以跨越时空的限制，近距离地观察和体验文物，甚至与之互动，这种沉浸式的体验极大地提升了公众对文化遗产的兴趣和认知水平。最后，数字化展示平台的建设，为文化遗产的国际交流与合作发展提供新的平台，有助于推动不同文明的互鉴与共融。数字孪生技术在文化遗产保护与传承中的创新应用，展现了现代科技与传统文化相结合的独特魅力和巨大潜力。

（四）"原神"传统文化与现代游戏娱乐相结合

"原神"是由中国游戏公司米哈游开发的一款开放世界冒险游戏，中国游戏"原神"已在全球100多个国家和地区上线，并在2021～2022年成为海外社交平台推特上用户讨论热度最高的游戏之一。它成功的秘诀有以下几点。一是它将中华优秀传统文化元素与现代游戏设计理念相结合，既具有东方美学，又能够跨越文化隔阂，是一款全球性游戏。"原神"通过精心设计的角色、场景和剧情，将中华优秀传统文化以新颖的方式呈现给全球玩家。游戏中的角色"云堇"，设计灵感源于中华戏曲文化，通过其形象、动作和技能，展现传统戏曲的魅力。二是游戏利用数字技术，如3D建模和增强现实（AR）技术，为玩家提供沉浸式的文化体验，使玩家即使身处不同文化背景，也能认识到中国文化的深厚底蕴。三是利用数字资源实现非物质文化遗产的现代化表达和全球传播。"原神"促进文化的交流与传播，体现了现代科技在文化输出中的强大潜力。"原神"游戏这一案例说明，原创本土 IP 或借势品牌 IP，保持开放自信姿态，利用中华优秀传统文化所特有的内涵，勇于拥抱时代、拥抱网络，放大 IP 乘数效应，通过整合延伸文化产业链，把本土文化 IP 变成可触摸、可体验的旅游产品，推动"最大变量"成为"最大增量"。

第二章　湖湘文化历史贡献与当代价值

湖湘文化是湖湘儿女几千年来生存智慧的结晶，具有强大的生命力与穿越时空的影响力。湖湘文化博大精深，源远流长。湖湘文化是中国精神、中国价值、中国力量的重要组成部分，深刻影响中国社会的发展，是新时代中国特色社会主义核心价值观的价值源泉，也是建设湖南的精神力量。

第一节　湖湘文化的研究现状

湖湘文化作为中华文明的重要一脉，是中华优秀传统文化的重要组成部分，是中华优秀传统文化"百花园"中的灿烂瑰宝。①

一　湖湘文化研究现状

关于湖湘文化内涵界定，学术界有如下几种。一是以地理空间界定，认为湖湘文化是一种地域文化。郑佳明认为，湖湘文化是指湖湘流域的文化，得出"地理环境决定湖湘文化农耕文明的基本属性，深刻影响湖湘人的性格气质和精神世界"的结论②。戴金波认为湖湘文化是一种区域性的地方文化，它的孕育及最后形成与地域概念——"湖南"或"湘"的形成有密切关系。③　二是从时间角度去界定湖湘文化。万里认为湖湘文化最古

---

① 陈俊、袁汝婷：《〈瞭望〉专访湖南省委书记沈晓明｜担当新的文化使命 为建设文化强国贡献湖南力量》，新华网百家号，2023 年 12 月 2 日，https://baijiahao.baidu.com/s？id=1784130159068032775&wfr=spider&for=pc。

② 郑佳明：《湖湘文化的三重属性》，《新湘评论》2023 年第 14 期。

③ 戴金波：《唐代贬谪文人与湖湘文化的相互影响》，《武汉理工大学学报》（社会科学版）2014 年第 4 期。

老的源头肇始于先秦时期爱国主义诗人屈原。此后直至唐代，这种精神或者思想文化的薪火在湖南变弱。北宋的周敦颐则将其重新发扬光大，使之绵延不绝。① 郑大华认为，湖湘文化或由四种文化即上古产生于湖南地区的本土文化，周朝时期的巴楚文化、中原文化，以及周边的少数民族文化融汇而成。② 江凌定义了湖湘文化形成发展时间，认为其始于南宋，止于民国末期，是在今湖南省域内形成的历史区域文化，经过了先秦荆楚文化传统丰厚土壤的滋养、中世和近代荆楚文化的熏陶，以及湖湘大地文人学士、官宦乡绅、宗族领袖及其他文化学者的倡行、丰富、完善。③ 三是从起源地界定，诸多学者认为湖湘文化源于宋代的岳麓书院，将湖湘文化等同于书院文化及其培养的少数文人学者的精英文化。李跃提出，在岳麓书院的熏陶下，从湖湘大地走出了许多志士仁人。湖湘文化因此而名扬天下。④ 四是综合界定，从空间、时间、内容三角度概括湖湘文化。郑佳明认为湖湘文化是地域文化的同时，也认为湖湘文化是历史文化。⑤ 中国历史的发展、湖南自身历史重大事件和人物对湖湘文化有着重大影响，勾勒出湖湘文化思想脉络。王兴国认为，湖湘文化最本质的特征之一，是具有融汇百家、兼收并蓄的博大精神。⑥ 湖湘文化的发展过程，就是各种文化系统不断沟通与融合的过程。金乐、邓和秋认为湖湘文化是两宋以后建构起来并延续到近现代的一种区域文化形态，从内容上说，主要包括湖湘哲学思想、湖湘文学艺术、湖湘史学、湖湘教育、湖湘宗教、湖湘民俗民风、湖湘饮食、湖湘广播电视、湖湘新闻出版、湖湘科学技术等。⑦ 方克立认为，湖湘文化涵盖面非常广。它不仅包括哲学、伦理、政治、法律、

① 万里：《湖湘文化的精神特质及其影响下的精英人物》，《长沙理工大学学报》（社会科学版）2004年第3期。
② 郑大华：《推动湖湘文化"创造性转化"和"创新性发展"》，《湖南日报》2018年3月16日。
③ 江凌：《试论近代湖湘文化的基本特质及其文化精神》，《湖南社会科学》2011年第6期。
④ 李跃：《湖湘文化创新与优化湖南经济发展环境》，《三湘青年社会科学优秀论文集》2004年第8期。
⑤ 郑佳明：《湖湘文化的三重属性》，《新湘评论》2023年第14期。
⑥ 王兴国：《湖湘文化汇合百家、兼收并蓄的博大精神》，《船山学刊》1992年第1期。
⑦ 金乐，邓和秋：《湖湘文化创新与湖南文化产业发展研究》，《湖南社会科学》2010年第2期。

文学、艺术、宗教等精神文化的内容，而且包括民风、民俗、民族心理等所谓"俗文化"，甚至还包括饮食文化、服饰文化、建筑文化、历史遗存、江山胜境、湖南地区的土特产等。① 李立泉认为关于湖湘文化的渊源，可以上溯到春秋战国时期的荆楚文化。② 从广义的范围来讲它应包括湖湘地区一切古代文化与传统，诸如器物、民风民俗、社会心理、思维方式及文学艺术的特色等，它是中华文化的一部分，又具有其特点与独特内涵。

关于湖湘文化独特历史地位研究，主要有以下四个方面。一是研究湖湘文化和中华文化关系，认为湖湘文化形成和发展的历史就是中华文化建构的历史，湖湘文化和中华文化基本精神具有一致性。朱汉民指出，湖湘文化发展经历了楚汉、两宋和近代三个重要时期，这三个历史时期也是中华文化发展的重要时期。③ 王兴国认为，湖湘文化与中华文化之间的关系，经历了漫长的演变过程。春秋战国时期的荆楚文化就是中华文化的重要组成部分。到宋代之后，湖湘文化逐渐进入中华文化的核心，到近代，湖湘文化逐渐上升到中华文化主流的地位。④ 二是研究湖湘文化突起，近代以来，湖湘文化大放光彩。郑大华认为，近代以前，湖湘文化的影响主要在学术方面，对中国的社会、政治、经济的影响不大，进入近代后，一部湖南近代史，等于半部中国近代史。⑤ 姚静冰分析湖南近代大放异彩的原因，以魏源、曾国藩、谭嗣同等为代表的仁人志士，使湖南近代文化明显地呈现出有别于其他地域文化的特质，如综合、开放、务实等。这些是近代湖湘文化的优点，是它能孕育近代湖南众多人才的一个重要原因。⑥ 三是对湖湘文化引领时代发展的研究。王泽应认为，湖湘文化作为中华文化母系

---

① 方克立：《湘学研究的对象、范围和意义》，《湘学》（第二辑），湖南人民出版社，2002。
② 李立泉：《左宗棠与湖湘文化》，《云梦学刊》2002 年第 2 期。
③ 朱汉民：《湖湘文化在中华文化中的地位》，《新湘评论》2023 年第 14 期。
④ 王诗颖：《王兴国：为什么说湖湘文化是"人有我多""人多我好"｜湖湘文化与中华道统》，红网百家号，2024 年 2 月 2 日，https://baijiahao.baidu.com/s？id＝17897716199136 84612&wfr＝spider&for＝pc。
⑤ 奉清清：《推动湖湘文化"创造性转化"和"创新性发展"——访中国社会科学院近代史研究所研究员、中国近代思想研究中心主任郑大华教授》，《湖南日报》2018 年 3 月 16 日。
⑥ 姚静冰：《青年毛泽东思想中的湖湘文化渊源》，《湘潭大学社会科学学报》2003 年第 12 期。

统中的子系统，有一种源于地域又超越地域、走向主流且引领潮流的价值特质和精神禀赋，为传承和发展中华文明做出了独特贡献。"屈贾之乡""潇湘洙泗""道南正脉"等称谓，既概括出了湖湘文化对中华文明的独特贡献，又道出湖湘文化因这种独特贡献而呈现出的文化特质、思想力量和实践品格。① 四是分析湖湘文化发展的动力。著名历史学家林增平先生阐述湖湘文化历史的时候，认为移民是湖湘文化发展的重要动力。②

关于湖湘文化的不足，学者们既探讨了湖湘文化的开放性，也审视了其在某些方面所体现出的传统保守性。郑佳明认为湖湘文化总的思想倾向为保守的理学思想，这是湖南经济发展的深层阻碍。③ 周秋光认为湖湘文化在历史上存在四个缺陷：存在着经济上极冷、政治上极热的两极化倾向；经世致用的学风在某种程度上造成湖南人的急功近利，缺乏对人的终极关怀，以及过于强调经验的作用，忽视了理论的建构；保守与激进并存；湖湘文化中存在明显的"楚材晋用"现象。④ 康咏秋反思了湖湘文化，认为湖湘文化"重坚守"，较封闭保守，缺乏创新活力，并从地理条件和历史成因分析原因。⑤ 王国宇认为深受传统儒家文化影响的湖湘文化具有一种深厚的"崇官性"，在进入晚清社会以后，这种"崇官性"不但没有被近代化的工商浪潮所冲淡，相反却得到某种程度的强化。⑥ 与"崇官性"紧密伴随的是"抑商性"。进入近代以后，大多数湖南士人对吸收西方先进的科学技术进行投资设厂的"工商"主张采取排斥与抵抗的态度。

关于湖湘文化不断发展的研究。学者们从湖湘文脉和当代意义角度进行研究。郑佳明认为，在中国，并不是每一个地域文化都有自己连续的文脉，湖湘文脉发展的连贯性和完整性是历史发展的结果。学者们也就文人贬谪到湖南形成的流寓文化进行研究。戴金波认为，唐代贬谪文人为湖湘

① 王泽应：《中华文明体系中的湖湘文化及其独特贡献》，《毛泽东研究》2023 年第 5 期。
② 林增平：《近代湖湘文化试探》，《历史研究》1988 年第 4 期。
③ 郑佳明：《湖湘文化与湖南发展》，《湖南日报》2019 年 1 月 8 日。
④ 周秋光：《湖湘文化的个性特征与历史缺陷及现实价值》，《湖南省社会主义学院学报》2009 年第 3 期。
⑤ 康咏秋：《封闭保守热衷仕途——湖湘文化的反思》，《湖南科技大学学报》（社会科学版）2006 年第 1 期。
⑥ 王国宇：《湖湘文化的崇官抑商性》，《文史博览（理论）》2009 年第 12 期。

文化的孕育和形成提供了养分，丰富了湖湘文化的内涵，为湖湘文化形成经世致用的求实作风和坚忍不拔的奋斗精神起到重要的推动作用。① 朱汉民认为湖湘文化传统的近代意义，在于湖湘士大夫将中国文化的近代化与主体性重建相结合。② 关于毛泽东和湖湘文化的研究。彭大成先生著《湖湘文化与毛泽东》一书，提出一个基本的历史思路：近代湖湘文化发展的第一条思想线索是王船山—谭嗣同—杨昌济—毛泽东；第二条线索是王船山—曾国藩—杨昌济—毛泽东。第一条是道德形而上学的建设，第二条是实用主义事功路线。③ 姚静冰认为毛泽东思想是在一个不断建构的过程中形成的，而毛泽东本人的文化心理和文化品格最早受到湖湘文化影响。④ 沈学珏通过对毛泽东思想活的灵魂中蕴含的湖湘文化的即事穷理、民为邦本、爱国情怀等特质予以分析，揭示毛泽东思想活的灵魂与湖湘文化的关系。⑤

二　湖湘文化创造性转化、创新性发展的研究

学者们围绕创造性转化、创新性发展，铸就湖湘文化新的辉煌，展开了一些研究。

湖湘文化创造性转化、创新性发展的必要性研究。周正刚、彭益民从"推进湖湘文化创造性转化和创新性发展是新时代湖湘文化发展的内在需要"理论逻辑层面、"推进湖湘文化创造性转化和创新性发展是历史发展的必然和今人的重要职责"历史逻辑层面和"推进湖湘文化创造性转化和创新性发展是现实的强烈呼唤和实践的迫切要求"实践逻辑层面，分析了新时代推进湖湘文化创造性转化、创新性发展的必然逻辑。⑥ 史海威、雷菁认为湖湘文化作为一种区域文化亦存在两面性，其优良文化品质为湖南

---

①　戴金波：《唐代贬谪文人与湖湘文化的相互影响》，《武汉理工大学学报》（社会科学版）2014 年第 4 期。

②　朱汉民：《近代湖湘士大夫重建中国文化主体性的启示》，《原道》2014 年第 2 期。

③　彭大成：《湖湘文化与毛泽东》，湖南人民出版社，2003。

④　姚静冰：《青年毛泽东思想中的湖湘文化渊源》，《湘潭大学社会科学学报》2003 年第 12 期。

⑤　沈学珏：《毛泽东思想活的灵魂中的湖湘文化元素》，《社会科学家》2014 年第 9 期。

⑥　周正刚、彭益民：《论新时代湖湘文化的创造性转化与创新性发展》，《湖南行政学院学报》2020 年第 4 期。

经济提供丰富的精神资源、强大的智力支持,其"重理轻欲""重义轻利""重农轻商"的传统价值取向则阻碍了湖南经济发展,因此湖湘文化需创新发展。①

湖湘文化创造性转化、创新性发展路径研究。晨风指出,湖湘文化发展必须推陈出新,对湖湘文化进行深入挖掘和阐发,使其中的优秀元素与当代文化相适应,与现代社会相协调,与时代精神相契合。② 郑大华提出,站在新的历史起点上,推动湖湘文化创造性转化、创新性发展,需要深入学习习近平文化思想,在中华文化的大视野中研究湖湘文化,准确认识和传承好近代湖湘文化"敢为天下先"的创新精神、"以天下为己任"的担当精神和"扎硬寨,打硬仗"的拼搏精神。③ 陆亚林认为,推动湖湘文化的创造性转化与创新性发展,要在历史与现实、内部与外在、理论与实践、研究与应用相结合的基础上,着眼于湖湘文化的价值与精神,把握好继承与创新、"本来"与"外来"、传统与未来的辩证关系。④ 史海威、雷菁认为利用湖湘文化推动湖南经济发展需要合理反思湖湘文化精神实质,促成文化新合力;科学扬弃湖湘文化传统,实现文化重心大转移;同步推进社会体制创新,营造文化创新良好环境。⑤

湖湘文化创造性转化、创新性发展专门领域研究。刘亦明研究了湖湘红色文化创造性转化、创新性发展的保障机制,认为要协调好湖湘红色文化进行创造性转化、创新性发展各主体之间的关系,构建以政府为主导力量、以湖湘红色文化工作者为先锋力量、以人民群众为基本力量的主体协同机制,形成政府、社会、企业、学校和家庭"五位一体"的保障体系,

---

① 史海威、雷菁:《湖湘文化创新与湖南经济发展》,《湖南大学学报》(社会科学版)2015年第6期。
② 晨风:《湖湘文化发展必须推陈出新——三论进一步做强做优广电和出版湘军》,《湖南日报》2018年8月15日。
③ 郑大华:《推动湖湘文化创造性转化、创新性发展的省思》,《求索》2024年第2期。
④ 陆亚林:《论湖湘文化的创造性转化与创新性发展》,《湖南省社会主义学院学报》2018年第6期。
⑤ 史海威、雷菁:《湖湘文化创新与湖南经济发展》,《湖南大学学报》(社会科学版)2015年第6期。

推动湖湘红色文化育人实践教育体系不断完善并取得新的进展与成果。[①]

目前，学界关于湖湘文化研究成果较多，但对湖湘文化创造性转化、创新性发展的研究成果数量较少，很多方面研究还需进一步深化。对湖湘文化创造性转化、创新性发展的背景性、前提性的基本概念和基本理论有待进一步澄清；对于湖湘文化创造性转化、创新性发展的基本内涵、适用范围、理论性质和理论界限需要进一步廓清；湖湘文化创造性转化、创新性发展理论与实践研究水平有待进一步提升；将文化产业作为研究着力点推动湖湘文化创造性转化、创新性发展有待进一步明确与系统化。

第二节　湖湘文化的历史贡献

湖湘文化进行创造性转化、创新性发展，前提是需要挖掘湖湘文化的内涵，充分加以梳理阐释。学者们对湖湘文化内涵进行讨论，从不同层面予以界定与论证。一是"泛文化"的概念，以湖南历史累积的文化成果界定。湖湘文化是湖南人民在改造客观世界进程中所创造出来的地域性物质成果和精神成果，涵盖物质层面、制度层面和精神层面，包括物质生产和生活方式、政治、礼仪、法律、制度、价值观念、社会心理、社会风俗等。二是"大文化"的概念，对湖南历史发展进程中湖南人民精神生活予以界定，湖湘文化是指湖南人民在改造客观世界过程中，创造的具有强烈地域特征的精神成果的总和，可以理解为自然科学和哲学社会科学。三是"中文化"的概念，从湖南社会形态结构的构成角度加以界定，湖湘文化是湖南历史一定的政治和经济形态在观念形态上的反映，并反作用于一定的政治和经济形态。四是"小文化"的概念，以湖南社会意识形态界定。与湖南经济和政治直接相联系的以"学术文化"为核心的湖南地域学术思想文化及文化精神、文化性格、文化风俗等，即由湖湘人民所创造的精神财富的总和，包括哲学、宗教、史学、文学、军事、科学、技术、艺术、语言、民族、民俗、心理、教育等观念形态的一切社会意识形态。

---

① 刘亦明：《湖湘红色文化创造性转化创新性发展的保障机制研究》，《文化产业》2021年第10期。

文化是一定意识形态的内容，是一定社会的经济基础、政治制度和人与人的经济关系与政治关系的反映。一定的理论是一定的意识形态，甚至是一定社会文化的核心。美国阐释人类学家克利福德·格尔茨提出"文化概念实质上是一个符号学的概念"，"所谓文化就是这样一些由人类自己编织的意义之网，因此，对文化的分析不是一种寻求规律的实验科学，而是一种探求意义的解释科学"。① 本书按照"泛文化"的界定，参照克利福德·格尔茨的观点，依照历史顺序，从湖湘文化历史贡献角度来阐释湖湘文化内涵和外延。

湖湘文化的发展经历多个阶段，从上古时期的文明到先秦时期的楚文化，到宋明理学的湖湘学派，再到近现代的革命文化与社会主义建设时期的文化形态，湖湘文化始终与时俱进，展现出强大的生命力。在发展过程中，湖湘文化不断吸收新鲜血液，推陈出新，形成独特的文化发展脉络。

一 在人类起源、农业起源、中华文明起源等领域的重要贡献

湖南历史悠久，文明璀璨。考古成果证实，自史前时期始湖南便拥有光辉灿烂的文明。② 道县福岩洞遗址发现了距今约 8 万~12 万年的古人类牙齿化石，这是目前已知最早的具有完全现代形态的人类，对于深入探讨现代人在东亚大陆的出现和扩散具有重要意义。③ 湖南境内发现多处旧石器时代的人类活动遗址，在道县玉蟾岩遗址发现中早期陶器和水稻遗存，这些遗址证明了湖南地区在远古时期就有人类居住和生活，为探讨陶器起源、农业起源等世界性学术问题提供十分重要的考古证据。通过对这些遗址的考古发掘，学者们发现大量的石器工具、动物骨骼和炭屑等遗存，这表明当时的人类已经掌握了基本的石器制作技术，并开始狩猎和使用火。湖南地区新石器时代的文化遗存更加丰富。澧县城头山遗址是全国范围内极具代表性的新石器时代遗址。这里发现了大量的陶器、石器、玉器和骨

---

① 〔美〕克利福德·格尔茨：《文化的解释》，韩莉译，译林出版社，2008。
② 《湘伴｜读懂文化传承发展中的"湖南分量"》，华声在线百家号，2023 年 6 月 22 日，https://baijiahao.baidu.com/s？id=1769368497459955646&wfr=spider&for=pc。
③ 吴晶晶：《我国科学家发现东亚最早的现代人化石》，中国科学院，2015 年 10 月 15 日，https://www.cas.cn/cm/201510/t20151015_4439391.shtml。

器等文物，以及规整的房屋基址和墓葬等遗迹。城头山是中国目前发现的年代最早、保存最完整、内涵极其丰富的古城址。在澧县鸡叫城遗址发现"中国最早最完整的木结构建筑基础"。^① 这些证据表明，当时的人类社会已经发展到较高的水平，形成稳定的定居生活和复杂的社会结构。

在农业起源方面，湖南是中国稻作农业的重要发源地之一。在道县玉蟾岩遗址考古发掘中，发现了一万两千年前的人工栽培稻遗存，这是目前世界上已知最早的稻作农业证据之一。这些发现表明，湖南地区的先民在新石器时代早期就开始尝试培育野生稻，为稻作农业的发展做出了巨大贡献。随着农业技术的不断进步，湖南地区的稻作农业逐渐发展壮大，成为中国古代农业的重要组成部分。到新石器时代晚期，湖南地区的稻作农业已经相当发达，成为当时人们主要的食物来源。在澧县城头山遗址中，考古学家发现了距今约 6000 年的古稻田和配套的灌溉系统，这是世界上已知较早的古稻田之一，也是稻作农业发展的重要里程碑。

考古发现均证明，湖南是中国农耕文明形成最早的地域。神农逐渐被奉为中华文明始祖之一，是有历史依据的，这体现出湖湘文化对中华文化主体建构的历史贡献。另外，从神农崇拜的归宿来看，祭祀神农的"神农炎帝陵"也建置于湖南。一些历史文献如《太平御览》《帝王世纪》有"炎帝神农氏葬于长沙"的说法。到北宋，宋太祖下诏在湖南茶陵建炎帝陵，并遣官祭告，从而进一步强化了神农崇拜与湖湘文化的关系。^②

舜文化亦与湖湘文化有着非常密切的联系，它作为湖湘文化的源头，一直参与湖湘文化的建构过程，与湖湘地区的各个层面的文化均有着不可分割的内在联系。^③ 在中国文化体系中，"五帝"中的舜帝是中华精神文化，尤其是道德文化的奠基人，对中华文化的价值体系建构做出极其重要的历史贡献。舜帝是出生于中原地区的部落首领，历史典籍大量记载他的道德精神及行为，诸如孝敬父母、恭谦礼让、以德治国、举贤任能等，是

---

① 《超 330m² "史前木构豪宅"亮相湖南》，华声在线百家号，2021 年 10 月 10 日，https://baijiahao.baidu.com/s? id=1713212207170853696&wfr=spider&for=pc。
② 朱汉民：《湖湘文化通史》，岳麓书社，2024。
③ 朱汉民：《舜文化与湖湘文化建构》，《湖南社会科学》2012 年第 5 期。

中华传统道德的典范。舜帝的道德精神在南方产生了重大的影响，《史记》记载他南巡时"崩于苍梧之野，葬于江南九嶷"，此后，九嶷山的舜帝之陵就成为湖湘儿女祭礼舜帝、表彰其道德文化的地方，从古延续至今。[①]

目前，湖南有 13 项成果获评"全国十大考古新发现"，4 项成果获评"百年百大考古发现"，3 项成果获评"新时代百项考古新发现"。长沙马王堆汉墓被誉为"汉初历史文明的标杆"。世界文化遗产永顺老司城遗址，见证古代中国作为统一多民族国家，对西南山地多民族聚居地区独特的"齐政修教、因俗而治"的管理智慧。这一管理智慧促进民族地区的持续发展，有助于国家的长期统一，并在维护民族文化多样性传承方面具有突出的意义。出土于湖南龙山的里耶秦简，记录了秦代地方行政运作的历史。

二 湖湘文学成就在中华文化史上大放异彩

在古代，湖南因其地理位置偏远，环境艰险，常常成为文人贬谪之地。这些文人在这片土地上留下了许多不朽的文学作品，逐渐塑造了湖湘文化的重要组成部分——流寓文化。那些历史上被流放到湖南的名人如屈原、贾谊、王昌龄、刘禹锡、柳宗元等将中原地区的思想文化带到湖湘地区，为湖湘文化的发展提供了丰富的元素。

屈原是战国时期楚国著名的诗人和政治家。因遭贵族排挤诽谤，屈原被流放到湖南沅江、湘江流域，创作了渗透湖湘地域特色的《离骚》《九歌》《九章》《天问》等作品。他的作品采用了丰富的神话传说和象征手法，如《离骚》中的昆仑、彭咸等意象，以及《九歌》中的山鬼、湘君等形象，这些都是屈原对楚地文化和民间传说的独特再创造。[②] 屈原的诗歌不仅仅是对现实的描绘，更通过浪漫主义的手法，将个人情感与楚地的自然风光、历史传说融为一体，形成了独特的艺术风格。湖湘文化研究者朱汉民认为，中国南方所形成的以《楚辞》为代表的文学作品与北方的《诗经》一样，共同构成中华文化的艺术精神传统。无论是思想内容，还是艺术形式，沅湘地区所产生的文学艺术成果，是楚文化系统中最具普遍精神

① 朱汉民：《湖湘文化的文源、文脉与文气》，《新湘评论》2013 年第 5 期。
② 罗文荟：《屈辞楚俗研究》，博士学位论文，中央民族大学，2013。

的文化成果，对汉以后的诗歌艺术、审美精神产生深远影响，为两汉的中华文化的主体性建构做出了重大贡献。[①]

西汉初年著名政论家、文学家贾谊，因遭权臣忌恨被贬为长沙王太傅。在长沙期间，贾谊创作了多篇政论文和辞赋。他的政论文风格轩昂霸气，辞赋凄丽悱恻，具体作品包括《吊屈原赋》、《鹏鸟赋》和《旱云赋》等。他的作品不仅具有上承屈宋、下启两汉的重要意义，而且为散体大赋的"散"的特征的形成奠定了坚实基础，艺术创新对后世有着深远的影响。《吊屈原赋》是贾谊抒发自身壮志和对屈原遭遇深表同情的作品，而《旱云赋》则上承楚辞，下启汉赋，融合阴阳灾异思想，反映了汉初政治思想和学术。这些作品不仅展示了他深厚的文学功底，也反映了他在政治遭遇和个人情感上的复杂体验。唐代文学家柳宗元因参与政治革新失败被贬为永州司马，长达十年。这是柳宗元最困厄、最孤寂、最愤懑的十年。也正是这困顿的十年，真正造就了柳宗元古文大家的绝世风范。在永州期间，他创作了《永州八记》，客观描摹了永州的自然山水美景，注入了自我寂寥的情感，并借助对山水的审美观照来表现悲天悯人的情怀。[②]《永州八记》是文学史上的佳作，也是贬谪文学中山水游记的开山之作。

三 湖湘理学思想对中华儒家学术思想产生重大影响

湖湘之地向来被学术界视为"理学重镇""理学之邦"，在湖湘学术史中，理学思潮占据重要地位，产生了重大影响。理学思潮整体过程大体包括北宋理学兴起、南宋理学集大成、明清之际理学总结、晚清理学再度兴起几个阶段。这几个阶段，湖湘士大夫均有参与，每个阶段均有重要的历史人物、学派，如理学开山祖周敦颐、理学发展集大成的湖湘学派、理学总结者王船山、理学复兴者曾国藩。

北宋时期的理学，是中国古代哲学思想的重要组成部分，其形成和发展对后世产生深远的影响。作为宋明理学的先驱，周敦颐在理学史上的最

---

① 朱汉民：《湖湘文化与中国文化主体性构建》，《湖南社会科学》2014年第3期。
② 高胜利、郭晓芸：《贬谪文化视域下的柳宗元山水游记创作——以〈永州八记〉为例》，《湖南科技学院学报》2022年第1期。

大贡献，就是他不像韩愈仅仅呼唤回归儒家之道，而是能够"出入释老"，最终将佛教、道教的思想文化精华融汇到儒家文化体系中来。他坚持儒家文化在中华文化中的主体性地位，又将佛、道精华融汇到儒家文化体系之中，大大丰富儒家文化的普遍性内涵，强化中华文化的主体性建构。周敦颐代表著作《太极图说》与《通书》在儒家学术史上占有举足轻重的地位。这两部著作不仅深刻阐述儒家的宇宙观和人生观，而且被后世学者广泛认为是对儒家价值体系进行的一次"穷源探本"的深入挖掘和系统建构。周敦颐通过其著作，将儒家思想与宇宙自然的原理巧妙地结合起来，构建了一个宏大的儒家形上学体系。周敦颐为新兴的理学思潮奠定理论基础，崛起的湖湘文化为中华文化的主体建构也做出巨大贡献。

南宋是理学集大成的发展阶段，闽学、赣学、湖湘学、婺学等四大理学学派对理学的发展做出巨大的贡献。四大理学学派均有著名书院作为其地域性学派的基地，即所谓"南宋四大书院"，包括湖南的岳麓书院、江西的白鹿洞书院与象山书院、浙江的丽泽书院。著名思想家张栻曾主持岳麓书院教务，南宋理学家朱熹、明代心学家王阳明均来此讲学。岳麓书院声名远播。

湖湘学派在南宋时期由胡宏开创，由张栻等人进一步发展，具有独特风格和理论特色。湖湘学派对理学体系建构的贡献同样不容忽视。他们深入研习儒家经典，广泛继承并发展周敦颐、张载、二程等先贤的思想学术。在与朱熹、吕祖谦、陆九渊等同道学者的交流与合作中，湖湘学派推动理学向集大成阶段发展。宋明理学的核心哲学思想，如"格物致知"和"知行合一"，不仅深化了儒家文化的理论内涵，而且将其推向一个新的发展维度，为后世的文化发展和学术研究奠定坚实的基础。湖湘学派的学者群体，如胡安国、胡寅、胡宏、张栻等，在《宋元学案》中均有专门记载，他们不仅继承北宋周敦颐的学术文化宗旨，而且在吸收佛教和道教思想的基础上，致力于重建儒家文化体系。胡宏、张栻等学者推崇周敦颐，进一步巩固其作为"道学宗主"的学术地位，彰显濂溪学派在理学发展中的核心作用。

明清时期是理学思想的总结与反思时期，是中国思想文化体系的一个重要转折点。理学经过宋、元、明的发展，已经深入国家治理、社会结构、家庭伦理乃至个人修养的各个层面，并远播至东亚诸国。然而，随着时代的演进，理学亦逐渐显露出其内在的问题与局限，迫切需要深入的总结与批判性反思。在此背景下，清初三大儒王夫之、黄宗羲和顾炎武成为反思理学、引领文化思潮的杰出代表。其中，王夫之学术成就和思想影响尤为突出。他不仅继承周敦颐等先贤的思想精髓，而且深刻总结宋明理学的发展历程，为中国近代思想史的发展奠定了基础。王夫之等思想家致力于挖掘和解决理学存在的问题。王夫之在继承周敦颐、张载以及湖湘学派学术传统的同时，对明代理学进行深刻的反思与批判。他提出"六经责我开生面"。王夫之的学术追求旨在返本开新，将儒学拉回现实，倡导求真务实、经世致用、知行合一的治学态度，引导人们回归实际生活和实践活动。王夫之不仅继承中国思想传统，展现深刻与丰富的中国文化，而且在宋明理学的基础上进行大胆的创新与拓展。他的唯物主义思想、对民主与民权的早期探索，为晚清中国思想文化的转型提供强大的思想动力。湖湘学者如陶澍、唐鉴、魏源、贺长龄、邓显鹤，以及曾国藩、左宗棠等，都在不同程度上继承和发扬了王夫之的思想，创造了历史性的成就。

四　湖湘文化在近代中国的变革中发挥了不可替代的推动作用

晚清至民国，中华文化遭遇西方近代化潮流的强烈冲击。中华民族面临着民族存亡与文化认同的双重危机。湖湘士大夫们看到西方文化的优势，一方面学习、引进西方近代文明，主动承担起学习、引进外来的器物文化、制度文化、精神文化，全方位推动中国文化近代化的责任；另一方面对中国传统文化进行深刻反思、批判和改造，致力于回归并重塑中华文化中那些具有恒常性和普遍性的价值体系，以期在继承中创新，在创新中传承。这一时期，湖湘文化成为中华文化的核心文化之一。魏源、左宗棠、郭嵩焘等湖湘士大夫倡导学习、引进西方物质文化，开辟了新的道路，积累了宝贵的经验，取得了显著的成果。这些努力和成就，已经成为珍贵的文化遗产，为当代中国的文化发展和民族复兴提供宝贵的历史借鉴。

（一）魏源：晚清思想界的一面旗帜

魏源是湖湘文化的重要代表人物，其学术贡献与影响广泛而深远。他的作品《海国图志》《圣武记》《皇朝经世文编》等，不仅丰富中国的史学成果，更体现了他开眼看世界的视野与胸襟。魏源被誉为儒家士大夫中"睁眼看世界"的第一人，他巧妙地将"抵制外国侵略"的紧迫性与学习西方文明的深远意义结合起来，形成一种独特的文化自觉与探索路径。

魏源的历史贡献主要体现在以下几个方面。一是他提倡积极向西方学习，以弥补自身的不足。在《海国图志》中，魏源明确指出其编写目的："是书何以作？曰：为以夷攻夷而作，为以夷款夷而作，为师夷长技以制夷而作。"① 在当时中国遭受列强侵略、民族危机日益加重的背景下，魏源的这种观点无疑具有振聋发聩的作用。魏源的这一主张，不仅为当时的思想界带来一股清新的空气，更为后来的洋务运动提供理论指导。他在《海国图志》中提出："天下之大，何所不有？海国之广，何所不通？"并进一步指出："夷之长技三：一战舰，二火器，三养兵练兵之法。"② 魏源明确指出西方列强在军事上的三大优势，他对于西方技术的赞赏并未停留在表面，而是深入学习其科学管理和先进经验的层面。尽管魏源能够采取文化开放的态度去学习引进西方先进技术，但其内心对中国文化、圣人之道的肯认从未改变。

二是对中华优秀传统文化的普遍价值具有高度的自信。在《海国图志》中，魏源明确指出："圣人以天下为一家，四海皆兄弟，故怀柔远人、宾服四夷。无他，智仁勇三者，天下之达德也。"他认为，圣人以博大的胸怀对待天下，不分远近亲疏，都视为一家，这正是中华文化中"天下大同"思想的体现。同时，他强调"智、仁、勇"三者为天下之达德，这也是对儒家传统道德的坚守和弘扬。

三是对于文化和社会发展的深刻洞察。魏源在书中多次提及"夷夏之辨"，但并非出于狭隘的民族主义立场。他认为，这一概念超越简单的种族和地域差异，更倾向于在文化与道德层面去比较。他提倡在保持中华文

---

① 转引自常青《释"攻夷"、"款夷"与制夷》，《史学月刊》1985年第3期。
② 翦伯赞、郑天挺：《中国通史参考资料》（近代部分），中华书局，1980。

化传统价值和道德标准的前提下，学习西方的先进技术和管理经验。魏源所强调的"礼"，不仅指表面的仪式或礼节，更象征着深层的文化、道德和社会秩序。在他看来，"夷夏之辨"是一个动态过程，"夷狄"可以通过学习礼乐文化而进化为"诸夏"，反之，"诸夏"若失礼亦可能退化为夷狄。魏源对欧美民主政治和议会制度的欣赏，并非简单的模仿或全盘接受，而是基于儒家"大道之行，天下为公"的社会理想，以及对三代之治的反思与思考。

（二）曾国藩：推动中国近代历史转型的中兴名臣

作为湖湘文化的杰出代表，曾国藩对湖湘文化的发展和传播做出了重大贡献。曾国藩的理学思想、学问观、道德观及治家思想深受儒家理学之熏陶。其领导的湘军，核心成员多为理学家，他们推崇程朱理学，强调经世致用，将儒学的哲学思想与政治实践相结合。

曾国藩倡导经世致用的理学思想，明确提出把经济之学纳入理学范畴，并见诸事功，成为晚清理学经世思想的集大成者。[①] 一般儒家学者将儒学分为义理、考据、辞章三科，但曾国藩认为此外尚有经济之学，"为学之术有四：曰义理，曰考据，曰辞章，曰经济"[②]。明确把经济之学从传统学术门类中单列出来，与其余三科共同形成儒家理学，重新解释它们之间的关系，突出并强化经世致用的重要地位。他使实用的经济之学从抽象的义理中独立出来，赋予其与义理同等重要的地位，这就为之后筹办洋务的合法性提供了儒学的学理论证。[③] 曾国藩同样注重对现实问题的研究，主张求真务实，发扬儒家"力行"精神。他在当京官时，一方面从事理学的道德修养研究，一方面"究心方舆之学，左图右书，钩校不倦，于山川险要、河漕水利诸大政，详求折中"[④]。

曾国藩的学术在清代学术思想史上是不可或缺的一环。在吏治腐败、

---

① 张昭军：《曾国藩理学思想探析》，《北京师范大学学报》（社会科学版）2004 年第 3 期。
② （清）曾国藩：《劝学篇示直隶士子》，《曾国藩全集·诗文》，岳麓书社，1986。
③ 许纪霖：《在"理"与"势"之间：晚清官僚士大夫的自改革》，《探索与争鸣》2019 年第 10 期。
④ （清）黎庶昌：《曾国藩年谱》，岳麓书社，1986。转引自史革新《晚清理学"义理经济"思想探析》，《福建论坛》（人文社会科学版）2007 年第 10 期。

国家出现危机的背景下，他促成晚清宋学的复兴，试图改良风俗，挽回道德人心。他宗宋儒，同时又不废汉学，主张汉宋兼采，力图融合汉学与宋学的优点，从而使汉宋学术长期对立的局面得以终结，促进汉宋调和成为晚清学术的主流。他以礼学会通汉宋，既坚守宋学的立身之道，又以礼学的经世精神吸纳新知，为礼制改革以及西学的传播创造了条件。曾国藩的学术理念，打破了学派之间的界限，推动了学术的全面多元发展，在一定程度上开启了晚清学术的新路向，改变了既有的学术版图，并对后世中国产生了深远的影响。

曾国藩办湘军，湘军是中国历史上第一支实施真正意义上的募兵制的军队，还是首支具有明确价值观指导的军队。它不仅力主自主制造武器装备，而且形成了初步的"制海权"思想，并将防御确立为主要的作战形式，迈出了由古代传统军队向近代军队转型的重要一步，是中国军事近代化的有力推动者。① 据统计，自湘军崛起后，湘军要员官至督抚者达 27人，其中总督 14 人，巡抚 13 人。②

（三）左宗棠：捍卫了国家疆域完整

近代湖南士人几乎都将挽救国家和民族的危亡当作自己的神圣职责与使命。左宗棠早年入长沙城南书院，师从贺长龄和贺熙龄兄弟，专攻经世致用之学。左宗棠治学以程朱理学为宗，接受通过宋儒阐释的孔孟学说。③ 左宗棠深受魏源《皇朝经世文编》与《海国图志》的影响，心忧天下，怀有深切的爱国情怀和济世救民的崇高理想，认为"为政首在利民，民既利矣，国必与焉"。④ 其忧国忧民的爱国主义精神，以及积极参与时政、议政的责任感，正是湖湘文化引以为傲的优秀传统。在洋务运动中，左宗棠坚持独立自主的原则，深刻洞察官办企业的局限性，大力倡导发展民办企业以促进民族工商业的繁荣和自强。在 19 世纪 70 年代清政府内部关于海防与塞防的争论中，他力主出兵新疆，维护祖国的统一与完整。他具有高度

---

① 王安中：《湘军与中国军事近代化》，《求索》2017 年第 1 期。
② 罗尔纲：《湘军新志》，商务印书馆，1939。
③ 李立泉：《左宗棠和湖湘文化》，《云梦学刊》2002 年第 2 期。
④ 董蔡时：《左宗棠评传》，中国社会科学出版社，1984。

的爱国热情和崇高的民族气节，率领数万湘军，历经千难万险收复被侵占的伊犁地区，这一伟大壮举，沉重打击了列强征服中国的野心。

（四）谭嗣同：近代中国思想和政治变革的伟大先驱

谭嗣同，作为湖湘士大夫的杰出代表，他的思想和行动在中国文化近代化的历史进程中占有重要地位。他主张中国文化的全面近代化，不仅在器物和制度层面主张革新，更在思想和精神层面进行深刻的革新。谭嗣同在继承和发扬湖湘文化优良传统的同时，也推动了这一文化向现代文化的创造性转化。他首次明确区分忠君与爱国的概念，将反对列强侵略的斗争与爱国主义精神紧密结合，为爱国主义赋予了新的内涵，并在湖湘文化中开辟现代爱国主义的新篇章。在甲午战争后的民族危难时刻，谭嗣同以"四万万人齐下泪，天下何处是神州"的悲愤之情，表达对国家命运的深切忧虑。但他仍保持坚定的信念，坚信"万物昭苏天地曙，要凭南岳一声雷"，对民族觉醒和振兴怀揣极大希望。

谭嗣同对中国传统的纲常名教思想及君主专制制度进行深刻的批判。他的批判并非对传统文化进行全盘否定，而是希望构建一个以中国传统文化为主体，融合西方自由、民主、平等理念等内涵的现代思想文化体系。谭嗣同的《仁学》是反映这一思想的代表作，它既继承了儒家的核心价值观，又吸纳了西学、佛学、墨学等多元思想，是一部具有启蒙意义的巨著。梁启超赞誉"谭浏阳之《仁学》，以宗教之魂，哲学之髓，发挥公理，出乎天天，入乎人人，冲重重之网罗，造劫劫之慧果，其思想为吾人所不能达，其言论为吾人所不敢言，实禹域未有之书，抑众生无价之宝"[1]，认为其是"晚清思想界"的一颗"彗星"[2]。谭嗣同的思想和言论，如彗星般划过晚清思想界，引领湖南成为维新运动的先锋，为全国变革注入了朝气。谭嗣同以无畏的精神投身于变法维新，最终为之奉献了自己的生命。他拒绝逃亡，以"有心杀贼，无力回天。死得其所，快哉快哉"的凛然气概，慷慨赴死。维新失败后，不少人劝他出逃，他满怀豪情地说："各国

---

① 梁启超：《〈清议报〉一百册祝词并论报馆之责任及本馆之经历》，载张玉亮校注《仁学》（汇校本），浙江古籍出版社，2021。

② 梁启超：《清代学术概论》，东方出版社，1996。

变法，无不从流血而成，今日中国未闻有因变法而流血者，此国之所以不昌也。有之，请自嗣同始！"① 虽然我们不能以湖湘文化的脉络概括后来的旧民主主义革命和新民主主义革命，但是可以清晰地看到，湘人站在时代的前列，冒着敌人的炮火前进。直到今日，湖湘文化的基因一直在湖南和中国的思想文化的血液中流淌，发挥着作用。

近代以来，湖南人民抱有"若道中华国果亡，除湖南人民尽死"的心忧天下的强烈信念。湖湘人士心忧天下，具有敢为人先的思变求新精神和开拓进取的高尚精神品格。

（五）杨昌济：思想开放而致力于推动中国近代化的民主主义者

辛亥革命前后，黄兴、宋教仁、蔡锷等人积极投身革命，创办革命团体，发动武装起义。武昌起义爆发后，湖南首先响应，并派兵支援湖北，保住了起义的胜利果实。在辛亥革命后，进一步推进湖湘文化的近代化转型的是著名学者、教育家杨昌济。杨昌济深受湖湘理学思想影响，在《达化斋日记》中，杨昌济频繁提及"理""气""性""命"等理学核心概念，并对其进行深入的阐发。杨昌济明确指出了"理"作为宇宙万物的本原，而"气"则是"理"的具体表现和运用。这与宋明理学中"理气论"的基本观点是一致的。杨昌济将理学的道德修养论与个人的成长、家庭的和谐以及国家的治理紧密联系起来，展现他对理学道德修养论的深刻理解和实践应用。他还主张人应该抛弃物欲，处繁如简，培养自己的浩然之气，强调不图名，不图利，做实事，戒空谈。湖湘传统文化奠定了杨昌济一生的思想根基。

杨昌济最早将我国近代向西方学习的过程划分为两个阶段：第一阶段"师其铁船、巨炮"和"学其制造"，即从器物层面向西方学习；第二阶段"师其政治、法律"，即从制度层面向西方学习。杨昌济认为，光有这两个阶段还不够，还必须有学习西方思想文化的第三阶段。"一时代有一时代之哲学思想，欲改造现在之时代为较进步之时代，必先改造其哲学思想。"② 在杨昌济看来，向西方学习的过程也是中国文化创新与发展的过

① 蔡尚思：《谭嗣同全集》，上海人民出版社，1981。
② 杨昌济：《达化斋日记》，湖南人民出版社，1981。

程。文化创新的影响不仅在于文化领域本身，它还具有深远的政治、经济和社会影响。正因为有这样的认识，当 1915 年陈独秀主编的《新青年》（原名《青年杂志》）出版之后，杨昌济便以热烈的态度欢迎它。在杨昌济的引领下，毛泽东和蔡和森等人关注和研究中国社会，逐渐形成了自己的学术观点和文化理念，这些观点和理念在后来的革命斗争中发挥了重要的作用，极大地影响了整个中国近代发展进程。

五　湖湘文化是毛泽东思想形成和发展的源头活水

湖湘文化是毛泽东思想的重要来源之一，毛泽东的人生观、世界观的形成受到湖湘文化的深刻影响。青年时期的毛泽东深受湖湘文化影响，立志救国救民。毛泽东的早期思想体现了他对湖湘文化传统的继承与发展。[①]在湘乡东山学堂读书时，毛泽东认真地批读过《曾文正公全集》。他在1917 年 8 月 23 日致黎锦熙信中说："愚于近人，独服曾文正，观其收拾洪杨一役，完满无缺。使以今人易其位，其能如彼之完满乎？"[②] 青年时期的毛泽东深受湖湘文化的熏陶，他的思想观点和思维方式甚至个性都与此密切相关。早在湖南省立第四师范学校和第一师范学校读书期间，他就用工整的小楷抄写屈原的《离骚》和《九歌》全文，又在《离骚》正文的天头上写下了各节的内容提要。现在保存下来的毛泽东一本《讲堂录》，只有 47 页，其中前 11 页是工整全文抄录的《离骚》《九歌》。[③]

青年毛泽东在长沙求学期间，在杨昌济等湖湘文化名人的影响下，吸取湖湘文化中关于"大本大源"的思想，并将其提升到哲学的高度，与改造社会联系起来，形成建立在人民观基础上的人生观、世界观。毛泽东认为大本大源即是"宇宙之真理"，而"天下之生民，各为宇宙之一体，即宇宙之真理，各具于人人之心中"，[④] 若以这种宇宙真理相号召，则天下人心无不受到鼓舞，天下没有什么事情不能办到，国家必然富强，人民必然

---

① 黄守红：《毛泽东早期思想与湖湘文化传统》，《湘潭大学社会科学学报》2001 年第 2 期。
② 中共中央文献研究室、中共湖南省委《毛泽东早期文稿》编辑组：《毛泽东早期文稿》，湖南人民出版社，1990。
③ 杨金鑫：《青年毛泽东与近代湖湘文化》，湖南师范大学出版社，1998 。
④ 《毛泽东早期文稿》，湖南出版社，1990，第 85~86 页。

幸福。因此，他呼吁"有大气量人"今后将全部工夫放在对大本大源的探讨上，"从哲学、伦理学下手，改造哲学，改造伦理学，根本上变换全国之思想"。① 这种高度重视真理探求、重视哲学世界观改造的思想，无疑是对湖湘文化传统的继承与发扬。

毛泽东是具有独立思考品格的理论家和实践家，毛泽东思想既体现了深厚的经世致用、忧国忧民的湖湘文化传统精神，又蕴含了独立奋斗、敢为天下先的创新精神。毛泽东曾慷慨激昂地说："天下者，我们的天下。国家者，我们的国家。社会者，我们的社会。我们不说，谁说？我们不干，谁干？"② 他一直反对教条主义和本本主义，不迷信书本，不盲从权威，始终保持独立思考，具有强烈的创新意识。

毛泽东思想对湖湘文化的继承、改造和发展，不仅有对屈原、贾谊忧国忧民意识的肯定和发展，也有对周敦颐、王船山圣贤精神和本源意识的阐释与弘扬；不仅有对湘军精神和相关学术思想的批判性吸收，也有对谭嗣同、黄兴、蔡锷等维新志士和革命人士志向、抱负和气节的认同和赞许。毛泽东思想实现了马克思主义与中国革命实际的相结合，立足湖湘文化实践，赋予了中国现代革命思想以"湘人精神"和"湘学味道"。

六　湖湘文化大大推进中国新民主主义革命进程

湖湘文化一脉相承，经过楚汉文明、屈贾之风的影响，形成忧国忧民、爱国爱民的基调。宋明时期，湖湘文化实现从经验到理性的转变跨越，周敦颐开理学之篇章，促进儒学的时代转换，湘学融入中华文脉的主干。近代，在救亡复兴的过程中，湖湘文化与战争实践相结合，与抵御外侮实践相结合，发展为实践经世之学。

湖南人对旧民主主义和新民主主义革命做出巨大的贡献。湖南人在新民主主义革命中，发挥了极为重要的作用。毛泽东、刘少奇、任弼时、彭德怀、贺龙、罗荣桓等人，为革命出生入死，将马克思列宁主义与中国革

---

① 《毛泽东早期文稿》，湖南出版社，1990，第85~86页。
② 转引自刘洪森、黄家皓《青年毛泽东志气、骨气、底气的养成、内蕴与价值》，《湘潭大学学报》（社会科学版）2022年第4期。

命实际相结合，为新民主主义革命的胜利做出巨大贡献。抗日战争时期和解放战争前期，大批湘籍无产阶级革命家奔赴延安，对延安和陕甘宁边区的建设发挥了重要的作用，而他们身上所特有的湖湘文化因子，都在不同程度上对延安精神的形成产生了重要影响。"十步之内，必有芳草"，"寸土千滴红军血，一步一尊英雄躯"，在湖湘文化影响下，湖湘革命仁人志士写就了可歌可泣的革命史诗。

第三节　湖湘文化的当代价值

文化的每一次发展，都是在前人文化足迹上的创新与前行。作为中华优秀传统文化的重要组成部分，湖湘文化的精神谱系不断赓续。在当下，湖湘文化促进着社会的发展与繁荣，蕴含着巨大的发展潜力。美国社会学者爱德华·希尔斯认为，传统意味着"世代相传的东西，即任何从过去延传至今或相传至今的东西……它是人类行为、思想和想象的产物，并且被代代相传"①。湖湘文化自近代以来，以其创新性包容性，深刻影响和塑造着中国社会的发展轨迹，内化为中国精神、中国价值、中国力量的重要组成部分。在新时代的背景下，湖湘文化是坚定文化自信的内在支撑，是社会主义核心价值观的价值源泉，为构建"三高四新"的美好蓝图提供强大的精神动力。

一　湖湘文化是文化自觉、自信、自强的内在支撑

文化自觉构成文化自信的坚实基础，它不仅是一种深刻的自我觉醒，更是对文化传承的深思熟虑。文化自信，作为核心要素，体现为对中华文化价值的坚定肯认，对未来的发展道路无限的信心与期待。而文化自强则是我们的宏伟目标，它要求我们在坚定文化自信的基础上，不断加强文化建设，以实现文化繁荣。湖湘仁人志士在中国文化近代化的探索中积累了宝贵的经验，形成了深邃的智慧，取得了令人瞩目的成就，并塑造了不朽

---

① 〔美〕爱德华·希尔斯：《论传统》，傅铿、吕乐译，上海人民出版社，2009。

的精神品格。他们坚定地推动中国文化的现代化进程，在这一过程中坚持中国文化的主体性，展现出对中华文化的深刻自觉与自信。在坚定文化自信、巩固文化主体性的过程中，湖湘文化的发展，为中华文化的创造性转化与创新性发展提供了宝贵的经验。

（一）在继承湖湘文化中推动文化自觉

文化自觉的提出，是对我们时代特征的深刻反思，也是对全球化背景下人与人、文化与文化之间关系的积极应对。在这一过程中，文化自觉不仅是接触不同文化时所采取的开放态度，更是对文化地位和作用的深刻洞察，对文化发展规律的准确把握，以及对文化发展历史责任的主动担当。文化自觉的意义深远，它不仅是文化建设的重要基石，而且为文化的持续繁荣提供自我驱动的内在动力。文化自觉促进个体与集体积极参与文化发展，为实现文化强国的宏伟目标提供坚实的理性支撑和精神激励。在全球化的大背景下，文化自觉促使人以开放的心态接纳多元文化，同时保持文化自信和自主性，这对于维护文化多样性和促进文化交流具有重要作用。

文化自觉体现为对自身的文化传统有着强烈的认同感和归属感。湖湘文化在不同历史时期都展现出鲜明的文化特色，这种深厚的文化底蕴，使湖湘人民对自身的文化传统有着强烈的认同感和归属感。从楚辞到理学，从天下名楼岳阳楼到千年学府岳麓书院，再到近现代为国家独立、民族富强、人民幸福而进行的奋斗实践，湖湘文化在不同历史时期均展现出其独特的文化特色和社会价值。这种文化特色不仅体现在哲学思想、文学艺术上，更深入体现为湖湘人民的日常行为习惯。在长期的历史发展过程中，对自身文化传统的强烈认同感和归属感成为文化自觉的坚实基石，促使人们更加深入地了解和传承自己的文化。同时，对湖湘文化的认同感和归属感，不是一蹴而就的，而是在历史长河中逐渐孕育和积淀的结果。从屈原的忧国忧民到曾国藩的勤政爱民，湖湘文化中的爱国情怀和民本思想深深影响一代又一代的湖湘儿女。

文化自觉体现为对文化发展选择的主动权。费孝通先生在《论文化与文化自觉》一书中认为，"其意义在于生活在一定文化中的人对其文化有'自知之明'，明白它的来历，形成的过程，所具有的特色和它的发展的趋向，自知之明是为了加强对文化转型的自主能力，取得决定适应新环境、新时代文化选择的自主地位"。① 这一论述强调生活在特定文化环境中的人们应深刻认识自身文化，这不仅包括对文化起源、发展过程的深刻理解，更涵盖对其特色和未来发展趋势的清晰认识。这种自知之明是文化自觉的核心，它赋予个体和集体在新的时代背景下进行文化选择的自主权。

作为传统文化的传承者和创新者，近代湖湘士大夫所展现的文化自觉，是湖湘文化得以持续发展和转化的关键动力。文化自觉在他们身上不仅体现为对中华文化传统价值的理性认同与坚守，还体现为他们所提倡的"睁眼看世界"的开放精神。一是湖湘文化自觉体现在湖湘士大夫们对文化传承的深刻理解上。他们认识到，文化的发展不是简单的复制和模仿，而是需要在继承的基础上进行创新。他们勇于面对并批判传统文化中的不足，在自我反省中寻找进步的空间。二是他们对传统文化展现出兼容并蓄的开放姿态。他们认识到，文化的发展不是封闭的循环，而是一个开放的、动态的过程。在这一过程中，湖湘文化不断吸收中原文化的精华，融合周边地区的文化特色，形成别具一格的地域文化。从岳麓书院的"实事求是"到近代湖南的"开眼看世界"，湖湘文化始终保持着创新、开放和进取的精神和姿态，这种精神是文化自觉的重要体现，它激励着人们不断突破传统的束缚，探索新的文化领域和表达方式，这种开放的姿态使湖湘文化得以在多元文化的交汇中焕发新的活力。

（二）在弘扬湖湘文化中增强文化自信。

湖湘文化有着深厚的历史文脉，是增强民族文化自信的重要源泉。在这一文明体系中，一系列核心思想理念构成影响和决定湖湘民族精神气质的文化基因。这些文化基因，代代相传，恒久不变，深深蕴含于湖湘人民的精神气质之中，成为推动社会进步和文化发展的根本动力。根植于中华优秀传统文化的肥沃土壤，湖湘文化的每一次创新和转化，都源自对中华优秀传统文化母体资源的深入挖掘和重新诠释。创新和转化后的湖湘文化烙有时代的文化印记，彰显了湖湘人民的创造力和生命力。

---

① 费孝通：《费孝通论文化与文化自觉》，群言出版社，2007。

对中华文化及湖湘文化具有坚定自信，一直是湖湘有识之士的显著特征。湖湘文化的发展与繁荣，是文化自信深刻内涵的生动体现。在历史的长河中，湖湘文化经历从边缘到中心的转变。研究湖湘文化的学者郑佳明认为："先秦时期，湖湘文化只是深藏于南方一隅的小河；楚汉时期湖湘文化就开始融入中华文化的主流；两宋时期学术繁荣，濂闽关洛，文化主流南移，周敦颐开理学之山，二程继之，朱熹集成，湖湘学派、岳麓书院成为'道南正脉'，周敦颐与程朱一道开辟儒学新境界；明末王船山再造高峰，升华了中华民族哲学，这个时候支流和主流汇合在一起。"① 近代，曾国藩主导派遣留学生赴美深造，郭嵩焘则大力推广西学，这些开明之举并未影响他们对中华文化的自信。毛泽东等人将马克思主义原理与中国革命的具体实践相结合，赢得新民主主义革命的胜利，这不仅展现了湖湘文化的连续性、创新性和统一性，也是文化自信的体现。可以说，湖湘士大夫倡导改良开放，对西方的先进技术、政治制度、平等自由的理念极为赞赏，并积极学习借鉴。然而，这一切并未动摇他们对中华五千年深厚文化自信的根基。他们的文化自信建立在对中华文化博大精深特性的深刻理解和认同之上。尽管他们对社会中的文化思想弊端有着敏锐的洞察和激烈的批判，但这种批判从未演变为对中华文化自信的丧失。相反，他们的文化自觉和自信成为推动文化自我革新和进步的重要力量。

湖湘文化自信立于当下时代语境。中华优秀传统文化是源头活水，是智慧加油站，其思想智慧和气度神韵已深深嵌入人民的精神血脉。湖湘文化历经数千年而绵延不绝、迭遭忧患而经久不衰。湖南人民在湖湘大地上共同创造湖湘文化，形成了敢为人先、经世致用、坚韧不拔、兼收并蓄等思想观念、人文精神、道德规范，流寓文化产生的文学作品，亦是湖南人民自信自强的力量源泉。站在新的历史起点上，湖湘文化增强人们的文化认同感，其优秀传统和核心价值观念，深植于人们的心中。其形成的历史记忆和文化积淀，使人们在面对外来文化冲击时能够保持自信心态，坚定

---

① 郑佳明：《湖湘文化何以后来居上，影响近代中国丨湖湘文化与中华道统》，红网百家号，2024 年 1 月 29 日，https://baijiahao.baidu.com/s? id = 1789406402053986074&wfr = spider&for = pc。

对自身文化的信心。从湖湘文化古迹看，岳麓书院是湖湘文化的重要代表，是中国历史上著名的四大书院之一。它不仅是古代湖南地区的最高学府，更是中国学术史上的重要里程碑。岳麓书院倡导的"实事求是、经世致用"的学风，影响无数湖湘学子，也为后来的湖南学术繁荣奠定坚实基础。在当今时代，岳麓书院的学术精神仍然熠熠生辉，激励着人们追求真理、勇于创新。这种学术自信，正是湖湘文化赋予人们的宝贵财富。在当今时代，毛泽东的革命精神仍然激励着人们为实现中华民族伟大复兴的中国梦而努力奋斗。这种精神力量，也是人们的文化自信的重要来源。湖南卫视作为现代媒体的重要代表，是湖湘文化传播的重要窗口。多年来，湖南卫视推出众多深受观众喜爱的电视节目，不仅丰富了人们的文化生活，更将湖湘文化的魅力传播到全国各地乃至海外。通过湖南卫视的传播，湖湘文化的影响力不断扩大，湖湘人士对湖湘文化的认同感和归属感也不断增强。

（三）在发展湖湘文化中实现文化自强

文化自强是指不断增强自身文化的吸引力凝聚力，努力提升自身文化的创造力竞争力，日益扩大自身文化的影响力感召力。它是文化自觉和文化自信的价值目标与发展指向。"自觉"是知，"自信"是情，"自强"是意，是文化建构的实际行动，湖湘文化促进实现文化"自觉"、文化"自信"，最终推动完成文化自强。

历史与自然条件共同孕育的地域文化，承载着丰富的历史记忆、独特的精神特质和深厚的社会价值。湖湘文化植根于深厚的历史，具有鲜明的地域特色，蕴含着丰富的精神内涵，湖湘文化作为中华文明的重要组成部分，在推动文化自强方面发挥着不可替代的作用。

在理论层面，湖湘文化对文化自强的推动作用主要体现在三个方面。丰富文化多样性、塑造文化认同和提供精神营养。一是丰富文化多样性。作为中华文明的重要组成部分，湖湘文化以其独特的文化形态和传统，为中华文化增添丰富的色彩。这种文化的多样性不仅增强中华文化的包容性和创造力，也为实现文化自强提供源源不断的动力。二是塑造文化认同。湖湘文化所强调的"心忧天下、敢为人先"的爱国情怀和"经世致用、实事求是"的务实精神，深深烙印在湖南人民的集体记忆中，形成强烈的文化认同。这种认同不仅加深湖南人民对自身文化的自豪感和归属感，也促进湖湘文化的自我完善和自我提升。三是提供精神营养。湖湘文化中的精神特质，如创新、务实、包容等，为湖南人民提供丰富的精神营养。这些特质在推动文化自强的过程中，起到重要的支撑作用，鼓励人们在面对挑战和困难时，坚定文化自信，勇于探索和创新。

在实践层面，湖湘文化对实现文化自强贡献显著，尤其在丰富人民群众的精神生活方面发挥重要作用。湖湘文化增强了国人的文化自信，在国际上增强了中华文化的吸引力和影响力。这些努力共同推动湖湘文化的创造性转化和创新性发展，为实现文化自强的目标提供强大的动力支持。首先，湖湘文化为文化产业发展提供丰富的资源。近年来，湖南依托其深厚的湖湘文化底蕴，积极推动文化产业的繁荣发展，并取得令人瞩目的成就。无论是音视频产业还是文化旅游产业，其发展均为湖南吸引众多国内外游客，为实现文化自强奠定坚实的基础。其次，湖湘文化在促进文化交流互鉴方面发挥重要作用。湖湘文化以其独有的地域特色和历史深度，在国际文化交流的舞台上扮演着日益重要的角色。通过组织和参与如"汉语桥""中非国际论坛"等多样化的文化交流活动，湖湘文化走出国门，与世界各地的文化进行广泛而深入的交流与互鉴。这不仅拓宽了湖湘文化的国际视野，也显著提升了中华文化的全球影响力，为实现文化自强贡献不可替代的力量。

二 湖湘文化为中国式现代化提供丰富的思想营养

在庆祝中国共产党成立 100 周年大会上，习近平总书记向全世界宣告，我们"创造了中国式现代化新道路，创造了人类文明新形态"。① 党的二十大报告指出："中国式现代化是中国共产党领导的社会主义现代化，既有各国现代化的共同特征，更有基于自己国情的中国特色。"②

---

① 《习近平著作选读》第二卷，人民出版社，2023，第483页。
② 《高举中国特色社会主义伟大旗帜 为全面建设社会主义现代化国家而团结奋斗——在中国共产党第二十次全国代表大会上的报告（2022年10月16日）》，人民出版社，2022，第22页。

中国式现代化是人口规模巨大的现代化,是全体人民共同富裕的现代化,是物质文明和精神文明相协调的现代化,是人与自然和谐共生的现代化,是走和平发展道路的现代化。中国式现代化是在一个有着五千多年文明历史的东方大国全面建设社会主义现代化国家的伟大实践,是以中华优秀传统文化为基础的历史实践。习近平总书记强调,"中国共产党人不是历史虚无主义者,也不是文化虚无主义者"。① "无论哪一个国家、哪一个民族,如果不珍惜自己的思想文化,丢掉思想文化这个灵魂,这个国家、这个民族是立不起来的。"② 中华文明是中华民族传统文明和中华民族现代文明共同构成的整体。中国之所以能够走到今天,中华优秀传统文化发挥了十分重要的作用。也正因为从未丢掉自己的思想文化这个灵魂,中国才能成功开创中国特色社会主义道路,并不断丰富理论体系,完善制度建设。

湖湘文化,作为中华优秀传统文化的璀璨组成部分,蕴含着心忧天下、敢为人先、经世致用等深邃的哲学思想、人文精神、教化思想和道德理念。这些思想理念不仅启迪人们认识世界和改造世界,而且在治理国家和道德建设方面给予人们深刻的启示。湖湘文化的这些核心价值与中国式现代化的内涵和目标呈现出显著的一致性,它们在推动中国式现代化建设中发挥着至关重要的作用,提供丰富的思想营养和坚实的文化支撑。湖湘文化的自强不息精神,特别体现在其对构建现代化社会价值的积极贡献上。湖湘文化倡导的"心忧天下"反映了湖湘人民对国家和民族命运的深切关怀,激励人们投身于国家的现代化进程。其倡导的"敢为人先"则展现了湖湘人民勇于创新、敢于探索的精神特质,这种精神在推动社会进步和文化创新中发挥着引领作用。此外,"经世致用"的理念强调实践与实用,倡导将文化理念转化为推动社会发展的实际行动,这与中国式现代化建设的务实精神不谋而合。在全球化和信息化时代背景下,湖湘文化的这些核心价值仍然具有强大的生命力和时代意义。它们不仅为中华文化的传承与发展奠定坚实的基础,而且为中国特色社会主义现代化建设提供宝贵

---

① 《习近平著作选读》第一卷,人民出版社,2023,第282页。
② 《习近平著作选读》第一卷,人民出版社,2023,第279页。

的文化资源和精神动力。

（一）湖湘文化与中国式现代化的民本目标相一致

中国式现代化是全体人民共同富裕的现代化，坚持把实现人民对美好生活的向往作为现代化建设的出发点和落脚点，着力维护和促进社会公平正义，着力促进全体人民共同富裕，坚决防止两极分化。湖湘文化"先天下之忧而忧，后天下之乐而乐"等优秀民本思想传统和精神特质，与中国式现代化"谋求全体人民的共同富裕"有着高度契合性，为全体人民的共同富裕提供丰厚的"优质资源"。

湖湘文化的民本核心价值与中国式现代化致力于"谋求在人口规模巨大的中国实现全体人民共同富裕"在追求公平正义、促进社会和谐等方面存在着密切的关联和高度的一致性。其一，湖湘文化所强调的以人为本的发展理念，与中国式现代化中的"以人为本"原则相呼应。两者高度重视人的价值和作用，将人视为社会发展的核心动力，关注人的发展和需求，将人作为推动经济社会发展的主体。在中国式现代化的进程中，这种以人民为中心的发展思想指导着经济的高质量发展、全面深化改革的推进，以及社会保障体系的加强，致力于逐步实现全体人民的共同富裕。其二，湖湘文化注重实践探索的特点，与中国式现代化道路的需求相适应。湖湘文化展现出的坚韧不拔、自强不息的创新精神，是中国式现代化进程中不可或缺的品质。面对挑战和困难，这种精神鼓励人们不断探索和创新发展模式，通过改革开放和创新驱动发展，增强国家的竞争力和综合实力，为实现共同富裕的目标提供坚实支撑。其三，湖湘文化所倡导的爱国情怀和民族意识，与中国式现代化过程中人民的国家认同感和民族自豪感高度一致。在现代化的征程中，爱国主义精神和民族精神的弘扬对于增强国家凝聚力和人民向心力至关重要。湖湘文化中的英雄事迹，不仅为人们树立榜样，也为中国特色社会主义现代化建设提供强大的精神动力和文化支撑。

（二）湖湘文化为物质文明和精神文明相协调提供有力支撑

中国式现代化追求的是物质与精神文明相得益彰的全面发展。这一进程要求我们不断巩固现代化的物质基础，不断改善人民幸福生活的物质条件。同时，也需大力发展社会主义先进文化，加强理想信念教育，传承和弘扬中华文明的优秀传统，以此促进物质的全面丰富与人的全面发展。

湖湘文化不仅孕育了丰富的物质文明成果，更积淀了深厚的精神文明价值。湖湘文化为中国式现代化进程中物质与精神文明的协调发展提供坚如磐石的文化支撑和源源不断的创新动力。湖湘文化的这种特质，与中国式现代化在物质与精神文明建设上的追求高度契合，为中国特色社会主义现代化建设提供宝贵的文化资源和实践指导。

其一，湖湘文化在物质文明方面的贡献主要体现在农业、手工业、商业等多个领域。湖南地区自古以来就是农业大省，湖湘文化中的农耕文化传统，推动湖南农业的发展和创新。湖南的水稻种植技术在全国乃至全世界都享有盛誉，这与湖湘文化中重视农业、精耕细作的传统密不可分。同时，湖湘文化中的手工艺传统也十分丰富。如湘绣、醴陵瓷器等，都是湖湘文化的瑰宝，也是湖南地区物质文明的重要组成部分。这些精湛技艺和具有独特风格的手工艺品，不仅丰富了人们的物质生活，也为湖南地区的经济发展做出重要贡献。在商业方面，湖湘文化中的商业精神也是推动湖南地区物质文明发展的重要力量。湖南商人以诚信、勤劳、智慧著称，他们的商业活动不仅促进了湖南地区的经济繁荣，也为湖湘文化的传播和交流提供了重要平台。

其二，湖湘文化在精神文明方面的贡献主要体现在教育、文学、艺术、哲学等多个领域。湖南地区自古以来就是教育之乡，岳麓书院等著名学府培养了无数杰出人才。湖湘文化中的崇文重教传统，推动湖南地区教育事业的蓬勃发展，为国家的现代化建设提供源源不断的人才。在文学方面，湖湘文化孕育众多文学巨匠，产生了诸多优秀作品，如《楚辞》、杜甫的湘中诗作等，这些都是中国文学史上的瑰宝。这些文学作品不仅丰富了人们的精神世界，也为湖湘文化的传承和发展注入了新的活力。在艺术方面，湖湘文化中的音乐、舞蹈、戏剧等艺术形式独具特色。如湖南花鼓戏、湘剧等地方戏曲，以其独特的艺术魅力和深厚的文化底蕴吸引无数观众，成为湖湘文化的重要代表。

其三，湖湘文化的重要特点之一是重视教育。在历史上湖南涌现出许多著名的书院、学术流派等，如岳麓书院、船山学派等。这些书院和学派不仅培养了大量的人才，也推动了湖湘文化的传播和发展。教育的发展促进知识的积累和传承，为湖湘文化的物质文明和精神文明建设提供智力支持。在现代教育体系中，湖南的高等教育机构在科研创新、人才培养等方面取得显著成就，为湖南乃至全国的科技进步和社会发展做出重要贡献。同时，湖湘文化中的教育理念也不断与时俱进，强调培养学生的创新精神和实践能力，以适应新时代的要求。教育的普及和教育水平的提高，不仅提升了人民的文化素养，也为社会经济发展提供人力资源保障。

其四，在湖湘文化中，物质文明和精神文明是相互协调、相互促进的。例如，湖南的农业文明发达，为当地人民提供了丰裕的物质生活条件。同时，农业文明的发展也塑造了湖南人民勤劳、朴实、重视家庭和社会的精神风貌。这种精神风貌又反过来促进农业文明的进一步发展。此外，在艺术、建筑、科技等领域，也体现出物质文明和精神文明的协调发展。湖南的传统工艺、建筑风格以及科技创新都体现了实用与美观、传统与创新的结合。这种结合既满足了人们的物质需求，也丰富了人们的精神世界。

（三）湖湘文化与中国式现代化和谐共生的理念不谋而合

中国式现代化是人与自然和谐共生的现代化。坚持可持续发展，坚持节约优先、保护优先、自然恢复为主的方针，保护自然和生态环境，坚定不移走生产发展、生活富裕、生态良好的文明发展道路，实现中华民族永续发展。中国式现代化追求的是经济、社会、环境三者之间的协调发展，以实现可持续发展为目标。

湖湘文化倡导的"天人合一"发展观，与中国式现代化追求的人与自然和谐共生的理念不谋而合，体现深刻的生态智慧和文化自觉。首先，两者都强调人与自然的和谐共生，认为人类应顺应自然、尊重自然规律。其次，湖湘文化和中国式现代化均注重生态环境的保护与修复，认为良好的生态环境是经济和社会可持续发展的前提。最后，湖湘文化中的生态智慧为实现可持续发展提供丰富的思想资源和实践指导。

湖湘文化中的人与自然和谐共生理念源远流长，其根源可追溯至古代楚文化时期。楚人崇尚自然，主张人应成为自然的一部分，顺应自然规律，尊重自然平衡。这一理念在湖湘文化中得到继承与弘扬，成为湖湘文化的核心精神之一。在哲学领域，湖湘学派的杰出代表王夫之等人强调人应顺应自然规律、与自然和谐相处以实现真正的自由与幸福。这些思想促进湖南乃至全国的文化与社会的发展，也为现代社会提供宝贵的哲学指导。文学艺术方面，湖湘文化中的诗歌、绘画等艺术形式，充分展现人与自然和谐共生的审美追求。艺术家们以自然为灵感之源，通过作品传达对自然的敬畏与热爱，这些作品不仅丰富了人们的精神世界，也传递了和谐共生的理念。社会实践方面，湖南地区人民的生活方式也映射出人与自然和谐共生的文化特质。湖南的农业生产巧妙利用当地气候和地形，形成了独特的农业文化，体现了对自然环境的深刻理解和尊重。在促进人民参与环保建设方面，湖湘文化通过文学艺术和教育等多种途径，增强公众对自然环境的爱护和保护意识。这种社会意识的培养对于推动中国式现代化的绿色发展具有重要意义。湖南的生态旅游、生态农业等产业，在保持生态环境的同时，也促进了地方经济的发展。以张家界为例，依托独特的自然资源和湖湘文化的深厚底蕴，发展生态旅游产业。在旅游业的发展过程中，当地政府注重生态环境保护，坚持可持续发展理念，实现经济效益和生态效益的双丰收。这既是对湖湘文化生态智慧的传承和发扬，也是中国式现代化追求人与自然和谐共生理念的具体实践。

（四）湖湘文化与中国式现代化走和平发展道路的要求高度契合

人类历史上各文明在交流融合过程中，只有互相借鉴、取长补短，才能保持旺盛的生命活力。中国式现代化是走和平发展道路的现代化，中国坚定站在历史正确的一边、站在人类文明进步的一边，高举和平、发展、合作、共赢旗帜，在坚定维护世界和平与发展中谋求自身发展，又以自身发展更好维护世界和平与发展。在面向国际社会阐释中国道路所秉持的理念时，习近平指出："走和平发展道路，是中华民族优秀文化传统的传承和发展，也是中国人民从近代以后苦难遭遇中得出的必然结论。"① "有着5000多年历史的中华文明，始终崇尚和平，和平、和睦、和谐的追求深深

---

① 《习近平谈治国理政》，外文出版社，2014，第247页。

植根于中华民族的精神世界之中，深深溶化在中国人民的血脉之中。"①

湖湘文化深受儒家文化熏陶，注重人伦道德和社会和谐。这种和平基因不仅体现为人与人之间的和谐共处，更延伸到国与国之间的和平交往，是中华民族传统文化的重要组成部分。儒家文化强调"仁、义、礼、智、信"等道德准则，提倡人与人之间和谐关系的建构。湖湘文化在继承这一儒家文化的基础上，进一步强化和谐共处理念，形成了以"和为贵"为核心的社会价值观。湖南人民深受儒家思想的影响，注重社会和谐，倡导和平交往，从而塑造了独具特色的地域文化。湖南人民注重家庭和睦、邻里友善，强调亲情、友情、爱情等人际关系的和谐。在日常生活中遵循礼仪规范，尊重他人，关爱弱势群体，形成了良好的社会风尚。这种和谐共处的理念对于化解社会矛盾、促进社会的繁荣与进步具有积极作用。湖湘文化的和平基因在国际交往中同样显现其深远影响。历史上涌现出许多杰出的湖南籍政治家、外交家，他们秉持和平外交理念，为国家的和平发展做出了重要贡献。

三　湖湘文化是湖南"三个高地"蓝图打造的精神动力

2018 年 8 月 21 日，习近平总书记在全国宣传思想工作会议上指出："中华优秀传统文化是中华民族的文化根脉，其蕴含的思想观念、人文精神、道德规范，不仅是我们中国人思想和精神的内核，对解决人类问题也有重要价值。要把优秀传统文化的精神标识提炼出来、展示出来，把优秀传统文化中具有当代价值、世界界意义的文化精髓提炼出来、展示出来。"②"精神标识"作为中华文化的独特体现，深刻代表着中华民族的精神特质；而"文化精髓"则是中华优秀传统文化中最为深层和根本的文化精神。"精神标识""文化精髓"不仅是贯穿中华文化形成和发展过程的线索，也是中华民族得以不断自强、发展壮大的核心动力。应深入挖掘和阐释中华优秀传统文化的基本精神，准确理解和传承中华优秀传统文化的精

---

① 《习近平在德国科尔伯基金会的演讲》，人民网，2014 年 3 月 29 日，http://politics.people.com.cn/n/2014/0329/c1024-24772018.html。

② 《习近平谈治国理政》第三卷，外文出版社，2020，第 314 页。

髓，确保中华优秀传统文化在转化和发展过程中不失其本质，为实现中华民族伟大复兴的中国梦提供深厚的历史底蕴，奠定深厚的思想文化基础。

湖湘文化是中华优秀传统文化的重要组成部分，继承了中华文明主体精神，又保持着鲜明的湖湘地域特色。湖湘文化的精华可以概括为八个方面：心怀天下、忧国忧民的爱国主义精神；追求理想信念，认准奋斗目标而坚忍执着、百折不挠的进取精神；思变求新、敢为人先的创新精神；经世致用、躬行实践的务实精神；融合百家、兼收并蓄的开放精神；敢作敢为、不怕牺牲的斗争精神；倔犟勇武、舍生取义的大无畏精神；艰苦奋斗、吃苦耐劳的创业精神。[①] 集中体现了中华文化心忧天下、敢为人先、经世致用、实事求是、兼容并包的精神特质，集中体现了中华文化重民本、讲创新、强实践、能包容的人文优势，集中体现了中华文化独有的天下观、社会观、道德观和方法论及实践智慧。这些元素共同构成湖湘文化的"精神标识"与"文化精髓"，不仅影响了湖南地区人民的经济生活和社会行为，更为现代化发展注入了强大的精神动力。湖湘文化的基本精神决定了湖南社会治理的显著特征：赋能经济社会创新发展，滋养湖南人民思想，使人们理想信念深具湖湘文化之魂，在价值引领上体现湖湘文化之根，为湖南持续用力打造"三个高地"提供了磅礴力量。[②]

（一）湖湘文化凝聚着治国理政的经验借鉴

湖湘文化历经世代传承与发展，不断聚集能量，逐步形成显著的文化优势。这一文化优势在社会治理中扮演着至关重要的角色，它不仅促进社会的稳定与发展，而且提供了一套被广泛接受的价值观念和行为准则。湖湘文化底蕴深厚，鼓励创新和变革，激发社会成员的创造力和进取心，推动社会治理模式的创新和发展，增强社会凝聚力和人民的国家认同感。

湖湘文化优势在推动社会治理模式的创新和发展方面表现尤为突出。

---

① 林增平：《近代湖湘文化试探》，湖南师范大学文史研究所编《麓山论史萃编》，湖南人民出版社，1988。

② 2024年3月习近平总书记在湖南考察时，要求湖南在打造国家重要先进制造业高地、具有核心竞争力的科技创新高地、内陆地区改革开放高地上持续用力，在推动中部地区崛起和长江经济带发展中奋勇争先，奋力谱写中国式现代化湖南篇章。引自吴齐强、颜珂《持续用力打造"三个高地"》，《人民日报》2024年5月11日。

首先，它促成了多元共治的协同治理局面。湖湘文化倡导的兼容并蓄、和而不同的精神，为湖南社会治理中的多元共治奠定坚实的文化基础。在此理念指导下，政府、市场、社会等多元主体共同参与社会治理，形成合力，强调平等合作与良性互动，从而打破传统以政府为中心的管理模式，显著提高了治理效能。其次，湖湘文化提高了湖南人民在社会治理中的积极性。文化作为软实力，通过塑造人们的价值观、信念和行为规范，引导社会成员的行为。一个拥有共同价值观和行为规范的社会，更容易形成团结协作的氛围，进而促进社会治理目标的实现。这种凝聚力不仅增强社会成员之间的互信和合作，还能够提升社会整体的稳定性和发展水平。湖南人民积极参与社区建设、志愿服务等活动，为社会治理注入了强大的活力。再次，湖湘文化强化了法治观念。湖湘文化中的"重法尚礼"传统，使湖南人在社会治理中更加注重法治精神和规则意识，有助于维护社会秩序，促进公平正义，为湖南的社会治理提供坚实的法治保障。最后，湖湘文化中的创新和变革精神，为湖南社会治理注入了新的动力。文化优势可以提升社会治理的创新能力。一个具有独特文化的社会更容易产生新的治理理念和方法，从而有效应对复杂多变的社会问题。湖湘文化的创新能力对于提升社会治理水平具有重要意义，有助于在社会治理实践中不断探索新的方法和手段，如智慧治理、社区自治等。运用湖湘文化优势来发现问题、阐述问题、解决问题，必将为社会治理注入强大的力量，进而更加有力地彰显"文化自信"。

（二）湖湘文化是湖南经济创新发展的精神保障

湖南独特自然环境和地理位置是湖湘文化产生、发展的物质基础，赋予湖湘文化开放包容、创新不已的特性。首先，湖南的气候条件对农业生产有着重要的影响。湖南的湿润气候适宜水稻等农作物的生长，为湖南的农业生产提供优越的条件，湖南在古代被称为"鱼米之乡"，为湖湘文化的发展提供坚实的物质基础。其次，湖南发达的水系为水运交通提供便利，这使湖南在古代成为南北交通的要冲，促进了文化的交流与融合。历史上，湖南多次成为文化交流的中心，无论是中原文化与楚文化的交融，还是近代中西文化的汇聚，湖湘文化不断吸收其他文化的精髓，同时坚守和发扬自身的独特性。

文化作为社会的上层建筑,与经济基础相互作用、相互影响。湖湘文化以其深厚的历史积淀和独特的地域特色,为湖南本地经济的繁荣发展提供丰富的文化土壤和坚实的精神支撑。湖湘文化的核心理念"经世致用",在经济活动中强调实践与真理的结合,注重人的因素并主张充分发挥人的能动性。它倡导"义在利先"和"先义后利"的价值观,主张在经营活动中将道德和诚信放在首位。这些文化特质为经济发展提供道德指引和精神动力。湖湘文化所蕴含的人文精神,与马克思主义价值观相结合,不仅引领了经济的发展方向,也促进了经济模式的创新,为经济发展的质量提升注入了源源不断的精神动力,主要体现在以下几个方面。

其一,在经济活动中,湖湘文化对多元经济思想、技术和制度进行吸收与融合,促进不同经济体系间的交流与合作。湖湘文化注重兼收并蓄,具有吞吐百家的气魄。在传承与发展过程中,湖湘文化广泛吸收外来文化的优秀元素,并与本土文化相融合,形成了更加丰富、多元的文化体系。历史上,湖湘文化将宋学(理学)与汉学(考据学)兼收并蓄,将今文经学与古文经学兼收并蓄,将儒家学说、诸子百家和佛道思想兼收并蓄,将中学与西学兼收并蓄。在现代经济活动中,湖湘文化的开放性促进了不同经济体系间的交流与合作,人们摒弃狭隘的地域观念,以开放的心态面对外来经济因素,从而在交流与碰撞中实现经济的跨越式发展。湖湘文化的融合性促进了对国际先进管理经验的采纳、对科技创新成果的应用,以及对市场经济规则的适应。湖湘文化的包容性推动经济多元化发展,湖南经济的发展不局限于某一特定行业或领域,而是在多个经济领域内寻求平衡和协调发展。从传统的农业到现代的制造业,从新兴的信息技术产业到服务业,湖湘文化中的多元融合精神为湖南经济的全面繁荣提供坚实的文化支撑。其二,湖湘文化注重人的主体性和创造性。在经济活动中,体现为对人的尊重、对才能的认可和对创新的鼓励。湖南的企业家们敢于冒险、勇于创新,他们不仅关注企业的经济效益,更重视人的价值和企业的社会责任。这种以人为本的经营理念,使湖南的企业在激烈的市场竞争中脱颖而出。其三,"经世致用"精神作为岳麓书院学风的灵魂,深刻体现湖南文化务实求真、勇于创新、敢为人先的鲜明特色，对湖南乃至全国的发展产生了深远影响。这一理念强调实践、重视实用，提倡将学问应用于社会，造福人民。在经济活动中，这一理念转化为对市场需求的敏锐洞察和对社会责任的积极担当，鼓励人们积极参与经济活动，凭借勤劳和智慧创造财富。这一思想在湖南丰富的商业历史中得到显著的体现。尤其是在清代，湘商凭借其坚韧不拔的意志和对市场动态的精准把握，在茶叶、盐业等关键经济领域取得了令人瞩目的成就，成为推动湖南乃至全国经济发展的重要力量。湘商的成功，不仅在于其商业策略和经营技巧，更在于其深受"经世致用"文化精神影响的价值观和行为准则。这种以实践为导向的文化传统，为湖南乃至全国的经济发展提供宝贵的思想资源和行动指南，为现代经济活动提供持续的动力和灵感。其四，对道德诚信的重视是湖湘文化传统的核心。深受儒家文化熏陶的湖湘文化，强调"仁义礼智信"的道德价值，这些价值观念在经济活动中扮演着至关重要的角色。湘商是湖南经济发展的重要推动者，其商业精神的基石是诚信经营，对商业道德和品牌形象的重视，成为商业交往的根本。无论是在传统的集市贸易中，还是现代的电子商务平台上，湖南商人始终坚守"诚信为本"的原则。这种根植于文化的诚信理念，有效降低了交易成本，提升了经济活动的效率，并为湖南商人塑造了良好的社会形象，为湖南的经济发展带来了诸多机遇。其五，创新精神是湖湘文化传统中最为显著的特征之一。这一精神体现湖湘人民"求新"和"思变"的勇气。这种文化基因不仅是湖湘文化生生不息之所在，也是推动湖南在各个领域不断探索和建设的内驱动力。这种创新精神在经济领域鼓励企业家和创业者不断追求技术革新和管理创新，推动产业升级和经济结构优化。在科技领域，湖湘文化倡导的"敢为人先"的理念，激发了科研人员的创新热情，促进了一系列重要科技成果的诞生。

（三）湖湘文化润泽湖南人民精神价值追求

湖湘古代先贤在探究宇宙自然、历史变迁以及万物本源的过程中总结出的治国理念、人生哲学和修身之道，展现了超越时空的智慧与价值。湘人自古形成的超越时空的传统精神，不仅体现了对思维定式的追问与超越，还蕴含着深刻的哲学思想和道德伦理典范。三湘四水所哺育的民众，无不受其熏陶与启迪。

　　湖湘文化的基本精神不仅塑造和培育了湖南人民的精神品格和根本价值追求，而且构成了湖南人民的素质基础，并转化成强大的民族精神力量。这种精神力量具有普遍性和永恒性的价值。在湖湘大地上，各个社会阶层的人民都浸润在由这些基本精神营造的文化氛围之中，它们成为人们共同遵循的核心理念，并逐步形成各个社会阶层的生活准则和行为规范。随着湖湘社会的进步和发展，这些文化精神逐渐凝聚，它们不仅为湖南人民提供丰富的精神资源，也为中华民族的文化自觉和文化自信奠定坚实的基础。湖湘文化的精神追求，如对知识的追求、对道德的坚守、对创新的推崇，以及对和谐社会的追求，都在不断地推动着社会向前发展，为社会主义现代化建设提供强大的精神动力和文化支撑。

　　文化不仅润泽了湖南人民的精神价值追求，而且为社会主义核心价值观的培育提供肥沃的土壤。湖湘文化的深厚历史底蕴和独特伦理价值理念，构成了社会主义核心价值观的宝贵"优质资源"。其一，湖湘文化的实践精神，以经世致用、求真务实为核心，强调知识与实践相结合及服务社会，这一精神与社会主义核心价值观中的"富强、民主、文明、和谐"理念相辅相成，激励个体投身于国家富强和民族复兴的伟大实践。其二，湖湘文化的爱国情怀，以心忧天下、具有爱国担当为表征，体现湖南人民对国家和民族的深厚情感与责任担当。这与社会主义核心价值观中的"爱国"理念相一致，激发人们的爱国热情，增强民族自豪感和凝聚力。其三，湖湘文化蕴含的敢于创新的特质，体现在知行合一、敢为人先的精神上，鼓励探索与实践，与社会主义核心价值观中的"创新"理念相呼应，激发人们在改革开放和现代化建设中展现创新精神和开拓的勇气。深入挖掘湖湘文化中的爱国主义、道德情操等精神价值，对于弘扬民族精神和时代精神具有重要意义。这有助于推动革命传统教育、爱国主义教育、思想政治教育、品德教育以及价值观与人生观教育，引导人们树立正确的历史观、民族观、国家观、文化观。同时，深化人们对红色政权、新中国、中国特色社会主义的认识，从而坚定社会主义理想信念，把红色基因传承好，确保红色江山永不变色。

第三章 湖湘文化创造性转化、创新性发展的价值意蕴

　　湖湘文化的创造性转化与创新性发展，是一项关键的文化使命，旨在深化文化传承并推动其与时俱进。这一文化任务的核心不仅在于汲取古人治国理政的智慧，以之为不断前行的动力源泉，而且更在于对湖湘文化进行深刻的现代转化与发展。通过这一过程，我们不仅继承和发展了湖湘文化的精髓，而且进一步挖掘并彰显了其在当代社会中的独特价值与意义。著名哲学家冯友兰在探讨文化继承的问题时，提出了三个关键性的思考维度："所谓继承，包括三个问题：第一，什么是继承，就是关于继承底意义底问题；第二，怎样继承，就是关于继承底方法底问题；第三，继承什么，就是关于继承底内容与选择标准底问题。"① 这三个问题不仅搭建了理解和应对文化继承问题的清晰框架，也为推动中华优秀传统文化的创造性转化、创新性发展提供宝贵的借鉴。在认识论层面，需要深入探讨创造性转化、创新性发展的内涵、必要性、主体、内容及发展方向。在方法论层面，我们则需要具体解答如何实施创造性转化、创新性发展，确保文化传承的活力与时代性的问题。

第一节 湖湘文化发展的理论价值

　　任何一种文化都是时代的产物，深深植根于特定的历史条件和社会环境，展现出鲜明的时代特征。囿于所处时代的认知局限和技术条件，任何

---

　　① 冯友兰：《三松堂全集》（第 12 卷），河南人民出版社，2000。

一种文化都具有时代的局限性。在传承和发展文化的过程中，既要珍视和弘扬其积极价值，也要勇于批判其不合理因素。湖湘文化的发展不可避免地受到包括历史视角、经济条件以及思想观念等方面的时代背景的限制。在继承和发扬湖湘文化的过程中，既要重视和发展其内在的积极元素，同时也应勇于对其进行批判性反思，识别并超越那些不再适应现代社会发展的元素。

一　历史局限性

对于湖湘文化的局限性，必须在一定的历史语境中加以考量。历史既是主观的，又是客观的，是主观和客观共同作用的结果，是对人们世代对"过去"的思考和书写的层层积累。①历史语境与特定的时间和空间紧密相连，不同历史时期和地理区域的社会结构、政治体制、经济发展水平以及文化传统均呈现显著差异。社会政治结构作为历史语境的关键组成部分，涉及政治制度、权力分配、社会阶层等因素。例如，在中国历史上，中央集权制度、官僚体制以及君主专制，均对社会文化产生了深刻的影响。经济状况同样是历史语境中不可忽视的要素，生产力水平、生产方式、贸易关系等经济因素，在很大程度上塑造了社会文化的形态。例如，宋朝的商业繁荣和海上丝绸之路的开通，促进文化的交流和艺术的发展。春秋战国时期，社会经历了剧烈的变革，封建制度逐渐瓦解，新的社会阶层和力量崛起。政治上，诸侯国之间频繁征战，权力分散；经济上，铁器的广泛使用促进农业生产力的提高，商业和手工业也得到发展。在这种历史语境下，文化领域出现了前所未有的繁荣景象，即"百家争鸣"。各种思想流派如儒家、道家、墨家、法家等纷纷涌现，它们针对当时的社会问题提出了不同的解决方案和道德观念。这些思想家的争论和交流，不仅推动哲学、政治、伦理等领域的发展，也为后世留下了丰富的文化遗产。

历史语境在促进文化进步的同时，也随着时代的变迁对文化发展产生了一定的制约性。社会环境和历史条件的演变可能导致一些传统观念和价

---

① 钱乘旦：《发生的是"过去"写出来的是"历史"——关于"历史"是什么》，《史学月刊》2013 年第 7 期。

值观失去其原有的现实意义。在工业化和城市化的浪潮中，传统农耕文化和乡村生活方式面临着被边缘化的风险，而现代化的生活方式和文化形式逐渐成为主流。这种转变可能引起文化遗产的流失，一些文化观念可能会被视为不合时宜，从而遭到排斥或被遗忘。

湖湘文化的形成与发展深植于特定的历史语境之中，其内在机制与时代特征从一开始就受到历史条件的显著影响。首先，从政治体系的角度分析，湖湘文化在封建社会形态的适应过程中成长起来，形成了一套固定的制度规范、价值取向和行为模式。这些反映了特定社会的文化心理和价值观念。自给自足的自然经济、皇权专制的政治结构、嫡长子继承的宗法制度，以及以儒家思想为核心的意识形态体系，构成了湖湘传统文化的基本格局。这一格局与社会主义文化形态下的文化布局存在本质的差异，这种差异就构成了湖湘文化的历史局限性。

其次，从历史发展规律的角度观察，湖南长期处于封建统治之下，政治结构虽然稳定，但缺乏必要的变革动力。这种稳定性为湖湘文化的发展提供了一个相对稳定的环境，但同时也在一定程度上导致了文化上的僵化和守旧，难以适应新时代的发展需求。湖湘文化的这种历史局限性，要求我们在推动其创造性转化与创新性发展时，必须进行深刻的批判性分析，以识别那些不再适应现代社会的元素。

二 文化局限性

农耕文化和儒家思想一定程度上限制了湖南传统社会结构的变迁速度。湖湘文化孕育于悠久的农耕社会中，体现了农耕意识形态的典型特征。农耕文明是人类历史发展中的一个重要阶段，它为我们留下了极其宝贵的历史和文化遗产。但在这一文明阶段中，专制、等级、特权和宗法等概念构成了其价值体系的核心，而儒家文化作为农耕文化的重要组成部分，蕴含了这些价值观念。湖湘文化作为儒家文化的集大成者，成熟且完备，是儒学文化思想的典型。与农耕文明形成鲜明对比的是工商业文明，其以市场体系的高度发达、法治理念的深入人心以及法律制度的完善稳定为特点。在工商业文明中，法律确立了人与人之间的基本关系，大工业生产和科技创新提高了社会生产能力，促进了科技进步。在这一文明形态下，效率成为社会的价值本位，市场经济模式占据主导地位。对于湖南及内陆各省而言，在向市场经济转型的过程中，不仅需要完成从计划经济到市场经济的转变，还面临着从小农经济向市场经济跨越的艰巨任务。这一转变不仅涉及经济体制的变革，更触及观念、制度、体系等深层次的改革。对湖南来说，后者的任务尤为艰巨，且将持续更长的时间。

湖湘文化中保守的理学思想产生了重要影响，这是湖南经济发展在一定程度上受到阻碍的深层原因。① 唐宋以后，理学与湖南结下了不解之缘，湖南逐渐成为中华文化的重镇，湖湘学派、岳麓书院都与理学紧密联系。作为湖湘文化的核心，理学承载着维护中国传统文化价值体系和深层结构的任务，有历史进步性。但在经济领域则理学思想未能充分激发市场活力与创新精神，一定程度上阻碍了湖南商业和手工业的充分发展，主要表现在以下几个方面。一是重义轻利的价值观。湖湘文化强调道德原则（义）超越物质利益（利），认为人们应该基于道德和伦理来行事，而不是仅仅追求个人的经济利益。二是"重农轻商"的经济观。将农业视为国家的根本，而将商业和手工业视为次要之选。这种观念认为农业能够产生实际的财富和价值，而商业则可能导致道德沦丧和社会动荡。这就导致了社会资源和政策向农业倾斜，限制了商业和手工业的发展，对当时的商业活动产生了明显的抑制作用。三是提倡节制欲望和俭朴生活，认为过度的欲望和奢侈会导致道德败坏和社会不稳定。在理学的框架内，"去人欲"即去除过度的私欲和贪婪，这与商业活动中追求利润的本性存在一定的冲突。商人在社会中的地位往往较低。这种观念进一步加剧了重农轻商的趋势，商业活动在当时的社会中难以获得充分的认可和支持。四是强化了士农工商的等级观念。理学注重的是对既有秩序和传统的维护，而不是对新事物的追求。在理学盛行的时代，士人（知识分子和官员）被视为社会的精英和道德的楷模，而商人则处于社会等级的末位。这种等级观念不仅体现在社会地位上，还体现在法律、教育和文化等多个方面。士农工商的等级观念

① 郑佳明：《湖湘文化与湖南发展》，《湖南日报》2019 年 1 月 8 日。

与重义轻利、重农轻商的价值观相互作用，共同塑造了一个以农业为基础、以道德为核心、以士人为领导阶层的社会结构。宋明理学中的这些价值观和生活观相互交织、相互影响，共同塑造了一个强调道德原则、节制欲望和重视农业的社会环境。这些观念也在一定程度上限制了商业和手工业的发展，对当时的社会经济结构和个人行为准则产生了深远的影响，构成了湖湘文化的重要底蕴，并深刻影响着湖南士大夫的深层心理结构。

理学思想在经济上具有保守一面，然而，在清末，理学思想在面对西方冲击时，并非一成不变，而是能够适应时代需求并进行必要的调整。比如魏源"师夷长技"的主张虽然以军事、器物层面为主，但也包含振兴经济的观念；曾国藩、左宗棠等洋务派，在发展工业的实践上迈出重要一步；郭嵩焘出使西洋归来，提出了一系列学习西方经济、政治的主张，振聋发聩。特别是谭嗣同，总结反思甲午战争失败的教训，探索中国经济落后的原因，提出了一些值得认真思考借鉴的建议和观点。比如，倡导"奋兴商务"，即开展对外贸易、开办银行等；提倡用机器和新技术装备国民经济各部门，发展了产业救国的思想；主张大规模修建铁路，强调交通运输的重要性；批判"崇俭"思想，注重开源反对节流，提倡积极消费，创新消费观念等。文化创新给湖湘文化注入了新鲜血液，赋予了适应时代发展的积极因子，增强了湖湘文化的生命力。但由于传统阻力太大，这些文化创新的积极内涵没有被充分继承并发扬光大，没能改变湖湘文化的发展路径。

当今，中国特色社会主义进入新时代，这一新的历史定位标志着我国在经济、政治、文化、社会等各领域都发生了翻天覆地的变化，文化赖以生存的社会形态也发生了历史性巨变。发展于封建社会形态之上的传统文化满足了封建时代的社会需要，但不可避免地带有不适合当今社会的因素，难免同今天我们所要建立与弘扬的社会主义意识形态有相抵牾之处。

三　经济局限性

湖南是农业大省，拥有深厚的稻作文化传统。然而，"小农意识"的影响在部分领域根深蒂固。纵观历史，湖南地区经济发展相对滞后，长期处于自给自足的自然经济状态。这种经济模式制约了商业活动和市场发展，导致湖湘文化中商业精神和市场意识相对薄弱，阻碍了湖湘文化的商业创新能力和竞争力的提高。

湖湘文化以其深厚的儒家思想底蕴，长期以来在政治伦理领域发挥着重要作用，然而，它对商品经济和经济伦理方面的关注相对不足。这直接导致了湖湘地区在经济活动中缺乏必要的激励机制，从而在一定程度上抑制了商业发展。相较于其他文化，湖湘文化在商业领域的自我创新能力和市场竞争力显得相对不足。如湘军办工业并非单纯从经济需要和经济规律出发，而是从政治需要和军事需要出发。①

湖湘文化虽然在道德修养和实践层面对培育人才有着卓越的表现，但对经济人才的培养却显得力不从心。湖南人民对于"义"的强调，源自其悠久的文化传统，这种价值观在历史上有着深刻的体现。晚清时期，湘军以"忠勇"著称，其将领如曾国藩、左宗棠等人均以儒家道德为行事准则，强调"义"的重要性。他们率领的湘军展现出了顽强的战斗意志和牺牲精神，这正是湘人"重义"文化的生动体现。与"重义"相对应的是湘人的"轻利"倾向。然而，这种"重义轻利"的文化倾向在促进道德操守发展的同时，也可能导致对经济利益的忽视。在传统湘人的观念中，商业和商人往往不被主流价值观所认可，过分追求物质利益被视为不道德的行为。这种观念在湘人的日常生活和商业活动中均有体现，影响了湖湘地区的经济多元化发展。《湘军志》等史书详细记载了湘军在战争中的英勇表现，他们为了国家和民族的利益，不惜牺牲个人生命和家庭幸福。在湖湘文化中，公开谈论金钱利益往往被视为不雅之举。湘人更倾向于通过实际行动来体现自己的价值和担当，而不是通过炫耀财富来博取他人的认可和尊重。在现代社会，我们需要对湖湘文化进行创造性转化和创新性发展，以适应市场经济的需求，培育出既重视道德伦理，又能积极参与经济活动的人才，从而实现文化的现代转化和经济的全面发展。

---

① 郑佳明：《推动湖湘文化向工业文明转型——谈湖南近现代工商业之路及其启示》，华声在线百家号，2018 年 9 月 4 日，https://baijiahao.baidu.com/s? id = 1610635998983998732 &wfr = spider&for = pc。

在推进社会经济持续发展的过程中，对个人利益的适度重视与对市场规律的合理顺应，是实现资源优化配置和激发社会进步活力的关键。忽视个人利益的合理追求，以及对市场规律的盲目排斥，不仅会降低资源分配的效率，而且可能削弱社会整体的发展动能。因此，如何在尊重个体权益与遵循市场机制的基础上，构建一个高效而和谐的社会经济体系，是当代社会发展面临的重要课题。以浙商为例，浙商重视发展实业，以"事共致用、义利并重、以义取利、工商皆本"为文化基因，成为19世纪推动中国工商业进程的强大商帮，曾最早参与上海的开发，一度垄断上海大部分产业。从文化渊源上看，"浙商文化"传承于浙江深厚的文化。它们在"舍利取义、以农为本"的农耕社会就开始强调"义利并重、工商皆本"的思想，这无疑是一项大胆的创新。

四　地域和社会习俗的局限性

湖湘文化的形成与发展深受湖南地域特性的影响。湖南的自然环境和经济生产方式，不仅塑造了湖湘文化的独特性，也在无形中塑造了其"文化潜意识"。湖南地域基本属性决定了湖湘文化本质和类型，决定了湖湘文化的价值观和思想方法，决定了湖湘文化与中国主体文化的同一性，决定了湖湘文化的先进性与历史局限性，也对湖湘文化的"道南正脉"做了注脚。①

湖南位于中国中南部，四周多山，南岭、罗霄山脉等自然山脉环绕，这在古代极大地限制了湖南与周边地区的交通往来。山脉的阻隔不仅使物理空间上的交通变得困难，还在人们心理层面形成一种相对封闭之感。首先，地理环境造成的交通不便，使湖南地区在古代相对较难与外界进行大规模的文化交流。在交通主要依赖水路和陆路的古代，山脉和河流的走向往往决定了文化交流的路径和程度。湖南虽然拥有与外界相连的湘江等河流，但山区的复杂地形仍然限制了这些河流作为交通干道的作用。其次，地理环境的封闭性在一定程度上强化了湖湘文化的地域特色。湖南地区的

---

① 郑佳明：《湖湘文化的三重属性》，《湖南日报》2023年8月13日。

历史、语言、风俗习惯等都展现出独特的面貌。这种独特性是地理环境相对封闭造成的文化自我强化的结果，一定程度上限制了湖湘文化与外界文化的交流与融合，导致湖湘文化在发展过程中缺乏足够的外部刺激和新鲜血液。进而导致湖湘文化在某些方面表现出一定的保守性和排他性。

近现代以来，湖南地区的社会习俗深受传统文化和封建礼教的影响，往往强调对传统的维护和尊崇，形成一种文化保守主义。这种保守主义在维护传统价值的同时，在一定程度上也对异质文化传播和创新思想产生形成障碍。它倾向于对外来的新观念、艺术形式和科技进步持排斥态度，制约了湖湘文化的多样性与开放性，影响了其创新与发展。从个体角度来看，湖湘文化塑造了湖南人独特的个性特征：坚韧不拔、吃苦耐劳、敢于斗争、爱憎分明。这些特质在历史上为湖湘文化赢得了尊重，但在全球化的今天，过度的自我中心倾向可能成为文化交流与融合的障碍。

湖湘文化在历史上对塑造湖湘人独特的性格和精神风貌起到关键作用。然而，在时代的洪流中，湖湘文化的影响力正面临一系列挑战，这主要表现在文化认同、创新活力和品牌建设三个关键维度上。

首先，年轻一代对湖湘文化的认同度呈现下降趋势。在全球化和信息化的大潮中，年轻人更加青睐国际化的文化潮流和价值观念，对于本土传统文化的了解逐渐减少，兴趣逐渐降低。城市化的快速推进导致农村人口大量涌入城市，传统的生活方式和习俗在城市化浪潮中逐渐式微，进一步削弱年轻群体对湖湘文化的认同感。其次，湖湘文化的创新活力亟待提升。尽管湖湘文化拥有深厚的历史底蕴，但在现代社会中，其传统艺术和手工技艺面临失传风险，年轻一代的传承者和创新者相对匮乏。此外，湖湘文化的传播方式尚未充分结合现代媒体和科技手段，这限制了其在更广泛范围内的影响力。最后，湖湘文化的品牌影响力需要加强。与其他文化发达地区相比，湖湘文化在文化产业发展和文化创意产品开发方面存在一定差距。为了提升湖湘文化的品牌形象和传播效果，需要创新传播策略，增强其在国内外的吸引力和竞争力。

湖湘文化植根湖湘大地，无数湖湘儿女努力劳作、奋进拼搏，创造了源远流长、博大精深的湖湘文化。湖湘文化对历史发展有着巨大的贡献，在当代发挥了重大的作用。伴随着时代的发展，社会的进步，湖湘文化在某些方面呈现出与现代社会不完全适应的特点。湖湘文化要靠改革创新走向更远的未来。新时代要通过创造性转化、创新性发展实现中华优秀传统文化守正创新、推陈出新，赋予中华优秀传统文化新的生命力，使之绽放出新的时代光彩。

第二节　湖湘文化创造性转化、创新性发展的现实价值

在社会科学研究领域，意蕴一词通常用来描述文化现象的深层含义与内在价值。探讨湖湘文化创造性转化、创新性发展的意蕴，不仅涉及对该文化现象的描述与阐释，还涉及对其背后的本质、内在逻辑和核心价值的深度挖掘。创造性转化、创新性发展的概念指向对湖湘文化形态的革新重塑，对文化超越可能性的探索，以及对湖湘文化精神的创新性诠释。这一过程要求对湖湘文化的传统与现代价值进行细致辨析，识别并强化那些能够与当代社会价值观念和生活方式相协调的元素。同时，也要求我们对湖湘文化中的艺术形式、社会实践和思想理念进行创新性的解读和应用，以适应全球化时代的社会发展需求。

一　创造性转化、创新性发展是湖湘文化现代发展的内在诉求

创造性转化、创新性发展推动湖湘文化传承与发展，确保湖湘文化的历史脉络得以延续，同时保持其活力与时代性。这一过程不仅维护了湖湘文化的连续性和一致性，而且通过推陈出新、固本开新的方式，为湖湘文化注入了新的生命力，使其在新时代背景下焕发出蓬勃的生机，形成新的内涵。

马克思主义强调社会存在决定社会意识，精神文化来源于人们的物质生活实践，认为："物质生活的生产方式制约着整个社会生活、政治生活和精神生活的过程"。[①] 同时，"人们并不是随心所欲地创造，并不是在他

① 胡海波、郭凤志：《马克思恩格斯文化观研究》，中国书籍出版社，2010。

们选定的条件下创造，而是直接碰到的、既定的、从过去承继下来的条件下创造"。① 不难看出，马克思主义文化观揭示了文化发展的三重属性，一是文化的社会性。文化的社会性是理解文化与社会发展关系的关键。文化不仅是人类社会生活的反映，更是推动社会发展的重要力量。它深植于社会的土壤，与社会形态、经济结构、政治体制等紧密相连，是文化生成与发展的根本。在不同的社会历史背景下，文化展现出丰富多元的特质，反映出各个时代、地域、民族独特的精神追求和价值观念。在封建社会中，文化常常带有显著的宗教性和等级制特征，反映了当时社会的阶级结构和宗教信仰。而资本主义社会的文化则倾向于商品化和消费化，这与市场经济的发展和个人主义的兴起密切相关。这些文化特征的变迁，实质上是社会结构变革在文化层面的反映和表达。二是文化的历史性。文化的历史性揭示文化与时间的密切关系。文化并非静态不变的实体，而是随着历史的车轮不断演进和变化，每个历史时期都在历史长河中留下了不可磨灭的印记。历史的发展不仅见证了社会结构的转型、政治经济的波动和科技进步的飞跃，而且这些变革性因素为文化的发展提供丰富的素材和条件。文化的发展对现代社会产生了深刻的影响，它不仅塑造了当代人的生活方式，也深刻地塑造了人们的价值观和世界观。这些文化印记是历史的见证，记录了人类社会的发展轨迹和取得的成就，同时也反映出了社会存在的矛盾与冲突。在探讨湖湘文化的创造性转化、创新性发展时，须深入理解文化的历史性属性。要认识到湖湘文化在不同历史阶段的独特表现，并分析这些表现如何响应了当时社会的需求和挑战。透过这样的历史视角，更好地把握湖湘文化的发展脉络，为其在新时代的转化与创新奠定坚实的理论和实践基础。三是文化的动态性。根据文化演化论，文化被视为一种动态的系统，它随着社会变迁和时间推移而演化，呈现出与时代背景相适应的特征，在不断的变革中寻求发展。同时，文化作为上层建筑的一部分，必然随着经济基础的变化而变化。社会结构、科技水平或价值观念发生变化时，文化便会调整其内涵与表现形式。这种变革不是随意的，而是在传承

---

① 《马克思恩格斯选集》第 1 卷，人民出版社，2012，第 669 页。

的基础上的审慎而必要的创新。文化的发展也不是孤立的，而是在与其他文化的交流中汲取养分，实现自我超越。

文化的社会性、历史性和动态性与文化创造性转化、创新性发展紧密相连，形成内在一致的发展逻辑。首先，文化的社会性强调创新必须紧密联系社会现实。创造性转化、创新性发展，是对当代社会需求的深刻洞察和积极回应，确保文化与社会发展同步，维系文化的活力以及文化时代的相关性。其次，创造性转化、创新性发展并非对传统文化的机械复制，而是一种基于深刻历史理解的现代化诠释和创造性重构。这一过程既传承文化的历史精髓，又融入了新的时代元素，使文化在新的历史条件下展现出新的生命力和表现形式。最后，创造性转化、创新性发展体现文化的动态流动性。通过不断的创新实践，文化得以适应不断变化的时代环境，解决新的问题，满足新的需求。这种动态发展促使新的艺术形式、文化活动和传播方式涌现，推动文化内容的更新和文化实践的创新。

文化社会性、历史性和动态性三重属性，要求湖湘文化需不断自我更新，以适应社会的持续进步，实现创造性转化、创新性发展。从湖湘文化自身发展规律看，为了与现代社会的发展同步，必须进行深刻的创造性转化。在历史的长河中，湖湘文化始终不断吸纳新内容、融合新思想、注入新活力，薪火相传，与时俱进，将时代精神融入传统文化的血脉之中，将时代精神与传统文化的精髓紧密相连，展现出与时俱进的新面貌，充满生机与活力。特别是在全球化和信息化的新时代背景下，湖湘文化在坚守核心价值观和精神特质的基础上，需融合现代科技、经济、政治等元素，实现文化的自我更新和超越。从文化形态的多样性角度看，文化主要包括器物、制度和观念三方面，即物质文化、制度文化和精神文化。客观地说，文化是社会价值系统的总和。[①] 湖湘文化在历史中积累了丰富的文化遗产，如语言文字、建筑艺术、民俗风情等，这些文化表现形式保持了核心价值，也应探索创新的表达方式。现代社会中，湖湘文化的传统元素需要通过创新性发展来适应新的社会环境，维持其活力和社会影响力。例如，浏

---

① 杨明华：《有关文化的 100 个素养》，台北驿站文化，2009。

阳烟花、湘绣、湘菜、湘茶等传统特色文化形式，可以通过现代设计和营销策略的创新，更贴合现代消费者的审美和习惯。同时，湖湘传统的节庆和习俗也可以与现代生活方式相结合，创造出新的文化活动形式，既传承文化精髓，又满足现代社会的需求。

二　创造性转化、创新性发展是湖南文化繁荣的动力源泉

习近平总书记在文化传承发展座谈会上的重要讲话中指出："在新的起点上继续推动文化繁荣、建设文化强国、建设中华民族现代文明。"[①] 推动文化繁荣是中国式现代化文化建设的重要战略目标，这一战略目标明确了湖湘文化发展方向，确保了其在全球化时代中的独特性和时代性。湖湘文化的繁荣不仅依赖于对其丰富资源的保护与传承，还在于文化认同的深化与内化，以及创造性转化、创新性发展。

（一）创造性转化、创新性发展推动湖湘文化传承和创新

创造性转化、创新性发展构成了湖湘文化继承与创新的双翼，这不仅是对湖湘精神的弘扬和湖湘文明传承的时代趋势，更是在新时代背景下，推动湖湘文化焕发新生的关键途径。从文化的本质和特征来看，文化是人类社会发展的产物，具有传承性和创新性，要推动文化传承发展，必须坚持传承与发展相统一，进行创造性转化和创新性发展。从中华文明发展史角度来看，创造性转化、创新性发展是中华文明延续发展的必然要求。中华文明具有五千多年的历史，在发展过程中经历了多次创造性转化、创新性发展，才形成今天的辉煌成就。要推动中华文明继续发展，必须坚持古为今用，对中华优秀传统文化进行创造性转化，实现其创新性发展。

湖湘文化历经时代的淬炼，至今依旧散发着独特的精神魅力，具有时代价值，这得益于湖湘文化形成过程中传承性与创新性的有机结合，以及与社会发展的紧密相连。历史上，湖湘文化经历了数次深刻的变革，每一次变革均是传统文化与时代精神交融的结果。例如，理学思想与湖湘本土文化的交融，催生了具有鲜明地方特色的湖湘学派。湖湘文化顺应社会变

---

① 习近平：《在文化传承发展座谈会上的讲话》，人民出版社，2023，第10页。

迁，传承历史精华，保持生生不息的活力，主要有两个显著特点。一是对传统文化的深刻理解和创新性诠释。文化遗产是历史记忆与文化基因的载体，为文化创新提供不竭动力。湖湘文化蕴含着深邃的思想理念、独特的价值观念、多样的艺术形式和多彩的生活方式，在继承这些传统文化的同时，需积极吸收新时代的元素，利用现代科技手段，创新性地构建符合现代社会需求的文化形态。湖湘文化的"传统性"并非指僵化不变，湖湘文化在历史的洪流中不断经受时代的筛选与提炼，展现出与时俱进的活力与魅力。在坚守历史文脉的同时，以正气、底气、骨气赓续传统，谱写属于当代的华章，确保其在促进文化多样性与社会发展中发挥更大的作用。二是具有与时代发展相契合的同步性和前瞻性。湖湘文化所蕴含的思想和文化基因，不仅是后世文化创新的宝贵资源，更是推动文化持续前行的不竭动力。中华优秀传统文化创新发展，深刻体现了"传统"与"创新"之间的辩证统一关系。湖湘文化所蕴含的审美理念、艺术精华、思维方式和精神智慧，是当代文化创新的重要源泉。

（二）创造性转化、创新性发展是湖湘文化适应时代潮流、实现自我超越的关键途径

湖湘文化不应被视为一成不变的教条或孤立的存在。相反，我们应在继承中不断地根据时代的特征和社会进步的需求，对其进行深刻的创造性转化与创新性发展。这一过程旨在将传统的文化形式转化为与现代生活观念相契合的崭新样式，将传统文化中那些能够推动社会发展和进步的思想观念、价值理念、道德规范等，融入中华现代文明之中，使之成为社会主义核心价值观的重要组成部分。

美国生物学家马古利斯等人在"盖娅假说"基础上提出共生理论，认为生命不是简单地"适应"环境，而是通过主动地创造和改造环境来实现进化。共生不仅仅指生物间的相互依存与和谐共处，更指一种深远的联结，贯穿人类社会、自然环境以及人与自然的关系。这一概念强调命运共同体意识，揭示了生态、社会和文化不可分割的关系。共生理念对于理解和推动湖湘文化的创造性转化、创新性发展具有重要的启示意义，其表明了文化的多元性、传统与现代的交融，以及文化与自然的和谐共生。一是

文化需要多元共生。对于湖湘文化，必须认识到，尽管其拥有无可争议的独特价值和鲜明特色，但并非在文化领域中孤立自存。实际上，湖湘文化通过不断的交流与融合，促进了自身多样性的发展。发展是最好的保护，只有尊重文化差异，秉持开放包容的胸怀，吸收借鉴其他文化的优秀成分，实现多元文化的共生发展，才能保护和弘扬湖湘文化。二是传统与现代共生。湖湘文化源远流长，蕴含着丰富的智慧，这些智慧是与时俱进不断创新的成果。湖湘文化传承到今天，将历史的精华与现代文明优势有机结合，焕发新的生机与活力，在继承中创新，在创新中传承，实现传统与现代的共生发展。三是文化和自然的共生。人类文化是人类与环境相互作用的产物，文化的形成、发展和传承都深深扎根于特定的自然环境之中。自然界赋予了人类物质资源和智慧，而人类文化又反过来影响和改造着自然环境。二者相互依存、相互影响、相互渗透。湖湘文化中的"天人合一"思想，蕴含着珍视自然、敬畏自然的理念，强调人与自然的和谐共处。湖湘文化本身也需要与自然更好地融合，从自然中汲取灵感，将自然元素融入湖湘文化。

另外，创造性转化、创新性发展是对湖湘文化的深刻反思和重新审视。在深入反思与审视湖湘文化的过程中，只有审慎地提炼其精华并坚定地舍弃其糟粕，才能尊重并继承这一文化的核心价值和精神实质。这并非对湖湘文化的全面批判或简单否定，而是一种深刻的挖掘与弘扬，旨在构筑文化自信的新时代基石，同时激发社会进步的不竭动力。通过这种创造性转化、创新性发展，不仅能够保留湖湘文化的精神财富，还能够促进其在现代社会中的传播，使之成为推动社会主义文化繁荣兴盛的重要力量。

三　创造性转化、创新性发展是提升湖南文化软实力的重要途径

文化软实力是指一个国家通过其文化和意识形态的吸引力来影响其他国家和民众的能力。它与经济实力和军事力量这些"硬实力"不同，文化软实力更多地体现在文化的魅力和感召力上。文化软实力正日益成为综合国力的重要组成部分，在国际竞争中发挥着举足轻重的作用。党的十八大

以来，以习近平同志为核心的党中央高度重视国家文化软实力建设。党的十八届三中全会明确提出，"建设社会主义文化强国，增强国家文化软实力"。① 党的十九大报告提出到2035年基本实现社会主义现代化，"社会文明程度达到新的高度，国家文化软实力显著增强，中华文化影响更加广泛深入"。②

湖南文源深、文脉广、文气足。湖湘文化软实力是指湖南地区在长期的历史发展过程中形成的，具有鲜明地域特色、深厚文化底蕴和广泛影响力的文化力量。这种文化力量不仅体现在历史文化的传承上，也体现在对现代社会的积极贡献上。湖湘文化软实力的形成基于湖湘地区悠久的历史文化、厚重的革命文化底蕴、活跃的现代文化，以及独特的地域特色，是一种综合文化力量。

（一）创造性转化、创新性发展推动红色文化传承利用

红色资源见证了我们党艰辛而辉煌的奋斗历程，是红色文化的载体，是中华民族主体性的重要精神标识，"是最宝贵的精神财富"。习近平总书记强调，要保护好、运用好红色资源，加强革命传统和爱国主义教育，引导广大干部群众发扬优良传统、赓续红色血脉，践行社会主义核心价值观，培育时代新风新貌。③

红色资源在共产党人精神建设、传承革命精神、提高党性修养和增强国家认同中发挥至关重要的作用。其一，红色资源是共产党人在新时代坚定理想信念、坚守政治灵魂的重要教育资源。红色资源以红色文物和感人故事，镌刻了党的辉煌历程和共产党人的真实、可敬形象，为党员干部提供学习先辈榜样、补足精神之钙的宝贵机会。其二，红色资源的利用是传承红色基因、守护红色江山的重要途径。红色资源内涵丰富，如同一部生动的教科书，讲述着中国共产党人的初心与使命、梦想与追求。革命故事、英烈丰碑和党史文物等展现了革命先烈的伟大精神和高贵品质。其三，红色资源不仅是历史的见证，也是提高党性修养、永葆政治本色的清

① 《十八大以来重要文献选编》（上），中央文献出版社，2014，第533页。
② 《习近平谈治国理政》第三卷，外文出版社，2020，第22页。
③ 蒋桂芳、王贝贝：《用好红色资源 传承红色基因》，《光明日报》2024年4月29日。

醒剂。生动感人的红色故事，诠释了党员干部如何坚持党性原则，保持党员风范，履行为人民服务的宗旨，响应关心群众生活的号召，实现人民对美好生活的向往。

湖南红色文化厚重。湖南是一方红色热土，红色资源极为丰富，红色基因深厚。寸土千滴红军血，一步一尊英雄躯，湖南是革命文物大省，革命文物资源总量和重要革命文物资源数量居全国首位。实现湖南红色文化的传承和发展，不仅需要保护和利用好红色资源，还需要通过创新手段让红色文化"活"起来、"火"起来，以此来弘扬革命文化，传承中华优秀传统文化。

推动红色文化的创造性转化和创新性发展，是传承红色基因、赓续红色血脉的重要途径。红色资源的创造性转化、创新性发展能够增强红色文化感召力。红色资源作为革命历史的见证，不仅是党员干部坚定理想信念、加强党性修养的生动教材，更是增强红色文化感召力的重要媒介。推动开发红色文创产品、打造红色文旅线路、营造红色文博场景以及创作红色文艺作品，能够使红色文化更加深入人心。特别是通过增强红色旅游的体验性与参与性，可以鼓励参观者和游览者从被动学习转向主动实践，让红色文化成为生活的一部分。二是红色故事的现代传播增强文化吸引力。革命故事和英雄事迹是红色文化的核心，为了增强红色文化的吸引力，必须深入挖掘其历史价值、时代元素、地域特色和精神气质，并拓展其传播渠道。文化与科技的融合、文化与旅游的结合，能够为红色文化的传播提供新的平台和途径。将红色音乐、诗歌、曲艺和微广播等艺术形式带入乡村、校园、社区和军营，使红色文化的种子在各个角落生根发芽。三是红色教育的实践提升文化凝聚力。红色教育对于青少年的成长具有不可替代的激励和启示作用。通过将红色文化融入课堂教育和社会实践，可以帮助青少年更深刻地理解和把握红色文化。家庭学习、师生讨论、社会参与等多种方式，将有助于青少年从历史主线、人物品格、红色思想和榜样力量中获益，从而提升红色文化的凝聚力。

（二）创造性转化、创新性发展提高现代文化活跃度

现代文化是以科学技术进步为基础，以理性精神为内核，以人权自由

为价值追求的一种社会形态，包含物质文化、精神文化、政治文化和生态文化。现代文化是在历史传统文化的基础上发展起来的，但与传统文化相比，现代文化更强调人的理性和思考能力，反对迷信和盲从，更追求人权自由，尊重人的生命权、自由权、平等权和追求幸福的权利。

创造性转化、创新性发展为现代文化发展注入活力。一是湖湘文化创造性转化、创新性发展构成中国式现代化文化发展路径。湖湘文化创造性转化、创新性发展，不仅是对传统思想理论、道德规范、艺术形式等精神层面的深入挖掘与现代阐释，也是对礼仪制度、社会组织、民俗风情等制度层面的系统整理与创新性借鉴。这一过程超越传统文化的历史局限，结合了当代社会实践和时代要求。通过进行审慎的筛选与创新，实现在继承中发展、在发展中继承的良性循环。二是重塑传统文化的现代价值。传统文化在形成与发展中，不可避免地受到当时认识水平、物质条件和社会制度的影响，其中不乏陈旧过时的元素。因此，与时俱进，通过创造性转化、创新性发展，提炼出与现代社会相适应的价值观念和文化精髓。三是促进全方位文明建设。湖湘文化创造性转化、创新性发展，是中国式现代化进程中不可或缺的一环，不仅涵摄了物质文明和精神文明的双重构建，也涵盖了制度文明、政治文明、社会文明和生态文明的全面进步。这一全方位的文明建设体现了一种综合视野，促进历史与现实、理论与实践、国内与国际的有效对接，从而增强文化的自主创新能力，为现代文明建设提供丰富的价值意蕴和深远的文明意蕴。

从满足人民对美好生活需求出发，创造性转化、创新性发展为现代文化注入了源源不断的动力与活力。在多元化、信息化、全球化的现代社会背景下，人们的价值观念、生活方式和审美趣味正发生着巨大的转变。传统文化若不能与时俱进，便难以在现代社会中找到其生存与发展的空间。因此，对传统文化进行创新性的发展，不仅是对其形式的更新，更是对其内涵的深化。通过创造既传承经典又符合现代审美的文化产品，传统文化在现代社会中焕发出新的生机与活力。湖湘文化的创造性转化、创新性发展，在坚持"百花齐放、百家争鸣"的文化政策指导下，贯彻"为人民服务，为社会主义服务"的文化方针和宗旨。在这一过程中，湖湘文化始终致力于满足人民群众日益增长的精神文化需求。通过提升人民群众的思想道德素养和审美水平，增强其获得感、幸福感和安全感。湖湘文化不仅成为人民群众的精神食粮，更构筑了共有的民族精神家园，成为现代文明的精神支柱和信仰。

从文化交流互鉴的视角出发，创造性转化、创新性发展为现代文化提供宝贵的发展机遇。文明因多样而交流，因交流而互鉴，因互鉴而发展。习近平总书记指出："要推动中华文明创造性转化、创新性发展，激活其生命力，让中华文明同各国人民创造的多彩文明一道，为人类提供正确精神指引。"[①]　文化交流互鉴是推动文化发展的重要途径，有利于增进不同文化之间的理解和尊重，促进不同文明的和谐共处，构建人类命运共同体。湖湘文化创造性转化、创新性发展以开放包容的文化态度，敞开大门同不同文化进行交流互鉴，尊重不同文化的独特性，在交流中吸收精华，丰富和发展自身文化。不同文化之间的交流互鉴是创新发展的重要动力，开放性创新使湖湘文化不仅能够保持其独特性，还能够在全球文化交流中展现其时代价值，成为促进不同文明和谐共处、共同发展的重要力量。

第三节　湖湘文化创造性转化、创新性
发展的实践价值

习近平总书记指出："实现中华民族伟大复兴的中国梦，物质财富要极大丰富，精神财富也要极大丰富。"[②]　一个国家、一个民族的强盛，总是以文化兴盛为支撑，中华文化的持续发展与繁荣，是中华民族伟大复兴不可或缺的条件。在新时代的强国建设与民族复兴征程中，迫切需要坚定的思想保障、强大的精神动力和有利的文化环境。推进中国式现代化建设，进一步促进中华优秀传统文化的创造性转化与创新性发展，发挥其深邃的思想观念、丰富的人文精神和崇高的道德规范的作用，显得尤为重要。

湖南坚持文化建设与经济建设、科技创新、改革开放的同步协调，秉

---

① 《习近平著作选读》第一卷，人民出版社，2023，第480页。
② 《习近平谈治国理政》第二卷，外文出版社，2017，第323页。

承"敢为人先"的湖湘文化精神,"文化+"和"+文化"深度融合,有效发挥双轮赋能作用。湖南将打造"三个高地"作为推动高质量发展的关键策略,明确提出建设长沙全球研发中心城市、科技赋能文化产业创新等一系列标志性工程,以此为文化创新与经济发展的驱动力。促进文化与经济的深度融合,在全球范围内提升湖湘文化的影响力。

一 与现代经济转型相结合,湖湘文化创造性转化、创新性发展呈现一种向绿、向新、向未来的鲜明姿态

恩格斯认为:"政治、法、哲学、宗教、文学、艺术等等的发展是以经济发展为基础的。"[①] 经济基础决定上层建筑,经济发展对文化进步具有决定性作用,而文化作为特定社会经济形态的反映,又深刻地影响着社会经济的发展轨迹。这两者之间存在着相互依存、相互促进的辩证关系,共同促进着人类社会的进步与繁荣。

习近平总书记指出,文化很发达的地方,经济照样走在前面。可以研究一下这里面的人文经济学。[②] 人文经济的繁荣发展,展现了文化与经济之间深刻的内在联系和互动共生的关系。赓续中华文脉,推动中华优秀传统文化的创造性转化、创新性发展,关键在于从人文经济的视角出发,深入探索文化"富民""福民"的多元方向、精准切入点以及可行路径。推进文化事业和文化产业的共同繁荣,将之作为推动中华优秀传统文化保护与传承的重要策略,确保中华优秀传统文化在现代社会中焕发新的活力,为人民带来实实在在的文化福祉。

在当代经济发展的大背景下,湖湘文化的创造性转化、创新性发展,不仅是对经济转型的响应,更是推动湖南经济持续健康发展的重要支撑。这种发展模式体现了创新、协调、绿色、开放、共享的新发展理念,而这些理念恰恰是湖湘文化精神的现代体现。

(一)激活湖湘文化中的生态智慧,推动绿色生产力发展

绿色生产力是指在遵循自然规律和保护生态环境的前提下,通过提高

---

① 《马克思恩格斯文集》第十卷,人民出版社,2009,第668页。
② 洪银兴:《促进经济和文化共同繁荣》,《人民日报》2024年3月5日。

资源利用效率和减少污染排放所形成的生产能力和生产方式。它是对传统生产力的变革和升华，是实现可持续发展的重要途径。挪威哲学家阿恩·内斯在1973年提出生态智慧的概念，强调生态和谐和生态平衡的理念。他从深层生态学的角度，深刻地分析和理解生态系统，得出关于人类和其他生物物种共存的结论。生态智慧强调人类是自然界的一分子，所有生命体，无论是人类抑或非人类物种，其价值都应受到尊重。生态智慧是绿色生产力的理论基础，为绿色生产力的可持续发展提供保障，帮助人们规避生态风险，避免重蹈传统工业化道路的覆辙。应增强生态意识，增强生态责任感，激发发展绿色生产力的热情和动力。

湖湘文化蕴含着天人合一、道法自然等丰富的生态智慧，强调人与自然和谐共生，主张尊重自然、保护自然、顺应自然，推崇人类的生产活动应当与自然规律相协调。湖湘文化中的生态智慧，为绿色生产力发展提供丰富的理论支撑，其中所蕴含的农耕文化、水利文化、建筑文化等传统生态技术和生产经验，为绿色生产力发展提供技术参考与借鉴。

创造性转化、创新性发展湖湘文化，挖掘和研究湖湘文化传统生态智慧，提炼出与时代相适应、符合现代生活需要的思想精华，培育人们的生态意识和生态责任感，探索绿色生产力的发展模式。湖湘文化中的企业家精神、科学家精神、工匠精神等，为经济发展提供不懈的动力。系统观念和合作共赢的理念，为构建和谐社会和推动可持续发展奠定思想基础。人与自然和谐共生的思想，强调在经济发展过程中对生态环境的保护，体现了绿色发展的深刻内涵。制度型开放和文明交流互鉴的理念，展现了湖湘文化在全球化背景下的开放姿态和包容心态。此外，"各美其美、美美与共"的人文价值追求，不仅体现了湖湘文化的独特魅力，也彰显了其对于促进社会和谐与文化多样性的积极作用。这些文化精神和价值观念，不仅为湖南地区的经济发展提供丰富的文化资源，也为湖南乃至全国的经济转型提供强大的精神动力和智力支持。

在探讨湖湘文化的创造性转化、创新性发展时，应着重强调对湖湘文化传统生态智慧的深入挖掘与现代诠释。这一过程旨在提炼出与时代发展相契合、满足现代生活需求的思想精华，进而培育公众的生态意识与责任感，探索一种绿色、可持续的生产力发展模式。首先，湖湘文化中的系统观念与合作共赢的理念，是构建和谐社会与推动可持续发展的思想基石。这一理念倡导在经济活动中考虑全局利益，强调协同合作，从而促进社会的长期稳定与共同繁荣。其次，湖湘文化中人与自然和谐共生的思想，更是在注重经济发展的同时，强调对生态环境的保护与尊重，体现了绿色发展理念的深远意义。近年来，湖南高度重视生态文明建设，积极践行"绿水青山就是金山银山"理念，取得显著成效。持续打好污染防治攻坚战，全面提升生态系统功能，加快发展方式转型，大力推进了美丽湖南建设。一批优秀的绿色企业积极开发绿色技术和产品，推动绿色生产力发展。

（二）弘扬湖湘文化中的工匠精神，培育新质生产力

新质生产力是创新起主导作用，摆脱传统经济增长方式和生产力发展路径，具有高科技、高效能、高质量特征，符合新发展理念的先进生产力质态。[1]"工匠精神"是一种职业精神，它是职业道德、职业能力、职业品质的体现，是从业者的一种职业价值取向和行为表现。"工匠精神"的基本内涵包括敬业、精益、专注、创新等方面的内容。[2]企业是国家的经济命脉，以科技创新、技术进步为主体的企业，是民族振兴动力的源泉，是增加国家财富的重要主体。

推进新质生产力发展，工匠精神扮演了举足轻重的角色。它不仅是对工艺细节的执着追求，更是对人文精神的深度挖掘和对创新精神的不懈追求。人文精神和创新精神激发从业者不断探索技术革新途径，以精益求精的态度优化工艺流程，从而显著提高产品和服务的品质。这正是新质生产力增长的核心动力，引导人们采用更高效、更环保的生产方式，以积极的姿态回应可持续发展的时代要求。此外，工匠精神还有助于营造积极向上的行业氛围，为新质生产力的培育奠定坚实的人才基础。将工匠精神融入现代产业体系，不仅是对中华优秀传统文化的一种创造性转化，也是对现代生产力发展的一种创新性贡献。这种融合，无疑将极大地加速新质生产力的发展与升级，为经济的持续健康发展注入新的活力。

---

① 《习近平的新质生产力"公开课"》，《人民日报》2024年3月7日。
② 徐耀强：《论"工匠精神"》，《红旗文稿》2017年第10期。

湖湘文化的创造性转化、创新性发展，不仅为湖南工匠精神的传承与发展注入了新的活力，而且极大地丰富了其内涵，并拓展了其应用领域。首先，通过将工匠精神融入现代科学技术与管理理念，湖湘文化在传承中实现创新，使工匠精神的内涵更加丰富，更贴合时代的需求。这种创造性转化、创新性发展，为湖湘文化中工匠精神的传承与发展提供源源不断的动力，促进其在历史长河中持续发展，孕育众多精益求精的百年企业和工匠，为湖湘文化的繁荣做出不可磨灭的贡献。其次，工匠精神的应用领域得到显著拓展。传统上，工匠精神主要局限于手工业领域，然而，随着湖湘文化的创新性发展，这一精神已经融入现代工业、服务业等多个领域，在更广阔的舞台上发挥着重要作用。最后，工匠精神的影响力得到显著提升。通过广泛的传播，工匠精神的影响力不断增强，其"敢于挑战、勇于突破，不断追求进步"的核心价值观念，促进形成了爱岗敬业、勤奋工作的社会风貌。在全社会范围内，这种精神帮助营造了一种尊重劳动、崇尚精益求精的良好氛围，为当代社会的持续发展注入了正能量。

（三）湖湘文化勇于创新，面向未来，促进湖南现代产业体系建设

创新是现代产业体系建设的根本动力。1912年美国哈佛大学教授熊彼特在《经济发展理论》中提出："创新是指把一种新的生产要素和生产条件的'新结合'引入生产体系。"[①] 现代产业体系是以智慧经济（含数字经济）为主导，以大健康产业为核心，以现代农业为基础，通过五大产业（农业、工业、服务业、信息业、知识业）的融合实现产业升级和经济高质量发展的产业形态。技术创新、制度创新、管理创新等都是现代产业体系发展的重要推动力。创新精神是现代产业活动的精髓，倡导不断探索、勇于实践、锲而不舍的创新品质。

文化与经济的关系是相互依存和互相促进的。从宏观角度来看，马克思主义揭示了人类社会发展的基本规律，即经济基础决定上层建筑，而文化作为上层建筑的重要组成部分，其发展虽然受到经济基础的制约，但同时也对经济基础具有反作用。在中观层面，现代文化产业研究指出，文化

---

① 〔美〕约瑟夫·熊彼特：《经济发展理论》，郭武军译，中国华侨出版社，2020。

产品和服务具有市场价值，与一般商品一样参与市场经济活动。从微观层面进行的分析则表明，特定社会的文化环境对经济主体的行为和决策产生了深刻的同化作用。

湖湘文化蕴含着丰富的精神财富，为现代产业发展注入了强大的文化动力。同时，现代产业的发展也为优秀传统文化的传承与创新奠定了坚实的物质基础。湖湘文化中的创新精神，特别是勇于创新、敢于实践的价值追求，为现代产业体系建设提供源源不断的创新动力和智力支持。

湖南的文化产业发展历程充分证明湖湘文化不断创新发展的重要性。正是这种文化的活力，促成湖南文化创意产业的繁荣景象，并推动文化产业的高质量发展。在这一进程中，文化与科技的深度融合尤为关键。通过大力实施科技赋能文化产业创新工程，湖南依托如马栏山视频文创产业园、马栏山数字媒体省重点实验室等创新平台，加速了数字视频技术的创新与应用。这些实践取得一定的成效，吸引了国内外致力于文化与科技融合的企业、领军人才，共同开辟了高质量发展的新赛道，形成新质生产力。在这一过程中，湖南的文化企业表现卓越，主要经营指标在全国名列前茅。2022 年，湖南拥有规模以上的文化企业 4027 家，实现营业收入 3897.81 亿元，同比增长 9.8%，远超全国及中部地区的平均增速。[①] 在全国范围内，湖南的文化企业的营业总收入、资产总额、净资产以及国有资本保值增值率均稳居前三，显著领先于其他地区。这一成就不仅彰显了湖湘文化在推动地方经济发展中的核心作用，也体现了文化与科技融合的巨大潜力和实际成效。湖湘文化创造性转化、创新性发展，为湖南乃至全国的文化产业提供可资借鉴的经验和启示。

二　与现代科技发展相结合，湖湘文化创造性转化、创新性发展呈现一种向智、向融、向前沿的共生生态

湖湘文化创造性转化、创新性发展与科技创新的紧密融合，开创了一

---

① 《2022 年湖南省规模以上文化及相关产业企业营业收入增长 9.8%》，湖南省人民政府网站，2023 年 2 月 14 日，http://www.hunan.gov.cn/hnszf/zfsj/sjfx/202302/t20230214_29246547.html。

个多赢的局面。湖湘文化为科技进步提供丰富的思想资源和灵感，在科技的推动下，湖湘文化的表达方式、存在形态、价值内涵、传播载体以及生产实践均展现出前所未有的新面貌。与科技融合后，湖湘文化的传统元素以全新的形态呈现于世，既增强了时代感，又拓宽了传播途径。同时，湖湘文化深厚的文化底蕴也为科技创新提供独特的视角和创新思维，提高了科技成果的人文关怀程度，加深了其文化深度。这种文化与科技的良性互动，不仅活化了传统文化的传承，也为科技创新注入了生命力，共同推动社会向更加文明、进步的方向发展。

（一）湖湘文化是科技创新的智慧源泉

在科学发展的历史长河中，文化始终扮演着不可或缺的角色，为科技创新提供着源源不断的滋养与支持。科技创新是在科学理论和技术应用领域不断追求新颖性与创造性的活动，不仅是技术层面的革新，也是人类对自然和社会认知的深化与扩展。文化，作为一种深层的社会意识形式，具有认知、引导、认同、积淀、创新、交流等多重功能，塑造了人们的世界观和价值观。科技创新的主观社会基础在于其所处的文化环境，一个良好的文化环境对于促进科技的进步与创新具有不可替代的作用。

湖湘文化历经千年的演变，在精神层面激励着人们不断进取，在实践层面为科技创新提供必要的知识、人才、精神支撑。湖湘文化蕴含的"敢为人先"的创新精神和"实事求是"的务实态度，为科技创新提供源源不断的主体动力和清晰的方法论指导。历史上的湖湘人士，如屈原、魏源等人的精神思想，至今仍激励着后人勇于探索未知领域。湖湘文化中的实用主义传统引导科技创新走向实用化、市场化。湖南人实事求是的态度使得科技研发更注重实际效果和应用前景，这有助于科技成果转化为实际生产力。同时，湖湘文化中的集体主义精神能够促进团队合作和跨学科协作，这对于复杂科学技术问题的解决至关重要。湖湘文化强调开放包容的态度，这能够促进科技交流与合作，加速知识的流动和技术的迭代。

湖湘文化与科技创新的融合并非偶然，而是历史与现实交织的必然结果。在科技的赋能下，通过数字化、智能化、可视化等现代科技手段，拓展技术在湖湘文化发展中的场景，湖湘文化将在新时代焕发出新的光彩，促进文化产业和文化事业的发展。而科技创新也将因汲取了湖湘文化的智慧而为人类社会的进步做出更大的贡献。

（二）湖湘文化赋予科技创新以人文关怀和价值引领

在全球化和信息化的大背景下，科技创新如同一股不可逆转的潮流，已成为推动社会发展的核心动力。它以前所未有的速度和规模，改变着人类的生活、工作和思维方式。然而，技术进步的双刃剑特性也日益凸显，科技飞速发展在带来巨大便利的同时，也引发了一系列伦理、道德等方面的问题，这些问题亟待我们深入思考和应对。

在这一过程中，文化的作用不容忽视。文化不仅是社会发展的精神纽带，更是引导科技创新沿着正确轨道前进的关键因素。它为科技发展提供丰富的价值观念、伦理原则和人文关怀，帮助在追求效率和创新的同时，不失对人的尊严和社会责任的坚守。文化的核心价值和道德规范，为科技创新设定了必要的边界，确保科技进步与人类文明和谐共生。

湖湘文化的创造性转化、创新性发展不仅是对传统文化的传承，更是对现代科技进步的积极回应。它通过文化的力量，促进科技与人文的和谐统一，为科技创新提供丰富的精神资源和坚实的价值支撑，确保科技进步符合人类的根本需求和社会的可持续发展方向。

湖湘文化不仅为科技创新提供丰富的创意与智慧，更重要的是，它赋予了科技创新以深厚的人文关怀和价值引领。湖湘文化的创造性转化、创新性发展，将历史与现代相结合，既展现地域特色，又体现时代精神。这些文化特征在形成人文关怀和核心价值方面起到至关重要的作用，湖湘文化的创造性转化和创新性发展不仅继承了传统的人本主义，也关注现代人权、尊严、自由与平等等理念。湖湘地区的历史传统和哲学思想，如"屈子遗风""岳麓书院"的学术精神等，使人文关怀具有丰富的文化底蕴。湖湘文化所强调的"仁爱""诚信""礼义""勇敢"等人文精神，在现代化转型中得到新的诠释和弘扬。这些价值观的融入，确保了科技进步的方向，防止了技术偏离人性化的发展轨道。人文关怀促使研发者深刻关注技术对人的影响，重视用户体验和社会责任，确保技术的发展方向和应用结果是满足人的根本需求和社会的可持续发展需求。现代社会变革和科技发展的现实需求，促使湖湘文化在现代化转型中不断更新其价值体系，强调科学精神与人文精神的统一。

湖湘文化经过现代诠释，形成了以人为本、服务社会大众的理念，这与当代科技发展的"以人为中心"的理念不谋而合。科技创新不仅要追求技术的进步和效率的提升，还要关注技术发展对人类社会的影响，确保科技创新服务于增进人类的福祉。

湖湘文化创造性转化、创新性发展的核心价值塑造与传承，引领了科技创新的价值取向。湖湘文化中的"敢为人先""自强不息"等价值观念，激发了科技创新过程中众人的进取精神和探索勇气。"实事求是"的态度要求科技工作者们在实践中坚持真理，追求精确与客观，保证了科技创新活动的科学性和严谨性。这些文化价值观念在现代化转型中被赋予了新的时代内涵，成为引导科技创新健康发展的重要力量。

由湖湘文化的现代化转型所形成的人文关怀和核心价值对科技创新起到积极的引领作用。一方面，人文关怀确保了科技创新活动始终以人为本，关注技术对社会和个人生活的正面影响，避免了科技决定论和人类异化的问题。另一方面，核心价值如创新、协作、开放、包容等，成为科技创新活动的基石，激发了科技工作者的热情和创造力，推动了科技成果的社会应用和产业化进程。

（三）湖湘文化丰富科技产品的文化内涵和审美价值

在当代社会，科技化、数字化、智能化已成为常态，与人们的日常生活紧密相连。随着产品功能的同质化趋势日益明显，文化内涵和审美价值成为品牌和产品区分度的重要标识。湖湘文化的创造性转化、创新性发展，不仅极大地丰富了产品自身的价值，也为消费者提供了更深层次的体验，使科技产品得以承载独特的文化内涵和审美价值，从而对创新起到显著的推动作用。首先，湖湘文化创造性转化、创新性发展为科技产品注入了深厚的文化底蕴和独特的地方特色。在继承优秀文化的基础上，将之与现代元素的有机融合，如将湘绣、湘瓷等非物质文化遗产元素融入现代产品设计，赋予产品新的文化内涵。这使文化产品和服务成为带有故事、情感和意义的文化载体。

其次，随着产品文化内涵的丰富，湖湘文化满足了消费者个性化和精细化的精神需求，显著增强了产品的市场竞争力。湘绣、湘瓷、湘烟花等文化产品，将湖湘文化中独特的艺术精髓和审美意蕴创造性地融入科技化的产品设计中，提升了产品的美学价值，并开辟了新的市场空间。融入湖湘文化元素的文化科技产品能够引起用户的文化共鸣，提高用户忠诚度，从而扩大品牌的市场影响力。

最后，审美价值的增加对提高产品的设计和工艺水平起到积极的推动作用，促进湖南制造业向更加精细化和艺术化的方向发展。湖湘文化的创新性融入，不仅为产品设计带来了新的灵感和动力，也为制造业的转型升级提供了新的思路和方向，推动整个行业的创新发展。

湖湘文化创造性转化、创新性发展为科技产品赋予了新的生命和价值，不仅丰富了人们的精神世界，也为科技与文化的深度融合提供成功的案例和经验，展示了文化与科技相互促进、共同发展的广阔前景。

三　与社会治理相结合，湖湘文化创造性转化、创新性发展推动形成了一种凝聚共识、向上向善的社会气象

近年来，一些基层组织不断探索充分发挥中华优秀传统文化在社会治理领域的强大作用，为新时代基层社会治理创新提供范例，彰显中华优秀传统文化创造性转化和创新性发展的时代价值。湖湘文化不仅为社会治理提供了丰富的文化资源，而且有效地促进了社会公平正义，激发了社会创新活力，并强化了社会凝聚力。湖湘文化创造性转化、创新性发展推动形成了一种凝聚共识、向上向善的社会气象。

（一）凝聚发展共识，构建共治共享的社会治理格局

共建共享的社会治理模式代表了一种创新的社会治理思路，其核心理念在于坚持以人民为中心的发展思想，推动社会各阶层积极参与。这种模式旨在通过调动一切积极因素，促进政府治理与社会自治之间的良性互动，以实现利益的合理分配、资源的均衡调配，维护社会秩序的稳定与和谐。德国哲学家哈贝马斯的沟通行动理论，为这一治理模式提供理论支撑。该理论特别强调在社会行动中达成共识的重要性，认为通过理性的沟

通和协商，可以形成广泛的共识。这种共识是社会行动成功的基础，能够汇聚分散的力量，形成推动社会合作与进步的强大合力。[①]

在共建共享的社会治理实践中，凝聚共识尤为关键，它不仅指明社会成员共同努力的方向，也是实现社会治理现代化的重要途径。因此，为了构建一个共治共享的社会治理格局，必须重视并积极促进理性对话和沟通，以形成广泛的社会共识。这要求政府、社会组织、公民个体以及其他利益相关者共同努力，通过参与和协商，找到共同的利益点和价值取向。

湖湘文化以其深厚的历史积淀和独特的地域特色，为构建共治、共享的社会治理格局提供丰富的精神动力，奠定了社会基础。一是价值认同构成了坚实的基础。湖湘文化的创造性转化与创新性发展，凝聚了公正、创新、包容等价值，为社会治理注入了丰富的文化理念，提供了价值支撑。二是目标统一是实现共治共享社会治理格局的前提。湖湘文化凝聚了对文化发展方向的共识，明确了社会治理应追求的价值，有利于凝聚各方力量形成合力。这一过程促进了社会各界积极参与，而且增强了社会治理的内生动力。三是参与热情是实现共治共享的关键。共识的形成需要社会各界的广泛参与和积极讨论，这不仅有利于激发公众参与社会治理的热情，而且为实现共治共享注入了源源不断的活力。通过广泛的社会参与，不同利益相关方的诉求得到充分的表达和协调，决策过程更加透明。四是公信力的建立是实现共治共享的有力保证。在形成共识的过程中，不同利益相关方的诉求得到充分的表达和协调，决策过程更加透明。这种透明能够增强公众对社会治理的信任和认同感，为实现共治共享营造了一个良好的社会环境。公信力建立，进一步推动社会各界对治理过程的理解和支持，为社会治理的长期稳定和发展打下了坚实的基础。

在实践中，湖南一些地区的基层组织已经有效地利用湖湘文化的精髓，成功地在社区、乡村形成共识、建立社区规范，并促进集体行动。这一过程推动陌生社会向熟人社会的积极转变，并且为基层治理"立德铸魂"。湖湘文化所蕴含的丰富历史信息、独特的价值观念以及深厚的精神

---

① 高瑞华：《哈贝马斯的协商民主理论研究》，博士学位论文，南开大学，2014。

性资源，为乡村振兴提供强大的内在动力和坚实的精神支撑。这些文化元素不仅加深了社区成员之间的相互理解和认同，而且为社区的和谐发展和凝聚力的提升奠定了坚实的基础。湖湘文化的精神性资源，如历史人物事迹、传统节庆习俗，以及地方特色的手工技艺等，都是连接过去与现在、个体与集体的桥梁。它们在乡村振兴中发挥着至关重要的作用，不仅能够促进当地经济的多元化发展，而且能够丰富农村文化生活，增强农村地区的文化自信。此外，湖湘文化在创造性转化、创新性发展过程中，不断吸纳现代元素，与现代社会的价值观念和生活方式相融合，形成具有时代特色的新型表达方式。这种文化的现代表达方式，不仅使传统文化更加贴近现代人的生活，而且为乡村振兴注入了新的活力和创新思维。

如湖南安化县坚持因地制宜，立足乡村实际，把乡村文化与湖湘文化、现代文明要素、农村农民发展需求等结合起来。因地制宜确定了文化主导型、文明创建型、文旅产业型等发展类型，明确发展方向和重点。探索"自元书法文化+乡村建设"发展路径，把乡村特色文化融入美丽庭院、美丽屋场、美丽乡村建设，在主题定位、建筑外观、房屋内饰、装修风格等方面体现地域特色，彰显文化气质；"家谱家训文化+自主管理"模式，将湖湘文化转化成内生动力，激励群众艰苦奋斗、自立自强，自觉参与乡村振兴事业，有力推进了乡村发展；"湖湘道德文化+基层自治"模式，助推实现网格化管理，通过创建村民道德档案，进行登记、公示、评比，激发群众荣誉感。

（二）塑造文明之风，涵养向上向善的社会风气

文化作为社会的灵魂，不仅反映了一个地区的历史和传统，而且在塑造社会成员的价值观和行为模式方面发挥着决定性作用。文化也是社会发展的动力，决定社会发展方向。个体的道德认知，是通过教育以及社会文化的潜移默化的影响而逐渐形成的。在这一背景下，湖湘文化的创造性转化与创新性发展显得尤为重要。它借助文化的"立德铸魂"作用，培育了文明风尚，塑造了一种积极向上、向善的社会风气。

湖湘文化，作为一个独具特色的文化体系，在湖南人民的家风建设中产生了深远的影响。家风是家庭风气和风尚的体现，涵盖了一个家庭

或家族代代相传的价值观念、行为规范以及生活方式。湖湘文化所强调的忠诚、孝顺、仁爱等价值观念，为家风建设提供丰富的价值资源和坚实的道德支撑，促进形成以德治家的良好家风，这不仅强化了家庭成员之间的联系和责任感，而且促进和谐家风的形成。湖湘文化中的家族观念和集体主义精神，能够进一步增强家庭成员的凝聚力和归属感。这种文化背景下的家风建设，不仅仅是对传统价值的传承，更是对现代社会道德和伦理的一种积极回应。弘扬湖湘文化中的优秀元素，能够使人们在现代社会中找到归属感，同时，也能为社会培养出更多具有责任感和道德感的公民。

湖湘文化作为湖湘地区重要的文化遗产，对于提升公民道德素养起到极大的促进作用。在当代社会，公民的道德素养是推动社会文明进步和实现国家治理现代化的重要基础。湖湘文化承载着丰富的道德理念和人文精神，对于提升公民的道德素养具有不可忽视的积极作用。一是内化驱动。湖湘文化中的道德观念如忠诚、孝顺、仁爱等，通过教育、家庭传承和社会传播等途径，被内化为公民的个人信仰和行为准则。这种内化过程是公民道德素养提升的途径。二是实践驱动。湖湘文化的道德观念并不停留在理论层面，能够通过各种社会实践活动体现和强化。如通过志愿服务、社区活动等形式，公民可以将道德观念转化为具体行动。

湖湘文化"铸魂"，不断丰富人民精神世界、增强人民精神力量。充分挖掘和利用湖湘文化中的积极因素，将传统文化与现代发展需求相结合，提升乡村经济发展水平，促进社会和谐稳定。比如，在乡村文明实践中，湖湘文化对于大力培育文明乡风、良好家风、淳朴民风，提高乡村社会文明程度，发挥了重要的作用。湖南隆回县在保护传承的基础上推动优秀传统乡村文化创造性转化、创新性发展，不断赋予其新的时代内涵，丰富其表现形式，展现乡村文化的内在魅力。深入挖掘湖湘文化中蕴含的优秀思想观念、人文精神、道德规范，推进"群众文化+""名人文化+""本土化""文化遗产+"工程，通过举办村晚、广场舞等活动，凝聚人心、教化群众、淳化民风。以村民为主体，以丰富农民精神文化生活引领乡村风尚向上向美向善为根本目标，使乡村文明焕发新生机。益阳清溪村借助文学力量助力乡村振兴，以湖湘文化中的"立波精神"育人，打造"清溪讲堂""耕读清溪"品牌，举办"十星级文明户""最美家庭"等评选活动，大力培育良好家风、淳朴民风和文明新风。村民不仅"钱袋子"鼓起来了，文化生活"美"起来了，更重要的是精神"富"起来了。

第四章　湖湘文化创造性转化、创新性
发展的成就与挑战

　　湖南自古有"古道圣土""屈贾之乡""潇湘洙泗"之称，历史上造就了"惟楚有材，于斯为盛"的局面。作为中华文明的重要组成部分，湖湘文化历经数千年的沉淀与发展，形成了丰富的历史文化遗产，在现代社会中展现出其独特的魅力与活力。近年来，湖湘文化的发展成就显著，不仅在保护与传承上取得可喜的进展，更在文化创新与产业发展上实现了突破。然而，湖湘文化创造性转化、创新性发展也面临着不少挑战，需在文化资源保护与利用、文化产业结构优化、文化人才队伍建设、文化对外交流等方面下功夫，以期在新时代继续书写"惟楚有材，于斯为盛"的湖湘文化发展新篇章。

第一节　湖湘文化创造性转化、创新性发展的成就

　　湖湘文化发展坚持以马克思主义世界观方法论为指导，以习近平文化思想为引领，正确处理传承与创新、传统与现代、精神与物质、历史作用与现实价值等各种关系，积极探索转化创新方式，不断拓宽转化创新路径，在推进实现中华优秀传统文化创造性转化、创新性发展的道路上迈出了坚实步伐，取得丰硕成果和丰富经验。

一　精品力作不断：湖湘文化最认真的弘扬

　　文艺精品是弘扬湖湘文化最深入人心、影响最久远的形式。屈原的《离骚》，柳宗元的《永州八记》，周敦颐的《爱莲说》，范仲淹的《岳阳楼

记》，曾国藩的"家书"……这些文学经典，代表着湖湘文化的精髓、气韵和神采。

现代湘籍作家具有鲜明的湖湘文化精神，湖湘文化精神在他们身上及其作品中得到生动的展示。现代湘籍作家深受湖湘文化的熏陶，充分发挥文学作用，表现出强烈的政治关怀，执着于个性解放，追求自由独立人格精神，关注社会底层民众生活，创作方法上以现实主义为主而又不乏浪漫主义，这表明现代湘籍作家与湖湘文化具有紧密的联系：一方面，现代湘籍作家对湖湘文化传统进行了很好的继承；另一方面，他们又与时俱进，紧密结合时代的发展，对湖湘文化进行创造性转化和创新性发展，将湖湘文化精神提升到一个新的高度，丰富了现代文学内容，对中国现代文学的发展具有重要意义。[①]

党的十八大以来，湖南坚持把创作生产优秀作品作为工作的中心环节，以人民为中心，与时代同步伐。"文艺湘军"创作的精品力作丰富了百姓精神生活，在深化人们对湖湘文化的认知和理解方面发挥了不可替代的作用。通过"文艺湘军"的创作实践，湖湘文化的内在价值和独特魅力得以充分展现，湖湘文化的精神内核和时代风采更加深入人心。一是文艺精品"百花齐放"。文学精品代表一个时代的风貌，引领一个时代的风尚。近几年来，长篇小说《家山》、报告文学《大湖消息》在全国引起较大反响。在戏曲舞台剧方面，民族歌剧《英雄》《半条红军被》等 11 部作品入选全国"百年百部"舞台艺术精品创作工程。花鼓戏《蔡坤山耕田》荣获第 24 届曹禺剧本奖，话剧《沧浪之水》荣获第 24 届曹禺剧本奖提名，京剧表演艺术家张璇荣获第 30 届中国戏剧梅花奖。花鼓戏《山那边人家》为"文华大奖提名剧目"，湘剧《忠诚之路》荣获"文华导演奖"，《大地颂歌》等 15 部戏剧作品获评湖南省第十五届精神文明建设"五个一工程"奖。大型历史史诗剧《天宠湖南》集中展现了湖南人向死而生、为国奉献的精神特点。《热血当歌》以"舞"讲述田汉、聂耳等进步青年的追求与担当，获得了湖南历史上首个荷花奖。大型交响组曲《岳麓书院》在 2023

---

① 吴正锋：《论现代湘籍作家与湖湘文化精神的关系》，《江汉论坛》2018 年第 7 期。

年长沙新年音乐会奏响，弘扬湖湘文化。

二是影视电视剧演绎湖南故事。从电视剧《问苍茫》、电影《长沙夜生活》《学爸》到纪录片《中国》第三季、《岳麓书院》，舞剧《热血当歌》，从《文学里的村庄》《盛世修文》到《楹联里的湖南》《百炼成钢》《理想照耀中国》《麓山之歌》《底线》，以及文艺节目《声生不息》等，湖湘文化精品迭出。大型史诗歌舞剧《大地颂歌》艺术地再现了"精准扶贫"这场伟大的人类实践，被誉为"具有新史诗体量、容量、分量的文艺扛鼎之作"。现实题材影片《长沙夜生活》首次以电影方式塑造了长沙筑梦之地、幸福之城和快乐之都的城市形象。重工业题材电视剧《麓山之歌》献礼党的二十大，用影视语言勾画我国装备制造业发展历程，获得收视率、口碑双丰收。电视剧《共产党人刘少奇》、电影《十八洞村》、图书《乡村国是》、歌曲《你笑起来真好看》等一批作品彰显中国精神、时代特征、湖湘气韵，获全国精神文明建设"五个一工程"奖。

三是文化惠民活动温暖人心，点亮百姓生活。从"绿水青山就是金山银山"——大美潇湘系列山水画展到"我的村庄"乡村振兴影像大展，到"江山壮丽、人民豪迈"主题书法作品展……湖南积极开展文化惠民活动。举办省级重点艺术活动、湖南艺术节，组织庆祝建党百年全省美术书法摄影展、"清廉湖南 红色文旅"湖南省优秀剧目展演、湘鄂赣三省优秀精品剧目交流展演、"艺宣二十大·奋进新时代"湖南省美术书法摄影精品展等活动，打造群众文艺的惠民品牌。"湖南戏曲春晚""送戏曲进万村、送书画进万家""雅韵三湘"等高雅艺术普及活动和"欢乐潇湘"群众文化系列活动，获得广泛好评。

四是推动"文艺湘军"可持续发展。出精品，关键在人。湖南积极探索文艺人才队伍培养方式，完善保障机制，通过评选首批新文艺群体领军人才、实施湖南省文艺人才扶持"三百工程"等举措，激励敢为人先、守正创新的湖南文艺界人士努力创作出无愧于时代的弘扬中国精神的优秀作品，用精品力作开辟文艺新境界。2023年"芙蓉计划"湖南省文化领军人才、文艺扶持"三百工程"等项目再次启动，提升了创新活力，激发了文化发展内生动力。

二 对不可移动历史遗产的保护和利用：湖湘文化传承有力抓手

不可移动历史遗产，包括古遗址、古墓葬、古建筑、石刻及其他具有历史、科学、艺术价值的遗迹，是湖湘文化的重要载体。保护和利用好不可移动历史遗产，对于传承湖湘文化、弘扬中华优秀传统文化具有重要意义。

（一）湖湘文物保护利用工作扎实推进

湖湘文物年代跨度长，从史前文明到近现代文明，形成了众多的文化遗产，这些文化遗产全面参与和见证了中华文明史、文化史。近年来，湖南深入学习贯彻习近平总书记关于文物工作重要指示批示精神，坚持新时代文物工作方针，全面推进文物保护利用，不断提高历史文化遗产保护利用水平，扎实推动湖南文物保护利用工作取得新成效绽放新光彩。政策法规体系逐步完善。湖南印发《加强全省文物保护利用工作的意见》《关于在城乡建设中加强历史文化保护传承的实施意见》，湖南省委宣传部联合有关单位印发《文物保护利用"六大工程"实施方案》，大力推进文物保护利用"六大工程"（文物考古和保护工程、湖湘文化保护传承工程、革命文物保护传承工程、让文物活起来工程、文物数字化工程、文物人才队伍建设工程），"两馆两园两体系"（没有围墙的革命历史博物馆、创建中国特色世界一流博物馆、长征国家文化公园湖南段、长江国家文化公园湖南段，湖湘历史文化保护传承体系、湖湘文化特色博物馆体系建设）保护和建设取得重要进展。《湖南省传统村落保护利用条例》被列入省人大2024年立法计划，针对4个国家历史文化名城出台保护条例。

按照"应保尽保"原则，大力推进历史文化街区和历史建筑普查认定、挂牌、测绘建档工作，认真开展中国历史文化名城、名镇、名村申报工作。湖南有不可移动文物2万余处、可移动文物200余万件（套），其中，全国重点文物保护单位229处，数量位居全国第八。湘西州、汝城县、溆浦县、永定区被列为全国传统村落集中连片保护利用示范州、示范县（区）。鸡叫城遗址等13项成果获评"全国十大考古新发现"，马王堆汉墓等4项成果获评"百年百大考古发现"。丰硕的考古成果力证湖湘文化萌发较早，印证了湖湘文化在人类起源、农业起源、中华文明起源等方面的重要成就。2022 年以来发掘出土 1 万余枚三国时期吴国简牍，这是湖南简牍的又一次重大发现，为研究古代中央政权对南岭地区的开发和有效治理提供重要佐证。郴州临武县汾市镇渡头古城遗址是湘粤古道上保存最完整的一处古城邑聚落遗址，2023 年底，国家文物局通报四项"考古中国"重大项目重要进展，该古城遗址赫然在列。

加大文物保护传承力度。启动《湖湘文化续编》《湖南历代方志集成》等重大古籍整理出版项目，打造新时代湖湘文化新经典。2023 年 1 月 3 日，国家文物局核定并公布了《第一批古代名碑名刻文物名录》，包含古代碑刻、摩崖石刻等文物共计 1658 通（方），湖南拥有 57 方。2023 年，国家文物局正式同意创建湖南长沙湘江文化遗产国家文物保护利用示范区，湖南实现国家文物保护利用示范区"零"的突破。此外，万里茶道（湖南段）、侗族村寨（通道侗族自治县、绥宁县）、海上丝绸之路（长沙铜官窑遗址）、凤凰区域性防御体系、永州摩崖石刻群、中国明清城墙（茶陵古城墙）等 6 个项目被列入中国世界文化遗产预备名单。张家界桑植官田遗址是目前南方地区面积最大的汉晋时期铁器生产加工遗址。2023 年，湖南博物院获得国字号金牌认证——在"中华文明系列"之"王者归来——中国古代青铜器巡礼"原创主题大展中获评"全国博物馆十大陈列展览精品"；在第六次博物馆运行评估（2019～2021 年度）一级博物馆评估中，湖南博物院与故宫博物院、国家博物馆等 13 家博物馆从 127 家一级博物馆中脱颖而出。在第二届全国文博社教十佳案例宣传推介活动中，长沙简牍博物馆的"听见简牍"系列文博广播融媒体项目获评"全国文博社教十佳案例"。

（二）古城古镇古村保护成绩斐然

湖南历史文化底蕴深厚，资源丰富。湖南有序推进各地历史文化名城名镇、历史街区、传统村落保护利用规划编制工作，出台《湖南省传统村落保护发展规划（2015—2030）》《湖南省传统村落保护规划技术导引》等指导性文件，湖南省 704 个中国传统村落中 658 个已实现保护利用规划编制。

古城古镇古村保护传承呈现鲜明特点，一是资源总量大，类型种类多。无论是住建系统的古建筑、古街区、传统村镇，文化系统的文物、非遗，还是工农业系统的工业文化遗产、农业文化遗产，在湖湘地区均有分布。湖南共有 704 个村落入选"中国传统村落"名录，数量居全国第三，全国爱教基地、全国重点文保单位、国家考古遗址公园数量居全国前列，是当之无愧的文化遗产大省。据统计，现有 4 个国家历史文化名城、10 个中国历史文化名镇、25 个中国历史文化名村，共划定历史文化街区 53 片、历史建筑 2482 处、历史地段 20 片、历史街巷 53 片、其他类型风貌区 35 片，有国家级非遗项目 137 个、国家工业遗产 6 处、中国重要农业文化遗产 8 处、水利文化遗产 21 处、地名文化遗产 66 条、自然文化遗产 8 处、20 世纪建筑遗产 9 个、古树名木 239143 棵、文化生态保护区 4 处。① 二是分布地区广，地域特征强。从南到北、从东到西，从城市到乡村、从山区到湖区，全省各地均分布有文化遗产。三是历史悠久，如凤凰古城拥有 2000 多年的历史，板梁古村距今已有 600 多年历史。这些古村落不仅见证了湖南地区的发展变迁，也承载了丰富的历史文化信息。四是地理位置优越，建筑风格独特。湖湘地区的古城、古镇和古村落中保留了大量的传统建筑，其风格多样，有明清时期的徽派建筑，有地方特色鲜明的湘西吊脚楼，这些独特的建筑风格不仅反映了古村落的历史变迁，也展现了湖南地区独特的建筑艺术。湖南的古城、古镇和古村地理位置优越，依山傍水，风景秀美。凤凰古城坐落在湘西土家族苗族自治州的凤凰县，地理位置优越，依山傍水；板梁古村依山就势，环境宜人。这样的地理环境为古村落的发展提供了得天独厚的条件。

（三）红色文化在新时代焕发新的生命力

强化红色资源保护，摸清湖南红色资源家底、保存现状及在全国的地位。目前，全省不可移动革命文物 2300 余处，省级以上革命文物保护单位 517 处、革命纪念馆 76 家，革命文物资源总量和重要革命文物资源数量均居全国首位。发布加强革命历史类纪念设施、遗址遗迹和爱国主义教育基

---

① 湖南省委宣传部理论学习中心组：《努力探索文化遗产保护传承路径》，《红旗文稿》2024 年第 3 期。

地建设管理系列文件。编制《长征国家文化公园（湖南段）建设保护规划》，对湖南境内长征主题遗址遗迹、纪念设施分门别类编制相关保护规划。印发《湖南省革命文物保护利用工程（2020—2022年）实施方案》，出台《湖南省红色资源保护和利用条例》，推动湖南红色资源保护利用步入法治轨道。

增加保护投入，近五年来，国家、湖南省及下辖各市县共投入8.16亿元，组织实施革命文物修缮保护项目400余个。加强红色文化研究和教育。建立传承红色基因社科研究基地，深化对"半条被子"精神、陈树湘精神、袁隆平精神等的研究。开展"沿着总书记的足迹"主题宣传活动，推出"湖湘潮·百年颂""百年大党·风华正茂"等系列专题专栏，创作《理想照耀中国》《百炼成钢》《忠诚之路》《半条红军被》《湖湘红色基因文库》等一批优秀文艺作品和出版物，举办"百年正青春""百团百角唱百年"等主题文化活动和"潇湘红色故事汇·百年激荡青春潮"湖南大学生红色故事讲述大赛，常态化开展"走进红色课堂传承红色基因""新时代先进人物进校园"等主题活动，引导广大青少年知史爱党、知史爱国，让红色基因、革命薪火代代相传。

推动红色文化传承利用。高标准推进长征国家文化公园（湖南段）、湖南革命军事馆等的建设。重视做好红色文化传承工作，实现全国"三个率先"：率先推进毛泽东同志故居、秋收起义旧址等革命文物整体保护利用；率先制定红色资源保护利用地方法规；率先将文物安全纳入市州绩效考核。另外，湖南开展湖湘珍贵红色资源数字化保护工作，实现红色资源物质形态与数字形态的融合融通，加大对红色题材文艺创作生产的扶持力度。

三　创新湖湘文化传承传播表达形式，拓宽传播渠道

湖湘文化在传承创新中实现现代化表达。党的十八大以来，湖南建设了湘学、楚文化、汉文化和梅山文化等研究展示基地及湖湘特色文化产品原创基地，深入挖掘、研究和阐释优质文化，发掘全省优秀传统文化、革命文化和社会主义先进文化中的文化形态元素、物质要素、精神要素、语

言和象征符号要素等，赋予时代内涵，创新现代表达方式。以艺术创作、作品展陈、文化旅游和文创产品等形式，将文化精神以新颖的形式呈现给公众，使之在现代社会中焕发新的活力。

依托现代科技，让收藏在展馆里的文物、陈列在湖湘大地上的遗产、书写在文献里的文字"活"起来。促进文化和科技深度融合，运用先进技术，增强湖湘文化的传播力、吸引力、感染力。不断加快湖湘文化资源的数字化进程，将古籍文献、文物藏品、非物质文化遗产等大量文化资产转化为数字形态，通过云端存储、大数据分析、AI识别等技术手段对其进行管理和利用。湖南各大博物馆纷纷推出线上展览、虚拟漫游、数字藏品等服务，使公众能够在互联网上便捷地接触和了解湖湘文化。湖南博物院正在利用数字化技术对馆藏文物和马王堆文化遗产进行数据化管理和开发利用。数据开源赋能文化资源，永州浯溪碑林产业，进行了数字化修复，借助计算机的算力支持，使字迹在图像上显现，让刻痕变得更加清晰，甚至在雕刻类文物的数据修复技术下，字迹能够达到唐代、宋代时期的刻痕深度。

科技与湖湘文化深度融合催生出众多新产品、新业态。如AR/VR技术应用于湖湘历史遗址复原、民俗文化体验，让观众身临其境感受传统文化魅力；人工智能、大数据等技术在湖湘文化研究、传播、教育等领域发挥作用，提高了研究效率，扩大了传播覆盖面，丰富了教学手段。运用5G技术，对湖湘红色文化景点进行场景化设计。借助先进的穿戴设备和智能交互终端，实现文化资源可感、可听、可体验的数字化场景建设，让文化内容"活"起来。基于湖湘珍贵革命文物数字化保护项目的数据采集成果，成功出版《红色宝藏》。

积极构建科技赋能文化创新的平台与基地，如设立文化科技融合创新实验室、数字文化产业园等，集聚科研机构、企业、人才等资源，推动技术研发、成果转化、产业孵化等工作，为科技赋能湖湘文化发展提供良好的生态环境。云上湖南非遗馆通过互联网平台构建网上立体空间，形成"非遗展示+""云上推介+电商平台+精准扶贫"的模式，为湖南非遗保护传承发展创造了新动能。

　　湖湘文化资源活化利用方式不断创新。因地制宜发展"文化遗产+旅游""文化遗产+农业""文化遗产+康养""文化遗产+电商"等业态，多样化展示历史文化、传统技艺和民俗风情，激活了优秀传统文化，涌现了凤凰县、芙蓉镇等多个文化旅游深度融合的典型。"古色""红色""绿色"交相辉映，旅游业融合发展势头强劲。以湖南博物院为代表的一些文保单位成为受关注的对象，全省文物保护单位每年接待游客上亿人次。全省博物馆年接待游客总量超过4600万人次，数量位居全国第三。要把老祖宗留下来的宝贵财富守护好，把老祖宗的财富运用好。千年学府岳麓书院书声琅琅，湖南博物院"一票难求"，文创、国潮热度持续攀升。人们身着汉服，嗅着稻香，吃着非遗米粉，在"复刻"老长沙景象的餐厅、国风奶茶店门前排起长龙，在寻常烟火间感受传统文化的魅力。

四　非物质文化遗产推陈出新

　　湖南非物质文化遗产与湖湘文化之间的关系，可谓源与流、体与魂的关系。这两者在中国传统文化的宏大背景下，共同描绘了一幅五彩斑斓、底蕴深厚的文化画卷。

　　湖南是非遗资源大省，国、省、市、县四级名录体系构建完备，共10大类5254个项目，其中国家级非遗代表性项目137个、省级非遗代表性项目410个、市县级非遗代表性项目4707个，国家级传承人121人、省级传承人304人、市县级传承人4416人。昆曲、皮影戏、端午习俗、二十四节气等四项非遗被列入人类非物质文化遗产代表作名录。千两茶制作技艺、茯砖茶制作技艺、君山银针茶制作技艺等3个项目被文化和旅游部纳入人类非物质文化遗产代表作名录申报范围。2021年在全国率先开展红色非遗保护，将茶陵红色故事、韶山红色故事、蔡和森一家的革命故事、红军长征在新化的故事等红色非遗项目纳入省级非遗代表性项目名录，让红色文化融入中华优秀传统文化传承谱系。

　　湖南是全国非遗资源大省，也是非遗保护强省。一是建立非遗保护机制。全省设立省级非遗保护中心1个。14个市州设立非遗科（处）8个，挂牌6个；设立独立非遗保护中心7个，挂牌7个。全省127个县市区

（含 4 个地方经开区）设立独立非遗股 19 个，挂牌 108 个；设立独立非遗保护中心 33 个，挂牌 92 个。① 做到非遗保护专门机构省市县三级全覆盖，实现了非遗保护力量从无到有的历史性发展。联合湖南省委省政府等 18 个部门建立省非遗保护联席会议制度。联合湖南省中医药管理局等 7 部门开展传统医药类非遗部门协同保护，湖南省文化和旅游厅成为全国最早实行传统医药部门协同保护的省级文旅主管部门。

二是以"重保护、强融合、兴产业"为开发理念，通过非遗公益化、可视化和体验化等跨越融合手段，诠释非遗本源，激发非遗活力，连接现代生活，绽放时代光彩，讲好湖南非遗故事。通过非遗进村落、进景区、进校园等方式，加强文化生态保护区、非遗工坊、非遗村镇、非遗街区示范点建设，做响湘菜、湘茶、湘酒、湘瓷、湘绣、湘戏等"湘字号"品牌，消弭传统文化与时代的历史距离、与人民群众的心理距离，助力乡村振兴，提升人民群众的自豪感、幸福感和获得感。

三是推动非遗与旅游深度融合。非遗是最有活力、最有潜力、最适合做文旅融合文章的领域。国家提出文化旅游融合发展战略后，2019 年湖南省文化和旅游厅联合岳阳市政府举办"祖国长盛、非遗常青"系列活动，在 5A 级景区内举办传统工艺展、茶博会，以岳阳楼为背景举办非遗主题晚会，征集评选"非遗+旅游"优秀论文，举办"非遗+旅游"学术论坛，探索非遗促旅游、旅游助非遗的路径。2020 年将首届湖南非遗购物节启动仪式时间放在"5·19"中国旅游日，地点放在 5A 级景区桃花源。2021 年把"文化和自然遗产日"宣传展示主场放在南岳景区。2021 年发布推出"鱼米之湘·非遗环湖"之旅、"千里湘江·非遗探源"之旅、"神秘湘西·非遗探秘"之旅等首批 10 条非遗主题（研学）旅游线路，覆盖 14 个市（州）100 个县（市区），串联 156 个传承传习点，涉及 367 个非遗项目。2022 年联合省中医药管理局策划"楚韵湖湘·养神"之旅、"神奇湘东·养肺"之旅、"世外桃源·养心"之旅等 6 条中医药康养旅游精品线路，评定了一批中医药康养旅游体验示范基地，非遗与旅游的融合程度持

① 《十年传承发展路 湖南非遗焕新颜》，光明网，2022 年 10 月 14 日，https://m.gmw.cn/baijia/2022-10/14/36081849.html。

续加深，融合效果不断增强。

四是服务国家重大战略。湖南 2018 年开始持续推动非遗助力精准扶贫，在全省 51 个贫困县共设立非遗扶贫就业工坊 152 家，涉及非遗项目 194 个，参与人口 12.9 万人，带动建档立卡户 7.2 万人在家门口就业，助力 6.8 万人脱贫，湖南"非遗+扶贫"经验在全国被作为典型推介。湖南在湘西依托苗绣、苗族服饰等项目启动"让妈妈回家"非遗扶贫计划，设立苗绣培训基地 20 多个，培训绣娘 6000 余人次。当前，湖南正在推动非遗助力乡村振兴，全省共设立非遗工坊 255 家，总投入 216945.15 万元。2023 年初在全国率先开展非遗工坊、非遗村镇、非遗街区省级示范点创建活动，出台有关扶持措施，重点奖补 50 家示范性非遗村镇、街区和工坊。2023 年，文化和旅游部在全国五省布置非遗助力乡村振兴试点任务，湖南成为试点省份之一。

五　向世界讲好中国式现代化的湖湘文化故事

深度探寻中华优秀传统文化的源头，解读其内在基因密码，提炼出"古今通理"的核心价值理念，打造文化标识，并赋予其与时俱进的时代内涵，实现其现代化的艺术表达与呈现，使湖湘文化不仅在中国本土发扬光大，更能跨越国界，走向世界舞台，彰显全球影响力。

一是打造海外传播新阵地，提升国际传播效能。"出湖向海"，湖南文化产品、文艺精品在世界舞台上展现魅力。2023 年 7 月，湖南国际传播中心应运而生，统筹全省国际传播工作，加快建设国际传播渠道账号矩阵，打造多元主体参与的"大外宣"格局。湖南日报社实施"海上芙蓉"国际传播项目，推出《出海记·走进非洲》大型融媒体报道，在马达加斯加、南非等多个国家落地传播，全网阅读量超 10 亿次。湖南广播电视台音乐文化交流节目《声生不息·港乐季》《声生不息·宝岛季》《声生不息·家年华》，成为影响海内外的爆款音乐综艺。湖南国际频道与非洲加纳黄金数字电视台合作成立加纳金芒果频道，覆盖西非和中非 23 国近 5 亿人口，这项成果被列入第三届"一带一路"高峰论坛成果清单。聚焦成都大运会、杭州亚运会等国际大赛，湖南体育产业集团打造有国际影响力的中国体育外宣平台。在第75届法兰克福书展上，湖南出版集团用多元化、多语种书籍和富含湖湘元素的设计，吸引国际友人纷纷拍照打卡，感受今日中国魅力。从老挝、东帝汶、印度尼西亚，到德国、法国、西班牙，再到墨西哥、古巴和多米尼加……2023年，湖南派出多批访问团分赴全球各地，开展经贸文化交流，深化务实合作，为高质量共建"一带一路"持续注入动力。2023年7月，湖南杂技中西文化交流系列活动启动。半年时间里，湖南杂技剧《梦之旅》团队巡演行程超3万公里，为西班牙76个城市的观众献上了154场精彩演出，观众超过20万人次。每到一处，"三湘四水相约湖南"文旅资源推介展便同步进行，文旅联动、以文促旅，进一步丰富了湖湘文化交流形式，拓展了交流空间。

二是着力挖掘其蕴含的中国式现代化发展智慧与精神力量，积极推动湖湘文化助力对外贸易高质量发展。湖南相继出台了《关于鼓励和支持文化产品和服务出口的意见》《关于促进民营经济高质量发展的意见》等一系列政策，鼓励民营文化企业勇闯国际市场，推动文化产品和服务出口大幅增长。推动文化走出去，讲好中国故事。中南传媒连续13届蝉联商务部等四部委联合评定的"国家文化出口重点企业"，被国家版权局授予"全国版权示范单位"，获得全国教育技术援外项目实施企业资质。其年均输出版权300多项，其中2022年输出331项，覆盖美国、加拿大、墨西哥、俄罗斯、日本等35个国家及地区，涉及32个语种。《十年：我们的故事》、《奔向共同富裕》、"今日中国系列"等一批讲述新时代发展成就的优质出版物走出国门。《孙子兵法》《山海经》《中国非遗》等图书实现多语种海外出版。《超级杂交水稻亩产900千克栽培新技术》（英文）、《十村记·精准扶贫路：花茂沃土》（德文）等图书入选"丝路书香"工程等外译项目。推进援柬埔寨教育技术援助项目、援南苏丹教育技术援助二期项目检查验收。

湖湘文化"走出去"迎来迭代升级机遇。据统计，2023年，湖南进出口总额年均增幅位居全国第一，与227个国家和地区建立经贸往来，"湘字号"企业走进109个国家和地区，在湘投资的世界500强企业达188家，中欧班列稳定运行1000列以上。马拉维共和国在长沙设立领事馆获批，国际友城达 104 座。中非经贸博览会长期于湖南举办，海关机构实现市州全覆盖，综合保税区和口岸等平台数量居中部前列。

第二节 湖湘文化创造性转化、创新性发展的时代机遇

党的十八大以来，湖南始终坚持以习近平新时代中国特色社会主义思想为指导，勇担新时代的文化使命，全力推动文化事业全面繁荣和文化产业高质量发展，为推动湖南实现从文化大省向文化强省的历史性跨越、建设现代化新湖南奠定了坚实基础。

一 全面开启社会主义现代化新征程的时代机遇

党的十九届五中全会明确指出，当前和今后一段时期，我国发展仍然处于重要战略机遇期。在新发展阶段，湖南的经济实力、科技实力、文化实力、人民生活水平将迈上一个大的台阶。习近平总书记高度重视湖南的发展，党的十八大以来多次到湖南考察调研，为湖南的发展把脉定向、指航引路。

2020 年 9 月，习近平总书记在湖南考察时强调，要着力打造国家重要先进制造业、具有核心竞争力的科技创新、内陆地区改革开放的高地，在推动高质量发展上闯出新路子，在构建新发展格局中展现新作为，在推动中部地区崛起和长江经济带发展中彰显新担当，奋力谱写新时代坚持和发展中国特色社会主义的湖南新篇章。① 这一重要指示从党和国家战略全局高度为湖南发展锚定新坐标、明确新定位、赋予新使命，为湖南发展指明了前进方向，提供了根本遵循。

2024 年 3 月，习近平总书记在听取湖南省委和省政府工作汇报时，提出两道"融合命题"。一是探索文化和科技融合的有效机制，加快发展新型文化业态，形成更多新的文化产业增长点。二是推进文化和旅游深度融

---

① 《瞭望·治国理政纪事｜打造内陆地区改革开放高地》，新华网，2023 年 11 月 11 日，http://www.xinhuanet.com/politics/leaders/2023-11/11/c_1129970023.htm。

合，守护好三湘大地的青山绿水、蓝天净土，把自然风光和人文风情转化为旅游业的持久魅力。①

湖南把打造"三个高地"作为实现高质量发展的重要抓手，坚持文化建设与经济建设、科技创新、改革开放等同步发展，发扬"敢为人先"的湖湘文化传统，充分融合文化要素，切实发挥"文化+"和"+文化"的赋能效应。

在打造国家重要先进制造业高地方面，湖南工程机械、轨道交通已成为"湖南制造"走向世界的两张名片。湖南不断挖掘并传承工业化历史进程中形成的文化精神，积极塑造和传播新时代的湖南制造形象，为制造强省的建设提供丰富的文化营养。通过创新发展工业设计、工业旅游、工艺美术等产业，湖南引导制造业企业将文化要素融入工艺创新、产品研发、质量管理等各个环节，显著提升了"湖南制造"的文化附加值和市场竞争力。在打造具有核心竞争力的科技创新高地方面，湖南把科技创新作为文化发展的重点，大力实施科技赋能文化产业创新工程，把文化作为科技创新的重要驱动力。总结国内外科技创新的经典案例，从完善创新制度、优化创新生态、弘扬科学家精神、提升全民科学素质等方面入手，营造了一种尊重科学、鼓励创新、包容失败的创新文化氛围。

在打造内陆地区改革开放高地方面，湖南人发扬其不怕苦、不服输的精神，以及内在的改革精神和开放意识，不断推进湖南的改革开放。湖南传承和发扬了湖湘文化中的改革图强、开放求变的文化精神，努力打造形成了干部敢为、地方敢闯、企业敢干、群众敢首创的良好风气。通过制度集成创新这一"万能钥匙"，湖南在推动长株潭要素市场化配置综合改革试点、中非经贸博览会创新发展、对接融入国家重大战略工程等过程中，进一步解放了思想，有效提升了湖南改革开放的能级和质效。

二 人民的美好生活向往是文化发展的机遇

新时代人民日益增长的美好生活需要无不渗透着尊严、体面、自由等

---

① 《联播+丨湖南之行 总书记提出两道"融合命题"》，光明网百家号，2024 年 3 月 24 日，https://baijiahao.baidu.com/s？id=1794385930925893123&wfr=spider&for=pc。

精神文化层面的因素。随着物质生活需要总体上得到满足，居民文化消费意愿愈发强烈，文化消费水平显著提升，在量和质上也都有了更高要求。在文化强省建设推进过程中，人民群众文化需求的增加，既是倒逼文化改革发展的重要动力，也是拓展发展空间的最大潜力。随着新发展格局不断得到巩固，消费对于经济增长的拉动作用进一步强化，湖南文化消费存在巨大增长空间。在内循环更加畅通的条件下，湖湘文化在中部地区乃至全国的影响力将日益增强，湖南文化产业的发展优势将进一步扩大。

中央经济工作会议要求把恢复和扩大消费摆在优先位置，增强民众消费能力，改善消费条件，创新消费场景。湖南在新消费、新零售、网红经济、夜经济等方面已形成很好的基础和态势。新消费品牌涌现，2023 年，长沙涌现出有一定影响力和活跃度的新消费品牌 80 余个，孕育了 2 家新消费独角兽企业和 5 家新消费未来独角兽企业，储备了 20 多家新消费上市后备企业，长沙成为我国独具特色的新消费品牌创新策源地，稳居城市新消费全国第一方阵前列。长沙夜经济在全国享有较高的知名度美誉度，连续 3 年入选 "中国十大夜经济影响力城市"，成为全国前十大夜游目的地之一。城市烟火气点燃消费新引擎，消费品牌时尚化、消费行为参与化、消费潮流沉浸化，为长沙带来了巨大的客流量，长沙成为年轻人向往的地方。数据显示，近 10 年长沙人口净增 300 万人以上，新增人口中 80% 为年轻人。

三　新技术革命和产业变革带来的科技支撑机遇

随着新一轮科技革命和产业变革的深入发展，数据、算法、网络、装备成为文化科技的关键性节点。以 5G、人工智能为代表的新基建加速推进，依托技术赋能将实现文化发展 "换道超车"，数字文化产业拥有更为广阔的发展前景。高新视频与先进制造业垂直应用可以拓展新空间，高新技术与文化的深度融合可以有效延长文化产业的价值链，催生出新的文化业态和发展动力，提高文化产品和服务的供给质量，升级文化生产方式和消费方式。在湖南着力打造具有核心竞争力的科技创新高地过程中，文化领域的改革发展必将得到科技的强劲助力。

湖南深入学习贯彻习近平文化思想以及习近平总书记考察湖南时的重要讲话和指示精神，增强信心决心、保持战略定力，乘势而上加快推进文化和科技融合发展。将科技创新作为文化发展的重点，通过实施科技赋能文化产业创新工程，依托马栏山视频文创产业园、马栏山数字媒体省重点实验室等创新平台，加快数字视频技术创新和应用，吸引国内外企业和人才参与文化和科技的融合工作。此外，湖南省委省政府提出实施"456"计划，全力推进科技赋能文化产业创新发展。

四 文旅产业发展提供传统文化与现代消费融合机遇

以文化的"厚度"锁住市场的"热度"，以融合的"深度"拓宽文旅发展的"广度"，以旅发大会的"高度"增加产业发展的"深度"，文旅产业发展取得新进展、迈上新台阶。文旅品牌建设高质量推进。大力实施"三湘四水 相约湖南"旅游品牌建设工程，擦亮"奇秀山水""经典红色""城市文化和都市休闲""历史文化""农耕文化"五张名片，加快朝着建设"世界旅游目的地"目标迈进。对历史文化进行保护传承、对革命文物进行保护利用，十八洞村、沙洲村等新时代红色地标的旅游热度不断攀升。旅发大会、乡村文化旅游节、国际文化旅游节等活动和"傲椒的湘菜"、"去'湘'当有味的地方"等旅游美食活动产生广泛的影响，长沙深受年轻人追捧。截至目前，湖南拥有国家5A级旅游景区11家、国家4A级旅游景区142家、国家级旅游度假区3家、国家级夜间文化和旅游集聚区10家、国家级旅游休闲街区6家、文化产业赋能乡村振兴试点3家，品牌数量均位居全国中上游。

近年来，湖南着力推动文旅与扩大消费、科技创新、城乡发展和产业转型全面融合，新文旅、新科技、新消费蓬勃发展，培育形成文旅企业5.8万家，其中上市企业5家，居全国第5，构成了覆盖吃、住、行、游、购的全领域、链群式发展格局。利用互联网岳麓峰会、湖南广播电视台IP资源等优势，探索互联网、传媒与旅游融合，畅通互联网骨干直联点，直播带货、网红经济潜能不断释放。加大新产品、新模式培育力度，一批知名商店和知名商品吸引大批全国游客前来参观、购买。

"1+13+N" 旅发大会推进机制形成。湖南省委、省政府出台《关于加快建设世界旅游目的地的意见》，在全省上下形成省、市、县联动的 "1+13+N" 旅发大会推进机制。在张家界市、郴州市先后举办两届湖南旅游发展大会，集中整合项目、资金、政策等要素，推动承办地基础设施建设、整体环境优化、产业融合发展、经济社会发展，着力实现 "办一次会、兴一座城"。在首届全省旅发大会中，张家界铺陈项目 546 个，投资 708.86 亿元，其他 13 个市州投资 3 亿元以上的文旅项目共 193 个，总投资 1537.16 亿元。① 第二届全省旅发大会举办地——郴州市，新引进重大文旅项目 16 个、总投资 91.3 亿元；其他 13 个市州共推进重点项目 337 个，总投资 2058.61 亿元。②

五 文化体制机制深度改革提供产业发展良好机遇

湖南不断深化文化体制机制改革，扩大文化产业有效投资，激发文化消费潜力，推进文化与科技、旅游、创意深度融合，有力地推动了湖南文化产业高质量发展。

湖南企业主要经营指标稳居全国第一方阵，营业总收入居全国第一，资产总额、净资产、国有资本保值增值率均居全国第三。省管国有文化企业持续发光发热。持续实施 "一企一方案" 改革，推动健全有文化特色的现代企业制度，加强主业管理，完善公司制管理，建立文化企业经营研判机制，国有文化企业竞争力得到巩固提升。新兴文化业态、民营文化企业快速发展。湖南广播电视台每年上线近 100 部综艺节目，2023 年在全国排名前 10 的综艺中占据 5 个席位，湖南卫视收视率、品牌力、传播力稳居全国省级卫视第一，芒果超媒入列 "全国文化企业 30 强"；湖南出版 2023 年前三季度全国图书零售市场占有率排名地方出版集团第一，中南传媒在 "2022 年全球出版 50 强" 中居第 17 位，连续十四届入选 "全国文化企业

---

① 《首届旅游发展大会开启湖南文旅新华章》，中华人民共和国文化和旅游部，2022 年 9 月 16 日，https://www.mct.gov.cn/whzx/qgwhxxlb/hn_7731/202209/t20220916_935996.htm。

② 《辛小湘丨旅发大会："软实力" 原来是 "硬支撑"》，红网时刻，2023 年 11 月 13 日，https://moment.rednet.cn/pc/content/646755/57/13256440.html。

30强"；湖南日报报业集团营收稳步增长，新湖南客户端累计下载量超6500万，抖音粉丝量居全国省级党报前五。[①] 2023年1~7月，5家省管国有文化企业实现营业收入203.68亿元，同比增长3.24%。[②] 产业园区建设推动文化产业提质增效。长沙市在国家文化出口基地综合评价中排名第二，文化产业基地（园区）数量多、规模大，数量占湖南的50%以上。马栏山视频文创产业园致力打造"中国 V 谷"，实现营收633.5亿元。湘潭昭山文化产业园主营收入10亿元。怀化文化创意产业园初步形成生态科技、文化旅游、创意设计和数字经济四大产业集群。常德武陵互联网文化创意特色产业园总产值突破53亿元。娄底依托新化文印打造了品牌园区。[③]

此外，湖南各级政府实行了一系列保护传承湖湘文化的措施，为其创造性转化、创新性发展奠定了坚实基础。主要包括立法保护非物质文化遗产、提供传承补助、发布传统工艺振兴目录、推出历史文化和文物保护国土空间专项规划以及深化文创产业园区改革等。这些措施共同构成了湖南传统文化传承发展的框架。实施《中华人民共和国非物质文化遗产法》，强调非物质文化遗产保护、保存应当注重其真实性、整体性和传承性，坚持保护为主、抢救第一、合理利用、传承发展的方针；为加强湖湘文化以及传统工艺的传承保护，湖南给予国家级非遗代表性传承人每人每年2万元、省级非遗代表性传承人每人每年1万元的传承补助，帮助代表性传承人开展授徒传艺工作；湖南省文化和旅游厅、湖南省工业和信息化厅联合发布了湖南省第一批传统工艺振兴目录，湘绣、苗族服饰制作技艺等56项非遗代表性项目被收录，该目录包含14项进入首批国家传统工艺振兴目录的代表性项目；推出了全国首个省级层面关于历史文化的文物保护空间的文件《湖南省历史文化和文物保护国土空间专项规划》，明确了到2035年建成纵向传导有序、横向衔接协调的历史文化和文物保护空间规划体系的目标，旨在全面加强全省文化遗产保护传承工作，赓续历史文脉，增强文

① 钟君等：《2023年湖南经济发展报告产业图谱研究》，社会科学文献出版社，2023。
② 《湖南举行"锚定'三高四新'美好蓝图 全面落实省委十二届四次全会精神"系列新闻发布会（第六场）》，中华人民共和国国务院新闻办公室网，2023年10月13日，http://www.scio.gov.cn/xwfb/dfxwfb/gssfbh/hn_13843/202310/t20231016_774595_m.html。
③ 钟君等：《2023年湖南经济发展报告产业图谱研究》，社会科学文献出版社，2023。

化自信。

第三节 湖湘文化创造性转化、创新性发展的现实困境与外部挑战

湖湘文化的创造性转化、创新性发展成为湖南文化建设的核心战略，这一战略不仅是对湖湘文化的传承与保护，更是对湖湘文化生命力的激活与释放。然而，这一进程面临着多方面的挑战和困难，这些挑战既涵盖了宏观层面的制度与政策因素，也包括中观层面的平台与载体建设问题，以及微观层面的思想认识和创新动力问题。

一 宏观层面：湖湘文化创造性转化、创新性发展，制度环境、政策支持、文化产业支撑作用有待加强

制度环境的支撑和政策要素的支持，在湖湘文化的创造性转化与创新性发展中起到基础性的作用。尽管湖湘文化历史悠久、底蕴深厚，拥有丰富的历史遗产和文化精神，但在其向社会发展动力和创新源泉的转化过程中，现有制度和政策的支撑作用尚未完全发挥出来。

（一）制度环境支撑力度有待进一步加强

制度环境，涵盖政治、社会和法律等基础性规则，构成了文化创新与发展的坚实基石。一个稳定且可预测的制度环境，对于文化创新具有至关重要的作用，它能够为文化创新提供持续且不断的发展动力。在这样的环境中，文化从业者和文化组织能够预见未来，进行长远规划，进而敢于投资创新活动，推动文化产业的持续繁荣。同时，政策的连贯性与协调性是确保文化创新活动得到长期有效支持的关键因素。连贯性保证了政策方向的一致性，减少了因政策变动带来的不确定性和风险，而协调性则确保了不同政府部门和机构之间的通力合作，避免了政策执行中的冲突和资源浪费。这种政策环境不仅能够保障文化创新的连续性，还能够提高文化创新的效率。

针对湖湘文化的创造性转化与创新性发展，有必要建立和维护一个稳

定、可预测、政策连贯且协调的制度环境。这将为湖湘文化的发展奠定坚实的基础，并为其在新时代的繁荣注入强劲动力。

当前，湖南的文化管理体制、文化产业政策以及文化市场规则在一定程度上尚未能完全适应湖湘文化创造性转化、创新性发展的需求，这一现状在一定程度上限制了文化创新的活力。以文化立法为例，文化创新的蓬勃发展急需健全的法律法规作为坚实支撑。然而，湖湘地区在文化创新领域的立法工作尚显不足，缺乏具有强针对性和良好操作性的法律法规来有效指导和规范文化创新活动。这种立法层面的欠缺不仅对文化创新项目的顺利实施构成了障碍，也对文化产业的全面健康发展形成制约。对比我国发达地区的做法，深圳市早在 2008 年便颁布了《深圳市文化产业促进条例》，这是全国首个针对文化产业的促进条例，其实施效果已显现。相较之下，拥有悠久历史和丰富文化资源的湖南省，至今尚未出台相应的文化产业促进条例，这一点尤其值得深思。因此，为了推动湖湘文化的创新性发展，湖南省亟须加强文化立法工作，制定和实施一系列既符合本地文化特色又具有前瞻性的文化政策和法规。通过这些措施，为文化创新提供更加明确的方向和更加有力的保障，进而激发文化创新的活力，推动文化产业的持续健康发展。

（二）政策要素支持水平有待进一步提升

政策要素是推动湖湘文化创造性转化、创新性发展的重要支撑。资金支持、税收优惠、知识产权保护等政策要素，对于激发文化创新主体的积极性至关重要。

当前，湖南在财政投入、税收优惠、金融支持、知识产权保护等方面，相关政策的制定与执行存在滞后、不到位等问题，未能为湖湘文化创造性转化、创新性发展提供有效的政策支持。以政府投入为例，政府公共文化服务的事权和支出责任较大，全省各级财政的文化事业支出占财政总支出的比重相对偏低，其中保障性经费占比较大，对培育人才和扶持创新项目的投入占比较小。省市两级文化产业发展专项资金总量偏小，对社会资本的撬动效应有限，与文化产业转型升级对资金的巨大需求不相适应。相关数据显示，2023 年湖南省文化和旅游资金共投入 7000 多万元，用于艺术精品创作和重大艺术活动。这些资金重点扶持了30多个大型舞台艺术精品项目、40个小型舞台艺术精品项目和20多个美术书法摄影项目。与中部地区相比，投入无明显优势。对比公共文化服务发达的地区，投入明显不足。2023年同期，浙江省浙江文艺发展基金投入1.3亿元，扶持优秀的浙江文艺项目，鼓励创作更多具有中国气派、时代特征、浙江辨识度的浙产文艺精品，单个项目最高资助金额可达1000万元。

另外，湖南文化体制改革有待进一步深化。整体而言，湖南文化体制改革可圈可点，涌现了中南出版传媒等大体量的在全国享有一定的地位的集团。然而，文化领域几轮改革也带来一些遗留问题。如市场调节作用不足，普遍存在"头重脚轻"现象。不少文化企业依旧局限于传统的发展机制，自主创新能力相对不足。

（三）文化产业发展存在"大而不强""结构不优""高投低产"问题

湖南文化产业发展持续走在全国前列，文化产业规模不断扩大，行业种类不断增多，但也存在短板弱项，这对湖湘文化创造性转化、创新性发展产生一定的制约。

从文化产业结构上看，近几年来，文化制造业营收占比均超过六成，文化服务业占比不到三成，文化批发和零售业则不到一成。从产业增长动能上看，传统文化业态如新闻出版业转型升级效益不明显，发展压力增大，广播电视业、电影业营收增速出现负增长。从产业特征看，产业整体呈现"投入水平>产业品质"的特征。大部分市州的文化产业发展主要依赖于要素投入、外需拉动和规模扩张，尚未从根本上摆脱数量增长型模式，产业创新效益和溢出效益欠佳。在文化产业园发展方面，与先进地区文化产业园区有一定差距，核心集中在内容制作端，IP衍生开发、文化消费开发偏弱，技术创新和成果转化能力不足。另外，传统发展方式阻碍湖南文化产业升级。由于文化领域存在体制改革力度不够、文化市场体系不完善，区域文化创意产业发展水平不高等突出短板，文化领域的新业态、新模式、新动能培育乏力，传统发展方式的"天花板"效应日益明显，越来越不适应文化生产力的发展要求和文化消费方式的变化趋势，文化产业转型升级存在诸多障碍。

二 中观层面：湖湘文化创造性转化、创新性发展的现代化发展水平有待提高

湖湘文化创造性转化、创新性发展的水平直接关系到湖湘文化的国际影响力、文化产业发展以及文化软实力的提升。现代化发展不仅涉及文化内容的创新与转化，还包括文化生产、传播、消费方式的变革，以及文化与科技、经济、社会各领域的深度融合。当前，湖湘文化在现代化发展方面取得一定成就，但总体上仍面临诸多挑战，亟须进一步提升现代化发展水平。

湖湘文化的创造性转化、创新性发展，对于提升湖湘文化现代化水平具有决定性作用，直接关系到湖湘文化在全球范围内的影响力、文化产业的整体实力，以及文化软实力的全面增强。现代化发展的核心，不仅在于文化内容的创新与转化，更在于文化生产、传播、消费方式的全面革新，以及文化与科技、经济、社会等多领域的深度融合与互动。当前，湖湘文化在现代化进程中虽取得初步成就，但面对全球化的挑战与日新月异的科技变革，亟须进一步提升现代化发展水平。

（一）对传统文化资源的挖掘阐释不足

文化内容的现代化是湖湘文化创造性转化、创新性发展的关键所在，它要求我们对传统文化资源进行深度挖掘、创新性诠释，并实现其与当代社会的和谐联结。这一过程不仅涉及对传统文化元素的重新解读，也包括对其内涵的现代转化，以适应现代社会的价值观念、审美趋势和生活方式。湖南有着丰富的历史遗产和文化资源。然而，在对这些文化资源的挖掘、整合与现代转化方面，仍有提升空间。

一是湖湘文化资源开发利用不充分、不科学，存在重形式轻内涵等问题，未能充分展现传统文化的厚重和价值。一些地方文化资源开发处于初期阶段，对湖湘文化资源利用不充分，仍存在一些文物藏品"待字闺中"、遗迹遗址"酒香也怕巷子深"、"守着金山要饭吃"的现象。还有些地方存在急功近利等问题，对文化资源的利用可持续性不强。

其一，文化资源开发在某些地区尚未形成系统科学的模式，存在重形

式而轻内涵的现象，未能充分彰显湖湘文化的历史厚重感及深远价值。一些地方的文化资源开发仍处于起步阶段，文化资源价值未被充分挖掘。湖南乡村地区保留了大量的传统村落、民俗活动、乡土建筑等文化资源。然而，由于资金、技术和人才等方面的限制，乡村文化资源的保护与开发工作相对滞后。以湘西土家族苗族自治州龙山县苗儿滩镇捞车河村为例，该村拥有土家织锦技艺、土家吊脚楼等文化遗产，因缺乏有效的开发利用策略，未能将这些文化资源转化为促进地方经济发展的动力。其二，一些地区在文化资源的开发上表现出急功近利的态度，采取的方法较简单，缺乏长远规划，影响开发的可持续性。尽管湖南对全省范围内的古城、古镇、古村落的开发力度不断加大，但一些地区只注重对传统住宅的表面修复，忽略对地域文化精神的提炼，结果造成千篇一律的现象，真正的地域特色元素并未得到突出展现。有些历史文化城市、街区存在"大拆大建""拆真建假"的现象。在旧城改造和城镇化浪潮中，有的老街遭到破坏，还有些地方热衷大兴土木，不顾文化传承，新建仿古街区，建设有"形"无"魂"。在湖湘文化活化利用过程中，存在"同质化"、过度"商业化"的功能错置现象。部分街区在进行整体商业开发过程中，对已有的历史文化资源内涵发掘不充分、提炼不够精准、展示手段不够丰富。同时，大量引入连锁品牌，追求打造网红效应商铺，导致丧失"本源性"文化底色，所建街区成为千篇一律的"吃喝玩乐一条街"。

二是湖湘文化中的传统技艺，如湘绣、花鼓戏、苗族银饰等非物质文化遗产正面临着传承断层的严峻挑战。年轻一代对于传统技艺的学习和从业兴趣不足，创新设计能力欠缺，这些因素共同导致湘绣等传统产品在国际市场上的竞争力不足。以湘绣为例，其作为"中国四大名绣"之一，历史悠久。然而，在市场化和产业化的浪潮中，湘绣与苏绣、蜀绣相比，其产业化进程相对滞后，在市场份额和品牌影响力方面逐渐被拉开差距。这一现象不仅影响湘绣的商业价值，也对其文化价值的传承和推广构成威胁。

三是湖湘文化遗产的保护与传承面临着机制不健全的境况，这限制其在现代社会中的影响力和传播力。在数字化时代的背景下，文化遗产的传播策略须与科技进步同步，应充分利用现代科技提升传播效率和效果。然而，湖南部分文化遗产的传播方式仍较为传统，主要依赖于现场参观、传统媒体宣传等，缺乏数字化展示、社交媒体互动、线上线下融合等多元化传播手段。湖湘传统文化、红色文化、现代文化打造新型文化消费场景的能力薄弱，湖南文化品牌产品还不够"亮眼"。以非遗为例，在展示上，湖南虽然在全国率先创建"云上非遗馆"，但网站 VR 技术应用处在基础状态，仅有少量文字介绍、图片和视频。以非遗"榫卯"为主题的手游"匠木"，上线海外 178 个国家和地区，拥有 700 多万注册用户，累计下载超过 3000 万次，相较于此，湖南的非遗应用效能还亟待提高。在生产上，未能推动有效应用场景建设，如运用智能制造对湘绣大师针法技艺进行传承，"模拟手工刺绣"，利用人工智能生成醴陵瓷样式和烟花图案等。

（二）活化利用能效不足

在湖湘文化创造性转化、创新性发展过程中，活化利用尤为关键。然而，当前湖湘文化产业发展面临诸多挑战，特别是在文化生产的现代化进程中，有效引入现代科技手段、创新生产模式，提升文化产品的质量与生产效率，满足公众日益增长的多样化与个性化需求，是亟待解决的问题。

一是创新度不够。创新作为文化产业发展的灵魂，对于激发文化活力、提升文化产品的价值具有至关重要的作用。其一，当前市场上的许多文化产品存在内容空洞、形式雷同的问题，缺乏深刻的文化主旨和精神内涵。这种模仿手法和公式化套路所催生的低层次文化产品，不仅将文化消费引向庸俗化，而且容易引发恶性竞争，从而挤压优秀文化产品的发展空间，对文化产业的持续健康发展造成不利影响。其二，一些地区的文化发展偏重对传统的继承与保护，而忽视创新的重要性。这种倾向导致对传统文化表现形式进行简单复制，文化产品缺乏精心设计，难以与当代优化融合。这种单一的保护性发展模式，未能充分挖掘和利用传统文化的潜在价值，也未能有效地将传统文化与现代社会的需求相衔接。其三，湖湘文化的传承与发展还面临着载体更新的挑战。当前，一些传统文化典籍的语言风格古奥难解，与现代青年群体的阅读习惯和审美需求存在较大隔阂，这些宝贵的文化遗产难以吸引年轻一代的注意力。此外，部分传统文化习俗与现代社会的生活方式存在冲突，难以在快节奏、高效率的现代生活中得到有效推广和实践。传统剧目的制作同样面临挑战，如果不融入现代舞台艺术的元素，很容易被市场淘汰，失去与时代的联系。因此，湖湘文化的发展迫切需要在传承传统文化精髓的同时，引入现代化的创新思维和技术手段，以实现传统文化的有效传承和创新发展。

二是缺乏融合发展。文化与其他领域的现代化融合发展表现为文化与科技、经济、社会各领域的深度融合，形成文化产业新业态、新模式，提升文化经济附加值和社会影响力。其一，湖湘文化与新兴产业融合缓慢。站在信息技术革命的风口，面对产业融合的大趋势，传统文化主动与当下新兴产业融合是一条有效途径。以绣品类为例，苏绣将前沿的形状记忆合金（SMA）材料用于产品设计，让绣出的花朵、翅膀能够随温度变化而曳动，打造出"活"的绣品。湘绣与腾讯网游"天涯明月刀"合作，推出虚拟服饰"天衣·未央"，不少玩家为之买单，同时在淘宝店铺上线同款湘绣衍生服饰和香囊，吸引汉服和动漫爱好者，单次销售额达 469 万元，并与加拿大、新西兰等国外渠道商签订 3000 万元的生产合同。这些融合的效果可圈可点，但这种融合都局限在少数非遗品类，停留在个别、单次的创新上，没有形成常态化机制，也未能形成产业规模，政府主管部门缺乏引导和激励，非遗传承人也缺乏主动对接、主动融入的能力。从整体来看，融合依然缓慢。其二，与科技融合不够。技术水平的落后也是一个不容忽视的问题。尽管传统建筑、刺绣工艺、艺术创作、戏剧表演等文化表现形式保留了传统技艺，但创新力度不足，技术手段较为陈旧。以湘绣为例，尽管其艺术价值被高度认可，但由于仍然依赖绣娘手工绣制，生产效率低下，成本高昂，其在市场上的竞争力受限，年产值不足 3 亿元。相比之下，苏绣通过引入计算机技术进行全自动电子绣花，年产值接近 25 亿元；采取半机械化生产刺绣产品的鲁绣，年产值也超过 18 亿元。这一对比凸显了技术创新在提升文化产品市场竞争力中的重要作用。其三，资源配置不合理。湖湘文化的资源配置存在显著的不合理现象，这在一定程度上制约文化产业的健康发展。文化资源的流动受到限制，由于缺乏整体规划、发展不平衡以及区域封锁和条块分割，文化资源的社会属性和共享功能未能得到充分展现和发挥。另外，市场在文化资源配置中的功能尚未得到充分利用，导致大量文化资源未被有效开发，未能转化为满足市场需求的文化产品。

三是基础设施建设滞后。湖湘文化的发展正遭遇基础设施建设滞后的瓶颈，这一问题明显表现为文化载体匮乏。当前，文化产业园区、文化创意街区、文化特色小镇等关键物理空间的缺失，严重制约文化创新活动的举办与推广。尽管互联网和数字媒体的兴起为文化传播提供跨越地域和时空限制的新途径，但文化的有效传播依然依赖稳固的实体载体和平台。物质性文化载体的缺失表现为古村落、民族服饰、民族建筑、民族特产、博物馆等在保留文化遗迹、营造文化氛围、提升文化内涵上的作用正在减弱。过度的商业开发，使许多传统建筑逐渐失去了传播传统文化精神的功能。报刊、电视、广播等媒体在对传统文化精品打造上动力不足，泛娱乐化和浅阅读化现象日益严重。此外，微博、微信、专业文化网站等新媒体在传统特色文化内容的凝练和传播上也存在不足。非物质性文化载体的缺失同样严重。方言、民族音乐、地方歌谣、戏剧、民族舞蹈等非物质性文化，本可以通过其独特的表现形式，不断传播和发展。但现实中，一些地方的传统节庆和民族特色活动正逐渐失去关注，民族艺术形式面临消亡的危险，非物质文化的发展空间受限，亟须拓展。此外，平台打造力度不足也是湖湘文化发展面临的问题。具有国际影响力的文化交流平台、文化科技融合平台、文化金融对接平台等的缺乏，限制湖湘文化的国际交流、资源整合和市场开拓。

三 微观层面：湖湘文化创造性转化、创新性发展的主体动力不足

在经济全球化的大潮中，西方文化正逐步渗透进我国人民的日常生活与生产实践的各个层面。与此同时，主流意识形态与多元化的社会思潮形成长期并存的局面。在西方文化的强烈冲击下，湖湘文化的传统价值观遭遇挑战。例如，个人主义的理念对湖湘文化所倡导的集体主义精神构成冲击；西方拜金主义的思想对湖湘文化推崇的奉献主义精神产生影响；西方

享乐主义的生活方式亦对湖湘文化所倡导的勤劳朴实道德品质构成腐蚀。面对西方文化的广泛渗透，湖湘文化的创造性转化与创新性发展尤为迫切。弘扬本土文化，不仅是维护文化多样性的必要之举，更是增强民族认同感和自豪感的重要途径。然而，当前湖湘文化在创造性转化与创新性发展的过程中，正面临主体动力不足的困境。这一问题主要表现在思想认识、资源配置以及人才培养等多个方面，严重制约文化创新的深度与广度。

（一）思想认识问题

一些社会公众、文化工作者和政策制定者对湖湘文化在推动湖南经济社会发展、提升文化软实力、保护文化多样性方面的重要作用认识不足，这种认识上的局限性导致文化创新活动未能获得充分的社会支持和重视。首先，对湖湘文化的价值和作用认识不足。一部分人认为传统文化已经过时，不适应当前社会发展实际；一些人认为现代文化产品更新迅速，传统文化产品单一，市场空间有限；一些人表现出文化自卑，在全球化浪潮中，只看到湖湘文化历史局限性的一面，认为湖湘文化的优势不足，主张更多吸收外来文化；甚至还有观点认为弘扬湖湘文化可能会阻碍科学精神和现代文明的发展。其次，对于如何创新传统文化也存在认识上的不足。一些个体和机构虽然认识到中华优秀传统文化的创造性转化、创新性发展的重要性，但对于具体的转化和创新路径缺乏深入的分析和理解。一些人将中华优秀传统文化的数字化传播简单等同于数字化文本的整理上传，有些人将湖湘文化的教育宣传简化为对湖湘文化教义的重复传播，未能有效提炼和传播传统文化的积极价值。最后，对中华优秀传统文化保护和发展的重视不够。一些地方政府在中华优秀传统文化的宣传和保护上投入不足，导致传统艺术知名度不高，受众有限；非物质文化遗产面临传承人缺乏的问题；一些传统艺术剧团因缺乏创新和市场适应性不足而逐渐解体。

（二）主体动力问题

文化创新的核心在于人，它涵盖文化传承者、创新者、管理者，以及文化创新企业等多元主体。在湖湘文化的创造性转化与创新性发展过程中，活跃且富有创造力的主体是不可或缺的。然而，当前推动湖湘文化创新的主体力量相对薄弱，创新动力亦不足，这一现状限制文化创新的深度与广度。一是文化传承人缺乏创新动力。部分业界人士固执地认为，传统文化就应该是传统的，一旦与经济发展相结合，与科技相结合，就会丧失文化遗产的本真性，不再是文化遗产了。部分文化传承人和从业者担心，一旦进行规模化生产，就会被抢掉饭碗。还有少数文化传承人认为手工制作产品虽然产量低，但附加值高，如湘绣精品每平方米价格高达 100 万元，保持手工制作更有优势。类似看法都没有深刻认识到文化遗产恰是其所处时代的先进生产力和科学技术的代表，蕴藏着巨大经济社会价值，很多人因此对传统文化产业化持抵触态度。二是文化管理者在政策创新方面不足，这一问题突出表现为基层戏曲院团的生存与发展困难。管理人员在面对这些挑战时感到压力重重，信心不足，这直接影响文化创新的动力和效果。此外，尽管对文化遗址的修复与保护至关重要，但一些地区在政策制定上仍有不足之处，缺乏对传统艺术持续保护和创新发展的长远考量和支持。三是在文化企业层面面临创新动力不足的问题。传统文化的推广与普及仍然主要依赖于政府的管理和运作，而市场化的企业参与度相对较低。这一现象在一定程度上限制了传统文化创新的活力和市场竞争力。部分文化企业对湖湘文化产品的市场潜力持保守态度，这导致忽视现代营销策略，以及对市场和观众需求不敏感。这种情况造成对传统艺术形式的创新改造不足，原创能力薄弱，以及低水平复制和产品附加值低等问题。传统戏剧演出长期依赖政策扶持，未能有效结合现代营销手段，未能充分挖掘和利用市场潜力。

第五章　湖湘文化创造性转化、创新性发展的要旨

湖湘文化的创造性转化与创新性发展是一个多维度、跨层次的复杂进程，其核心在于协调人、文化、经济三者之间的辩证关系。这一进程不仅涉及守正与创新的平衡，也包含物质与精神的和谐、传统与现代的融合、传承与发展的统一、公平与效率的兼顾，以及自立与互鉴的互动。湖湘文化与马克思主义基本原理的结合，为我们提供坚实的理论基础和明晰的实践方向，确保文化发展的科学性与前瞻性。在这一框架下，守正创新意味着在坚守湖湘文化核心价值的基础上，勇于探索与创新，以满足现代社会的多元需求。物质文明与精神文明的协调并进，强调在经济发展的同时，对文化繁荣与人的全面发展的重视。文化自信则是推动湖湘文化发展的强大内在动力。在继承和弘扬传统文化的同时，应增强文化的自我革新能力，以确保其在全球化时代的活力与竞争力。

第一节　在"两个结合"中创造性转化、创新性发展

习近平总书记在 2021 年 7 月 1 日庆祝中国共产党成立一百周年大会上，提出"坚持把马克思主义基本原理同中国具体实际相结合、同中华优秀传统文化相结合"① 的重要论断。党的二十大对"两个结合"突出强调："中国共产党人深刻认识到，只有把马克思主义基本原理同中国具体实际

---

① 《习近平著作选读》第二卷，人民出版社，2023，第 483 页。

相结合、同中华优秀传统文化相结合，坚持运用辩证唯物主义和历史唯物主义，才能正确回答时代和实践提出的重大问题，才能始终保持马克思主义的蓬勃生机和旺盛活力。"① 习近平总书记在中共中央政治局第六次集体学习时再次强调，"我们决不能抛弃马克思主义这个魂脉，决不能抛弃中华优秀传统文化这个根脉。坚守好这个魂和根，是理论创新的基础和前提……数典忘祖就等于割断了魂脉和根脉，最终会犯失去魂脉和根脉的颠覆性错误。"②

"两个结合"深刻地体现了马克思主义基本原理与中国具体实际、中华优秀传统文化的深度融合，这一过程既是理论上的创新，也是对实践的指导，对于推进中国特色社会主义事业和中华民族伟大复兴具有深远的影响。"两个结合"是马克思主义中国化时代化的根本途径，它深化了对马克思主义中国化规律的认知，是马克思主义与中国古今"双向互动"上的思想进阶。这一过程不仅丰富和发展了马克思主义理论，也为中国的发展提供坚实的理论基础和行动指南。③

从理论层面看，马克思主义基本原理同中国具体实际相结合，凝练地概括了马克思主义的立场、观点和方法，深刻地把握了中华文明五千年的精髓与智慧，形成了习近平新时代中国特色社会主义思想。

从历史的视角审视，"两个结合"的理论是在前人深厚历史理论的基础上进一步发展形成的，它深刻体现了"将马克思主义基本原理与中国的具体实际相结合、与中华优秀传统文化相结合"的思想精髓。这一理论的提出，不仅是对马克思主义理论中国化进程的一次重大创新，也是对中华优秀传统文化现代转化路径的一次深刻探索。近代，随着列强入侵，西方思潮涌入，中国共产党成功领导中国人民建立中华人民共和国，对中国社会进行"敢教日月换新天"的改造与发展，不仅实现了马克思主义的"民族化""具体化"，而且贯通了中国政治文化传统之间的历史脉络，并持续

① 《习近平著作选读》第一卷，人民出版社，2023，第14页。
② 《习近平在中共中央政治局第六次集体学习时强调 不断深化对党的理论创新的规律性认识 在新时代新征程上取得更为丰硕的理论创新成果》，《人民日报》2023年7月2日。
③ 宇文利：《"两个结合"的思想意蕴》，《甘肃社会科学》2023年第2期。

丰富与发展中国的政治文化传统。

从实践层面来看，"两个结合"是推进中国特色社会主义事业和中华民族伟大复兴的重要法宝。通过深化对中华优秀传统文化的理解和应用，推动中华优秀传统文化的创造性转化、创新性发展，增强文化自信和历史自信。这一过程不仅促进中华民族现代文明的建设，也为解决全球性问题贡献中国智慧和中国方案。

从思想解放的角度来看，"两个结合"是又一次的思想解放，不仅提升了中华优秀传统文化的地位，而且也为深化面向未来的理论和制度创新提供前所未有的广阔空间。① 这一过程体现了党对于思想解放的精神追求，为马克思主义中国化时代化的飞跃提供坚实的精神支撑和文化资源。② "两个结合"的重大意义在于其不仅深化了马克思主义理论，推动中国特色社会主义事业的发展，而且也促进中华民族现代文明的建设，为全球性问题的解决提供了中国智慧和中国方案，同时也体现了党对于思想解放的精神追求。

湖湘文化作为中华优秀传统文化的璀璨瑰宝，其创造性转化、创新性发展，以马克思主义为指导，使传统文化得到创新性的现代演绎。这种结合不仅成功激活了湖湘文化的文明基因，促进其向现代文明形态自然过渡，同时也极大地推动了湖南人民精神世界的现代转型。在此过程中，湖湘文化迸发出了前所未有的历史主动性与创造性，为增强民族的精神力量和历史自信提供坚实的文化支撑和丰富的精神营养。

一　湖湘文化与马克思主义的天然契合

湖湘文化和马克思主义虽然诞生在不同的历史时空，但是彼此存在高度的契合性。无论是以民为本的天下胸怀、实事求是的实践智慧，还是敢为人先的创新精神，湖湘文化与马克思主义在人民性、实践性、科学性和发展性等方面都具有较高的契合度，二者在思想内涵和价值追求上具有深

---

① 张明：《第二个结合"思想解放意义的学理阐释——兼论习近平文化思想的理论精髓》，《天津社会科学》2023年第6期。
② 蔡佳哲、刘然：《习近平总书记关于"两个结合"重要论述的三重意涵》，《学理论》2022年第9期。

刻的一致性。湖湘文化的创造性转化、创新性发展诠释了中华优秀传统文化与马克思主义结合的逻辑关联，是马克思主义文化传承观在当代中国的思想延续和理论表征，是习近平新时代中国特色社会主义思想关于"两个结合"理论逻辑、地方实践的生动注脚。

（一）"实事求是"是湖湘文化与马克思主义共同的认识论基石

马克思主义认识论的核心是坚持实事求是，一切从实际出发，强调理论和实践必须相结合，实践是检验真理的唯一标准，认识是从感性认识到理性认识发展的过程，是不断发展的过程，反对主观主义和形而上学，要求人们在认识和实践中始终保持实事求是的态度。实事求是是湖湘文化的精髓与精神内核，是湖湘文化的重要命题和鲜明特征，是湖湘文化求真务实的写照。实事求是的底层逻辑承载了湖湘文化崇尚务实的学风和马克思主义哲学的辩证唯物主义。

实事求是根植于中华优秀传统文化的深厚土壤之中，尤其受到儒家文化精髓的滋养。这一思想历经岁月的洗礼与实践的检验，逐渐孕育出具有中国特色的哲学思维模式。在湖湘文化的历史长河中，实事求是的哲学精神尤为显著，其不仅是一种认识论的体现，更是一种行动指南，具体表现为经世致用的实学传统。毛泽东把马克思主义基本原理同中华优秀传统文化特别是湖湘文化有机结合起来，将实事求是这一中国传统治学方法创造性地转化、创新性地发展为马克思主义中国化的核心命题，成为党的思想路线的核心内容。湖湘文化中的这种实学传统，不仅深刻塑造了毛泽东等历史伟人的思想轨迹，更为马克思主义在中国的生根发芽提供肥沃的思想土壤。这不仅为马克思主义的中国化奠定基础，也促进其与中国传统哲学的有机结合，形成了具有中国特色的社会主义理论体系。在湖湘文化的创造性转化、创新性发展过程中，实事求是的精神不断被赋予新的时代内涵，这不仅是对传统文化的一种继承，更是对现代社会发展的一种积极回应。在这种精神的引领下，湖湘文化在推动社会主义现代化建设中发挥了重要作用，展现了其独特的地域特色和时代价值。

（二）改革创新精神是湖湘文化与马克思主义的共同的价值追求

湖湘文化的创新发展精神与马克思主义的不断革新理念不谋而合，两者皆将实践置于核心位置。实践论是马克思主义哲学的精髓。马克思和恩格斯立足于资本主义社会现实，以思想启迪民众，批判了资本主义制度，揭示了资本主义社会发展的规律，阐明了无产阶级革命的理论和策略，在僵化的制度藩篱中开辟了一条前所未有的全新道路，为无产阶级运动提供强大的理论武器，推动世界社会主义运动的发展。湖南人以"敢为天下先"的实践品格，谱写了湖湘文化新的精神篇章。从理学大师胡安国、胡宏开创湖湘学统，到魏源、曾国藩、左宗棠、谭嗣同推动中国近代思想启蒙，再到毛泽东、蔡和森、刘少奇、彭德怀、贺龙等革命志士英勇革命，湖南先贤始终勇立潮头，敢为人先，展现了开拓进取的创新精神。这种精神不仅丰富了湖湘文化，也为其持续注入活力。湖湘文化与马克思主义契合，不仅在理论层面能够相互阐发和融通，更在实践层面得到具体运用和发展。湖湘文化的深厚底蕴和独特精神，为马克思主义在中国的传播和实践奠定坚实的文化基础，提供精神动力。同时，这种文化与思想的结合，也促进马克思主义在中国特色社会主义现代化建设中的创新和发展。湖湘文化为马克思主义理论的本土化和时代化贡献了独特视角和实践经验。

（三）"经世致用"是湖湘文化与马克思主义共同的行动准则

马克思主义关于理论与实践相结合的原则与"经世致用"思想有着内在的一致性。马克思主义的实践观强调，理论必须通过实践来检验和发展，而实践也需要理论的指导才能更加科学和有效。这种理论与实践的统一，旨在推动社会的变革和发展，实现人的自由和全面发展。湖湘文化的"经世致用"观主张面对现实，用所学的知识解决社会问题，实现国泰民安。"经世致用"的核心在于将理论知识与实际应用紧密结合，倡导学者关注国家大局，关心民生疾苦，以实际行动解决社会问题。这种思想强调实践的重要性，认为只有将学问应用于实践，才能真正体现其价值。许多杰出的湖湘人物身上都体现了经世致用的精神，屈原、贾谊、刘禹锡、柳宗元，他们都有共同的经世情怀，即使身处困厄之境，也不忘国计民生，始终将个人的进退出处、价值的实现与国家的命运紧密相连。经世致用的学风在湖南较为突出，做学问与实践相结合是湖湘文化的突出传统。湖湘文化的"经世致用"思想与马克思主义的理论与实践相结合的原则相结合，共同推动了中国革命，指导了中国特色社会主义的建设。

（四）爱国主义是湖湘文化与马克思主义的共同价值导向

马克思主义认为民族解放是实现社会进步和人类自由的必要条件，强调无产阶级革命是实现人类解放的一般途径。在新民主主义革命时期，湖湘文化的爱国主义精神在毛泽东等湘籍革命家的引领下达到新的高度。面对国家民族的深重危机，他们以天下兴亡为己任，不断探索着救国救民的可行之路。经过不懈地奋斗和探索，他们最终找到马克思主义，带领中国人民摆脱了帝国主义和封建主义的双重压迫，建立了社会主义新中国，开启中华民族历史的新篇章。

湖湘文化中的爱国救亡和自强不息的精神，不仅深刻体现了湖湘人士对国家和民族命运的深切关怀，而且反映了其对推动社会进步和实现人类自由的坚定决心。这种精神和决心，为马克思主义在中国的传播和实践提供了宝贵的文化资源，奠定了实践基础，促进了马克思主义与中国实际的紧密结合，丰富马克思主义理论内涵，在中国特色社会主义现代化建设中发挥了重要作用。

二 做好湖湘文化"第二个结合"重大意义

习近平 2023 年在文化传承发展座谈会上指出："在五千多年中华文明深厚基础上开辟和发展中国特色社会主义，把马克思主义基本原理同中国具体实际、同中华优秀传统文化相结合是必由之路。"① 这是我们在探索中国特色社会主义道路中得出的规律性的认识，是我们取得成功的最大法宝。"第二个结合"是又一次的思想解放，让我们能够在更广阔的文化空间中，充分运用中华优秀传统文化的宝贵资源，探索面向未来的理论和制度创新。

中华民族现代文明以"结合"为创新方式，造就了一个有机统一的新的文化生命体，让马克思主义成为中国的，中华优秀传统文化成为现代的，让经由"结合"而形成的新文化成为中国式现代化的文化形态。面对源远流长的湖湘文化，要坚持把马克思主义基本原理同中国具体实际相结

———

① 习近平：《在文化传承发展座谈会上的讲话》，人民出版社，2023，第 5 页。

合，同湖湘文化相结合，用马克思主义激活湖湘文化中富有生命力的优秀因子并赋予其新的时代内涵，更深层次地为中华民族的伟大精神和丰富智慧注入马克思主义，有效把马克思主义思想精髓同湖湘文化精华贯通起来，不断激活湖湘文化生命力。

（一）以马克思主义理论为指导，发展湖湘文化创造性转化，能更好地指导湖南社会发展实践

"第二个结合"表明我们党对马克思主义指导作用机理的认识有了新飞跃，对中华优秀传统文化现代化的认识有了新视野，对马克思主义和中华优秀传统文化契合性的认识达到新高度。"第二个结合"体现马克思主义中国化时代化的新飞跃，深化了我们对中国特色社会主义理论体系的认识，推动了理论与实践的有机结合，为解决中国发展中的实际问题提供了更为坚实的理论支撑和文化动力。

马克思主义理论同中华优秀传统文化相结合，不仅为马克思主义在中国的传播与发展提供丰富的人文精神、道德价值和历史智慧养料，更让马克思主义真正成为中国的马克思主义，成为大众的马克思主义，更好地指导社会发展实践。恩格斯在《美国工人运动》中指出："美国工人阶级的最终纲领，应该而且一定会基本上同整个战斗的欧洲工人阶级现在所采用的纲领一样，同德美社会主义工人党的纲领一样。在这方面，这个党必须在运动中起非常重要的作用。但是要做到这一点，它必须完全脱下它的外国服装，必须成为彻底美国化的党。它不能期待美国人向自己靠拢。它是少数，又是移自外域，因此，应当向绝大多数本地的美国人靠拢。要做到这一点，首先必须学习英语。"① 这表明，恩格斯实际上初步提出了马克思主义民族化的问题，体现了把马克思主义同不同国家的实际和文化相结合的思想。

创造性转化、创新性发展为马克思主义中国化提供丰富的思想资源和理论创新成果。通过深入挖掘和提炼湖湘文化中的哲学智慧与道德理念，将马克思主义的思想精髓与湖湘文化的精华相贯通，使之与人民群众的共同价值观念相融合，从而不断丰富、创新和发展当代中国马克思主义的理

---

① 《马克思恩格斯选集》第四卷，人民出版社，1995，第394页。

论内涵。此外，为了恰当且正确地阐述马克思主义思想，构建具有中国特色的 21 世纪马克思主义话语表述体系，我们还需积极发掘并运用成语、漫画、故事、概念等优秀传统文化话语资源。这些资源不仅承载着深厚的文化意蕴，而且以其独特的表达方式，使抽象的马克思主义理论更加生动、形象，更易于为广大人民群众所理解和接受。通过这种文化与理论的深度融合，湖湘文化不仅在学术领域内展现其独特的价值，也在公众传播过程中发挥重要的影响作用，为推动社会主义文化大发展大繁荣，构建和谐社会提供强大的精神动力和智力支持。

（二）马克思主义中国化与湖湘文化现代化转型

"对历史最好的继承就是创造新的历史；对人类文明最大的礼敬就是创造人类文明新形态。"① 习近平强调："只有立足波澜壮阔的中华五千多年文明史，才能真正理解中国道路的历史必然、文化内涵与独特优势。"②

湖湘文化的现代转型不仅是对其传统精神的传承，更是在新时代背景下对其内涵的不断丰富与发展。传统湖湘文化根基深厚，而现代文化形成则依托于当代经济与政治的新条件。为了实现湖湘文化的现代化，须借助马克思主义这一科学的世界观和方法论，深入分析传统文化，挖掘其与马克思主义相契合的共同点。在此过程中，关键在于识别并提炼出那些与马克思主义理念相契合的传统文化元素，并通过创造性转化、创新性发展，将这些元素与马克思主义理念融为一体。立足湖南当代实践，以中国式现代化建设为出发点，应用马克思主义的方法论来分析和转化湖湘文化。这样的融合不仅能够造就一个有机统一的新文化生命体，而且能够催生出一种具有鲜明时代特征的现代文化形态。

（三）以马克思主义理论为指导，发展湖湘文化，造就新的文化生命体，为建设现代化新湖南提供精神支撑

习近平总书记指出："一个民族要走在时代前列，就一刻不能没有理论思维，一刻不能没有正确思想指引。"③ 这一观点在多个场合被反复提

---

① 习近平：《在文化传承发展座谈会上的讲话》，人民出版社，2023，第 12 页。
② 习近平：《在文化传承发展座谈会上的讲话》，人民出版社，2023，第 5 页。
③ 《习近平谈治国理政》第四卷，外文出版社，2022，第 29 页。

及，体现对理论思维和正确思想指引的高度重视。首先，习近平总书记指出，中国共产党之所以能够成功，中国特色社会主义之所以具有优越性，根本原因在于马克思主义行之有效。马克思主义之所以能够在中国得到成功应用和发展，是因为党不断推进马克思主义的中国化和时代化，并将其作为指导实践的重要思想武器。① 此外，习近平总书记还提到，我们创立了新时代中国特色社会主义思想，明确坚持和发展中国特色社会主义的基本方略，提出了一系列治国理政的新理念、新思想、新战略，实现了马克思主义中国化时代化的新飞跃。②

　　以马克思主义理论为指导，发展湖湘文化，意味着在理论与实践、传统与现代之间架起一座桥梁，创造出一种新的湖湘文化生命体。这种文化生命体不仅承载着厚重的历史和民族的根脉，还融入了现代社会的发展需求和前瞻理念。马克思主义提供了一套分析社会和指导实践的理论框架，而湖湘文化则提供了丰富的历史经验和地域特色。两者结合是理论与实践的结合，在理论的指导下挖掘和弘扬湖湘文化中的积极的一面，使之更好地服务于湖南的现代化建设。两者结合也是传统与现代的融合，湖湘文化的传统元素，如爱国主义、创新精神、敢为人先等，与马克思主义的现代发展理念相结合，形成了既有历史底蕴又符合现代发展要求的新文化价值体系。这一体系帮助人们树立正确的发展观念，引导社会力量向着共同的目标努力，从而为湖南的现代化建设提供强大的精神支撑，为湖南的社会发展战略提供指导思想和行动纲领。党的十八大以来，我们党坚持把马克思主义基本原理同中国具体实际相结合、同中华优秀传统文化相结合，推动中华优秀传统文化创造性转化、创新性发展，把中华优秀传统文化精华融入中国式现代化的伟大实践中，创造中国式现代化的文化形态。新征程上，要深入推进"第二个结合"，充分运用湖湘文化的宝贵资源，探索面向未来的理论和制度创新，为推进湖南现代化建设、为实现"三高四新"

---

① 《习近平在省部级主要领导干部学习贯彻党的十九届六中全会精神专题研讨班开班式上发表重要讲话》，中华人民共和国中央人民政府，2022 年 1 月 11 日，https://www.gov.cn/xinwen/2022-01/11/content_5667663.htm。

② 《真理之光照亮复兴之路——从党的二十大看实现马克思主义中国化时代化新的飞跃》，《人民日报》2022 年 10 月 19 日 。

的重要战略定位和使命任务提供科学思想指引。

（四）以马克思主义理论为指导发展湖湘文化，建构文明新形态，为湖南建设中国特色社会主义现代化开辟广阔的社会空间

2021年3月，习近平总书记在福建考察时指出："我们走中国特色社会主义道路，一定要推进马克思主义中国化。如果没有中华五千年文明，哪里有什么中国特色？如果不是中国特色，哪有我们今天这么成功的中国特色社会主义道路？"① 马克思主义是中国共产党人进行革命、建设、改革的指导思想，是"观察国家命运的工具"。马克思主义与中国实际相结合，促进理论创新与中国特色社会主义的发展，中国共产党将马克思主义基本原理与中国实际相结合，形成毛泽东思想、邓小平理论、"三个代表"重要思想以及科学发展观，这些理论是马克思主义中国化的成果。马克思主义与中国实际相结合，还体现在马克思主义对国家治理、经济、社会发展的指导上。通过科学应用马克思主义基本原理，中国成功实现从计划经济向市场经济的转型，促进经济的快速发展和社会的全面进步。

湖湘文化是湖南人民的精神血脉和文化基因。以马克思主义理论为指导发展湖湘文化，是我国建设中国特色社会主义的共同目标的实践，是建设中国特色社会主义的"必由之路"，是中华文明建构文明新形态的重要组成部分。这不仅是一种文化融合的尝试，更是一次深刻的文化创新和社会变革的实践，同时也是对马克思主义在中国本土化、时代化的一次积极探索，亦是对湖湘文化传统价值在现代社会中的作用的一次重新定位，极大推动湖南精神文明、物质文明、政治文明和生态文明建设。

三 以马克思主义理论为指导，激发湖湘文化创新创造活力

马克思主义和湖湘文化作为两个独立的价值体系，虽来源不同，却有着价值共通性。马克思主义作为发展湖湘文化现代化、创新性的理论基础，是以中国式现代化为思维坐标，以马克思主义辩证唯物主义和历史唯物主义指导湖湘文化进行创造性转化、创新性发展，这既是传承发展湖湘

---

① 《习近平谈治国理政》第四卷，外文出版社，2022，第315页。

文化，促进湖湘文化现代化的过程，又是坚持与发展马克思主义，促进马克思主义中国化的过程。

（一）理论层面：以马克思主义指导湖湘文化创造性转化、创新性发展

优秀文化传统的转化发展不是抛弃传统，而是探索以何种手段模式继承发扬优秀传统，摒弃糟粕，塑造多元价值。中华优秀传统文化如何进行以及进行何种程度的转化和发展，取决于现实需求和时代要求。推动中华优秀传统文化的创造性转化、创新性发展，实际上就是在再现中华优秀传统文化原貌的基础上，结合时代需求，重新审视其中的思想资源。①

湖湘文化在浩瀚的历史中，吸收融合各种学说，显示出强大生命力。尽管时代的洪流推动着文化的不断变迁，导致某些传统文化元素在当代社会中"隐而不彰"，但这并不意味着我们可以忽视或否定它们内在的价值。同时，湖湘文化在当代发展，也不能只停留在继承阶段，仅仅满足于保存文本与遗迹，更重要的是对其进行现代性诠释，激活传统文化中的优秀因子。湖湘文化有着深厚的哲学基础，与马克思主义在认识论、实践论、价值论等维度内在融通。需要以马克思主义这一科学的世界观和方法论指导湖湘文化在当代的发展，使湖湘文化的基因在马克思主义理论的指导下推陈出新，推动湖湘文化在新的时代条件下与现代化创造性地结合。

湖湘文化创造性转化、创新性发展，既要涵养湖湘文化，更要守住中国共产党人的"真经"马克思主义。一是要树立高度的文化自信，深入挖掘湖湘文化的精神特质，进一步弘扬湖湘文化"实事求是""敢为人先""经世致用""兼收并蓄"的精神特质，涵养文化传承之"根"。厘清湖湘文化的历史渊源、发展脉络和历史沿革，讲清楚湖湘文化在当代的新形态、新面貌，揭示其根源，透析其发展脉络，从文化历史角度看待其发展与演变。二是运用马克思主义的立场观点方法来阐释湖湘文化精华，从历史唯物主义的角度分析湖湘文化在不同历史时期的发展变化，考察其与经济基础和社会实践的关系。运用辩证唯物主义的观点，全面地、发展地看待湖湘文化，分析传统与创新、本土性与开放性、理论与实践等方面的辩

---

① 李新潮：《中华优秀传统文化创造性转化创新性发展的运行机理》，《理论学刊》2022 年第 3 期。

证关系。结合新的时代背景和时代要求，更加自觉地推进马克思主义与湖湘文化相结合，以马克思主义为指导对湖湘文化进行创造性转化、创新性发展，使之同本地的人民群众的思维方式、心理、审美情趣和行为习惯相结合，使马克思主义真理之树在湖湘文化中扎根铸魂，根深叶茂。

（二）实践层面：坚持古为今用、洋为中用、推陈出新，推进湖湘文化融入时代与日常生活

一种文化形态所包含的观念因素，有些是不能脱离原系统而存在的，有些则可以经过改造被别的观念系统容纳。[①] 对于湖湘文化而言，其创造性转化、创新性发展路径，必须紧密结合当代社会实践和时代发展的新要求，正确进行取舍，与时代发展相融合。

在此过程中，正确取舍尤为关键。须审慎地评估湖湘文化中的各种观念因素，识别哪些能够适应现代社会的需求，哪些则需要进行必要的调整或创新，实现"古为今用""洋为中用""推陈出新"。从习近平文化思想的理论高度和中华优秀传统文化自信自强的历史出发，主动重新审视湖湘文化，以服务中国特色社会主义建设的伟大实践为要旨，正确把握湖湘文化与中国特色社会主义建设之间的契合点，全面深入挖掘阐发其对中国特色社会主义建设的巨大价值，将蕴含其中的精神力量和发展智慧进行创新转化并发扬光大，为中国式现代化提供更多支撑。

"古为今用"是湖湘文化传承与创新的核心理念，它强调在保留传统文化精髓的基础上，赋予其符合当代社会的新内涵和表现形式。这一理念不仅是对传统文化的尊重，也是对其价值的现代诠释，旨在使湖湘文化的元素与现代社会的需求相结合，服务于当代社会的发展。通过"古为今用"，湖湘文化的传统在现代社会中延续，传统精髓被进一步理解和运用，为文化创新提供丰富的土壤。坚持"古为今用"，要合理利用和开发湖湘文化中的优秀传统元素，将其创造性地融入新时代的生产生活；要不断探索和实践新的文化表达形式，使传统文化在新的时代背景下焕发出新的活力。

"洋为中用"是指在全球化背景下，积极吸收外来文化中的有益成分，

---

① 杨耕：《深刻理解造就新的文化生命体与建设中华民族现代文明》，《光明日报》2023 年 8 月 28 日。

使之与湖湘文化相结合，形成具有地方特色的文化现象。这一过程要求既要坚守文化特色，又要展现出开放和包容的文化心态。通过"洋为中用"，借鉴外来文化的精髓，保持文化的本土性，极大地丰富湖湘文化的内涵，推动文化向多元化发展，增强其创新性和时代感。此外，文化的多元化发展有助于促进国际文化交流，提升湖湘文化在全球范围内的影响力和竞争力。"洋为中用"的实践，最终旨在激发湖湘文化的创新活力，为其现代化进程注入新的动力。为此，须加强湖湘文化的国际传播力度，与世界各国文明进行深入的交流和互鉴。通过不断吸收和融合世界各国文明的精华，促进湖湘文化的创新发展，提升其在全球文化舞台上的影响力。

"推陈出新"是在保持湖湘文化传统精髓的基础上，勇于摒弃过时的内容，引入新的元素和技术，以适应时代的发展，满足人民的需求。这一过程不仅需要深入挖掘和理解湖湘文化的深层内涵和独特精神，还需要通过科技创新等现代手段，为传统文化注入新的活力，推动其创新发展。在"推陈出新"中，创意发挥着至关重要的作用。创意不仅是对传统文化的再创造，更是其与当代社会接轨的重要桥梁。通过创意思维，对湖湘文化的优秀传统进行重构，使其更加贴近现代人的审美和需求，同时保持其文化的核心价值和精神实质。此外，根据时代的特点和要求，应充分利用数字技术、互联网平台等现代传播手段，扩大湖湘文化的影响力。通过科技手段对中华优秀传统文化进行创新性转化，提升其内容质量，丰富其表现形式，使前沿科技为湖湘文化的传承与发展赋能。"推陈出新"还要求具备前瞻性的视野和开拓性的思维。在坚持传统的基础上，不断探索文化的新表达形式、新形态，使湖湘文化在全球化的今天能够展现出更加独特的魅力和生命力。

第二节 以守正创新为要旨的创造性转化、创新性发展

守正创新是建设中华民族现代文明核心命题之一，是治国理政的重要思想方法，是推进中华民族伟大复兴战略全局、应对世界百年未有之大变

局的关键。党的二十大报告明确指出，"必须坚持守正创新""坚持马克思主义基本原理不动摇，坚持党的全面领导不动摇，坚持中国特色社会主义不动摇""敢于说前人没有说过的新话，敢于干前人没有干过的事情，以新的理论指导新的实践"。①

习近平总书记在多个场合强调守正创新的重要性。在文化传承发展座谈会上，习近平总书记深刻指出："守正，守的是马克思主义在意识形态领域指导地位的根本制度，守的是'两个结合'的根本要求，守的是中国共产党的文化领导权和中华民族的文化主体性。创新，创的是新思路、新话语、新机制、新形式，要在马克思主义指导下真正做到古为今用、洋为中用、辩证取舍、推陈出新，实现传统与现代的有机衔接。"必须以守正创新的正气和锐气，赓续历史文脉、谱写当代华章。②习近平总书记强调，要坚持守正创新，推动中华优秀传统文化同社会主义社会相适应，展示中华民族的独特精神标识，更好构筑中国精神、中国价值、中国力量。要坚持马克思主义的根本指导思想，传承弘扬革命文化，发展社会主义先进文化，从中华优秀传统文化中寻找源头活水。要充分运用中华文明探源工程等的研究成果，更加完整准确地讲述中国古代历史，以史育人。③

一　守正创新的核心意涵

在湖湘文化的发展过程中，"在坚持中守正，在发展中创新"不仅是一个基本原则，也是应对时代变局、解决时代发展问题的关键策略。这一理念深刻体现马克思主义唯物辩证法的精髓，传承并发扬中华优秀传统文化的核心价值，是中国共产党百年奋斗历程的重要经验。

（一）守正创新的内涵

守正是指坚守正道，坚持按规律办事，守原理之正，坚持马克思主义

---

① 习近平：《高举中国特色社会主义伟大旗帜　为全面建设社会主义现代化国家而团结奋斗——在中国共产党第二十次全国代表大会上的报告》，人民出版社，2022，第 20 页。
② 习近平：《在文化传承发展座谈会上的讲话》，人民出版社，2023，第 11 页。
③ 《建设中华民族现代文明和社会主义文化强国的行动指南》，《求是》2023 年第 17 期。

基本原理不动摇，坚持马克思主义在意识形态领域指导地位；守原则之正，坚持党的全面领导不动摇，坚持中国共产党的文化领导权和中华民族的文化主体性不动摇；守道路之正，坚持中国特色社会主义不动摇，把坚持正确政治方向、舆论导向、价值取向和以人民为中心的工作导向贯穿文化建设全过程。

创新是指有意识有目的地进行创造性认识和实践活动，创新思路、话语、机制、形式，主动顺应新形势新任务新要求。创思想之新，不断推动理论与时俱进，适应新形势新要求；创实践之新，积极探索适应新时代的发展路径，勇于实践新方法新举措；创制度之新，完善和发展中国特色社会主义制度，促进国家治理体系和治理能力现代化；创文化之新，弘扬中华优秀传统文化，吸收世界文化精华，促进文化发展和繁荣。

"守正创新"是变与不变、继承与发展、原则性与创造性的辩证统一，即在坚持根本原则的同时，善于顺势而变、随势而动，以实现与时俱进和开拓创新。这一理念要求在认识世界和改造世界的活动中，既要恪守正道，坚持按照事物变化发展的基本规律办事，又要勇于开拓创新，不断探索符合事物发展客观规律的思想观念和实践活动。在湖湘文化的发展中，守正创新的理念尤为突出，它直接体现为坚持马克思主义的指导地位，坚持党的领导，坚持社会主义道路，坚守中华文化立场。通过推进理论创新、制度创新、科技创新和文化创新，守正创新已成为推动党和国家事业取得历史性成就、实现历史性变革的重要动力。

（二）守正创新历史渊源

我国有着守正创新的文化基因，其根基埋于中华五千年文明的沃土之中。守正，孔子强调"政者，正也"，"其身正，不令而行"，治国应"行中正"。创新，《周易》言"日新之谓盛德"，《盘铭》有"苟日新，日日新，又日新"之言，《诗经》有"周虽旧邦，其命维新"之言。

中华文明创新性是其生生不息、永葆活力的内在动力。习近平总书记指出："中华文明具有突出的创新性……从根本上决定了中华民族守正不守旧、尊古不复古的进取精神，决定了中华民族不惧新挑战、勇于接受新事物的无畏品格。"① 从思想到器物、从艺术到科技，中华文明突出的创新性在历史长河中熠熠生辉。在思想领域，中华民族素以崇尚思辨、追求真理而著称。早在先秦时期，就涌现老子、孔子、庄子、孟子、墨子、孙子、韩非子等闻名于世的伟大思想巨匠，产生儒、道、墨、名、法、阴阳、农、杂、兵等各家学说。这些思想学说对中华文明的形成和发展产生深远的影响，也为人类文明的发展贡献重要的思想资源。在文化领域，中华民族历来重视文艺创作，在文学、艺术、音乐等方面取得辉煌的成就。《诗经》、《楚辞》、汉赋、唐诗、宋词、元曲、明清小说等，不仅体现中华民族的审美情趣和文化追求，也为世界文学艺术宝库增添璀璨的明珠。中华民族在科技领域也取得许多领先世界的发明创造。造纸术、火药、印刷术、指南针四大发明，对人类文明的进步产生重大影响。此外，在数学、天文学、建筑学、医学等领域，中华民族也取得卓越的成就。

中华文明的创新性是中华民族的精神特质和文化底蕴的集中体现，造就中华文明的辉煌历史，为中华民族伟大复兴提供不竭的精神动力。守正创新理念从形式到内容，都深深根植于中华优秀传统文化，是中华优秀文化创造性转化、创新性发展的结果。

（三）守正创新的理论渊源

守正创新是马克思主义立场、观点和方法的生动体现，引领人们在创新实践中不断突破现状，在创新思维的驱动下重塑现有事物。这一过程不仅遵循了事物发展的客观规律，而且满足了社会发展需求，从而孕育出既具有科学性又具有实践价值的崭新成果，推动理论与实践的统一。守正创新将唯物论、辩证法、认识论和价值论融为一体，是辩证唯物主义和历史唯物主义世界观和方法论的体现。② 马克思主义理论创新的重要原则是守正创新，马克思借助德国古典哲学的基本概念"异化"来批判资本主义，他认为共产主义"是通过人并且为了人而对人的本质的真正占有"。③ 在《德意志意识形态》中，马克思则从唯物史观角度批判了资本主义，认为

---

① 习近平：《在文化传承发展座谈会上的讲话》，人民出版社，2023，第3页。
② 陶文昭：《守正创新的主要体现和时代要求》，《中国高校社会科学》2023年第3期。
③ 《马克思恩格斯全集》第四十二卷，人民出版社，1979，第120页。

"一切历史冲突都根源于生产力和交往形式之间的矛盾",① 共产主义的实现源于一般规律的作用。在《资本论》中,马克思则从资本主义社会的特殊规律角度批判了资本主义,他根据对资本主义社会基本矛盾即社会化大生产与资本主义私人占有之间的矛盾的分析,揭示资本主义必然灭亡、共产主义必然胜利的历史趋势。在这些文本中,马克思从不同角度论证了共产主义实现的必然性。"共产主义理想"是马克思主义的"正",论证"共产主义理想"实现必然性的角度与方法则是"新"。②

（四）守正创新的实践逻辑

守正创新是中国共产党人在理论发展和实践进步中的重要法宝,是对党思想理论和实践发展经验的深刻总结。它既是理论创新的动力,也是实践探索的指南,为我们提供一种重要的思想方法和工作方法。坚持守正创新,体现了对历史发展规律的敏锐洞察和对历史正确方向的科学把握,为新时代中国共产党人认识世界、改造世界奠定坚实的科学方法论基础。

中国共产党坚持以马克思主义为指导,团结带领中国人民开辟伟大道路、创造伟大事业、取得伟大成就,使中国彻底摆脱了被欺负、被压迫、被奴役的命运。党的十八大以来,中国共产党人坚持守正创新,坚持党的基本理论、基本路线、基本方略,弘扬历史发展中的优良传统和宝贵经验,不断探索适合中国国情的发展道路和方法,奋力开创党和国家事业发展新局面。把坚持马克思主义和发展马克思主义统一起来,把马克思主义基本原理同中国具体实际相结合、同中华优秀传统文化相结合,开辟了马克思主义中国化时代化新境界,创造了新时代中国特色社会主义的伟大成就。

二 守正创新对于促进湖湘文化创造性转化、创新性发展的重大意义

守正创新作为新时代的鲜明气象,不仅体现时代精神的前进方向,也彰显文化发展的创新活力,为社会进步注入不竭的动力。对于湖湘文化创

① 《马克思恩格斯选集》第一卷,人民出版社,2012,第196页。
② 李双套:《在"一般原理"的实际运用中守正创新》,《光明日报》2023年3月31日。

造性转化创新性发展来说，守正创新，才能不迷失自我、不迷失方向，才能把握时代、引领时代。在守正创新中推进湖湘文化的创造性转化、创新性发展是时代的需要、历史的必然和实践的诉求。

（一）在守正创新中推进湖湘文化的创造性转化、创新性发展是历史需求

守正创新作为湖湘文化几千年发展的关键动力，不仅确保湖湘文化的连续性和稳定性，而且实现历史传承与现代发展的无缝对接。"连续性"指的是一种文化传承，它将湖湘文化的古典精髓与当代社会实践紧密相连，形成一种跨越时代的文化脉络。在这一过程中，守正创新的角色至关重要。它不单纯是对湖湘文化中的经典元素如岳麓书院的学术精神、湘绣的精湛技艺等的保护与继承，更是在新的社会文化环境中对这些元素进行创新性的诠释。这种连续性既是对湖湘文化根源的尊重，也是对其历史价值的现代重构与传播。通过普及教育、探索艺术创作形式、举办文化活动等多元化形式，在当今时代保持湖湘文化的连续性。

"稳定性"指在社会快速变化中，湖湘文化保持其核心价值观和精神特质恒久不变。守正创新在此过程中扮演至关重要的角色，它要求坚守湖湘文化的根本精神，如忠诚、勇敢、坚韧等，同时激励人们在表现形式和传播手段上进行大胆创新。这种坚守和创新的动力，从动态性角度来看，是湖湘文化跨越时代、持续发展的关键。湖湘文化的核心价值包括"心忧天下"的家国情怀和"敢为人先"的创新精神，两者构成其精神追求的精髓，成为连接过去与现在的坚固纽带，推动传承与弘扬湖湘文化。

守正创新是确保湖湘文化在现代社会中维持其独特精神标识和文化品格的关键。所谓精神标识，指的是那些能够体现湖湘文化核心价值和精神追求的元素；而文化品格，则是指这些价值和追求在社会实践中的映射。守正创新在湖湘文化的发展过程中扮演着至关重要的角色，一方面，它强调维护精神标识的纯正性，确保文化核心价值的传承；另一方面，它激励我们在尊重传统的同时，勇于探索创新，不断丰富和发展湖湘文化的内涵与形式。正是这种对内在质地的坚守与对外在表现的创新，共同塑造了湖湘文化的独特性和吸引力。这一历史发展脉络呈现为一种由古至今、由内而外、多元互动的系统。湖湘文化的精神标识，如"心忧天下"的家国情

怀，以及"六经责我开生面，七尺从天乞活埋"的豪迈气概等，构成了其
与其他文化相区别的独特标志。这些标识深植于湖湘地区的历史土壤之
中，通过湖湘人民的行为习惯、价值观念、生活方式等体现，是湖湘人民
共同的精神财富。

（二）在守正创新中推进湖湘文化的创造性转化、创新性发展是时代
需要

文化创新是指回应特定时代提出的挑战，解析实地的特殊境遇和需
要，构建出新的既有历史厚度又有时代特点的文化形态和理论概念。[①]

守正创新顺应时代对湖湘文化内涵进行深化拓展的要求。这一过程要
求遵循文化发展的内在规律，顺应时代潮流，体现时代精神。深化湖湘文
化的内涵，意味着对湖湘文化中固有的价值观念、历史传统和哲学思想进
行更深层次的挖掘与理解。通过学术研究、教育传播和社会实践，不断探
索和解读湖湘文化的深层意义，深化湖湘文化蕴含的深邃的哲学思想、坚
定的道德观念和强烈的社会责任感等内涵，以期在现代社会中发挥其更深
远的影响力和指导作用。湖湘文化内涵拓展涉及将湖湘文化的核心价值观
和精神追求与现代社会的实际需求相结合，创造出新的文化表达形式和社
会实践方式。如将湖湘文化中的家国情怀和创新精神融入现代企业管理、
城市规划、教育改革等领域，以此激发社会发展的新动力。同时，通过跨
界合作和国际交流等手段，湖湘文化的内涵可以拓展到更广阔的领域，与
其他文化进行交流和融合，形成新的文化现象和创意产品。创新超越单纯
的形式变革，它是一种文化精神的升华和文化价值的再创造。通过这一过
程，湖湘文化得以更好地适应时代的变化，满足当代人的精神需求，并成
为推动社会和谐与进步的重要力量。

守正创新实现时代性与实践性的统一，确保文化进步与时代发展同
步，同时在实践中不断验证并丰富其内涵。习近平总书记在江西景德镇考
察调研时深刻指出，老祖宗传下来的优秀传统文化，我们要继续攥在手

[①]　姚新中：《中华文化创造性发展的方法论思考》，中华书局，2017。

里，与时俱进，让它发扬光大。^① 守正创新的过程，就是湖湘文化自我有机更新的过程，包含有效更新和有质更新两层意义。有效更新要求湖湘文化与时俱进，回应当代社会的关切和需求，这意味着在保持文化传统的同时，必须赋予其新的内涵和表现形式，使其在现代社会中发挥积极作用。湖湘文化中蕴含的诸如勤奋、坚韧、忠诚等价值观念，是历史留给我们的宝贵财富。在现代社会，这些价值观念可以通过创新后的教育模式、公共政策、社会组织等形式得到传承和弘扬。湖湘文化拥有丰富的艺术传统，如湘剧、湘绣等，这些传统艺术在现代社会面临着传承和发展的双重挑战。这就要求我们不仅要保护和传承这些艺术形式，还要探索如何将它们与现代审美和技术相结合，创作出既有传统特色又符合现代审美的艺术作品。这不仅能够增强艺术的市场竞争力，也能够扩大其社会影响力。优质创新则进一步强调增加创新的深度和文化价值的提升。湖湘文化的创新应当深挖文化资源，通过艺术创作和学术研究，不断丰富文化的内涵。同时，还应注重提升文化的审美价值，增加其思想深度，使之转化成能够启迪人心、发人深省的文化产品。优质创新体现湖湘文化发展的精髓，它要求我们在追求形式新颖的同时，更关注内容的深度和文化价值的提升。这种创新基于对湖湘文化深厚底蕴的深刻理解，以及对现代社会需求的精准把握，旨在通过创新实践，使湖湘文化的内在价值得到更好的体现和广泛传播。

（三）在守正创新中推进湖湘文化的创造性转化、创新性发展是实践诉求

实践诉求强调湖湘文化发展的现实意义。守正创新满足人民对精神文化的现实需求。当前，人民群众的精神文化需求日益增长，对文化产品和服务的品质提出更高要求。湖湘文化蕴含着丰富的精神资源，通过创造性转化、创新性发展，满足人民群众多样化、多层次的精神文化需求。首先，随着社会的快速变化，人们需要有一种稳定的文化认同和情感依托。湖湘文化深厚的历史积淀和独特的地域特色，奠定了这样的文化精神根

---

① 李卓尔：《让文明之光照亮复兴征程——习近平总书记引领推动文化遗产保护传承》，《人民日报》2024 年 6 月 8 日。

基。以守正创新的方式保护和传承湖湘文化遗产，使其成为连接过去与未来的桥梁，使人们建立对历史文化的尊重和认同。其次，守正创新是推动文化多样性发展和提高文化活力的力量源泉。随着社会的发展和科技的进步，人们的精神文化需求也在不断变化。不应仅仅将湖湘文化放在"冷冻柜"中保存，而应该结合现代科技和新的思维模式，探索新的艺术形式和文化表达方式，使湖湘文化更加生动，更贴近现代人的生活，满足年轻一代对文化的新期待。再次，守正创新能够促进文化与社会的和谐发展。文化是社会发展的灵魂，它影响着人们的价值观、行为习惯和生活方式。湖湘文化的守正创新不仅要满足个人的精神需求，还应考虑如何促进社会整体的和谐与进步。在传承和发展湖湘文化的过程中，注重文化的社会效益，通过教育引导青少年树立正确的历史观和文化观，通过文化活动增强社区凝聚力，通过文化交流促进地区间的相互理解和尊重。

守正创新是推动湖南社会经济发展的现实需要。湖湘文化作为推动中国式现代化的重要精神力量，具有人民性、实践性、科学性、发展性的文化特质，与马克思主义一体相通，这些都是湖湘文化在现代社会中发挥作用的基础。经由守正创新，湖南现代文化的发展具有"革故鼎新、承袭文脉、与时俱进""勇立潮头、敢为人先、知行合一""开放包容、兼收并蓄、自强不息"的精神内核。"革故鼎新、承袭文脉、与时俱进"指的是湖南文化的革新精神和对传统的尊重。在创新与传统的融合中，湖湘文化的发展做到了既不盲目崇拜新事物，也不墨守成规，而是在继承历史与文化精髓的基础上进行必要的革新。通过不断更新观念和实践方法，湖湘文化始终保持着旺盛的生命力和时代感。这种自我更新的能力，使湖湘文化能够在快速变化的环境中保持连续性和稳定性，展现出一种既重视传统又不断求新的文化态度。"勇立潮头、敢为人先、知行合一"体现了湖南人民面对挑战的勇气和对实践的重视，强调现代文化中的开拓精神和实干特质。湖南人敢于追求梦想，同时又将想法付诸实践，实现思想与行动的统一，体现现代文化中求真务实的一面。这种勇于开拓的精神和对实践的重视成为推动社会进步和文化创新的强大动力。"开放包容、兼收并蓄、自强不息"展现了湖湘现代文化的包容性和自我强化的精神。在全球化的大背景下，湖南现代文化展现出极大的开放性和多元化特征。它不局限于地域界限，而是积极吸收和融合其他文化的有益成分，充实自身内涵。同时，"自强不息"的精神内核驱使湖南人在不断的文化交流中坚持自我提升，持续推动文化的发展和创新。湖南现代文化重视传统价值，又不断寻求创新；既突出个体的先锋意识、又强调群体的智慧。对湖湘文化的守正创新，让湖南在迅速发展的现代社会中，不仅能够适应各种变革，还能积极塑造时代文化。

三 在守正创新中湖湘文化创造性转化、创新性发展的"三个面向"

在人类文明历史长河中，湖湘人民创造了源远流长、博大精深的湖湘文化，为中华民族生生不息、发展壮大提供坚实的精神支撑。湖湘文化所蕴含的哲学思想、人文精神、价值理念、道德规范等，为解决当代发展面临的问题带来重要启示，为人们认识和改造世界提供有益启迪，为治国理政和道德建设提供有益启发。当今，湖湘文化创造性转化、创新性发展以马克思主义为指导，坚持守正创新，立足当代湖南现实，发展面向现代生活、面向市场经济、面向人民美好生活需求的湖湘文化。

（一）面向现代社会生活

习近平总书记指出，"我们要善于把弘扬优秀传统文化和发展现实文化有机统一起来，紧密结合起来，在继承中发展，在发展中继承"①。"要使中华民族最基本的文化基因与当代文化相适应、与现代社会相协调，以人们喜闻乐见、具有广泛参与性的方式推广开来，把跨越时空、超越国度、富有永恒魅力、具有当代价值的文化精神弘扬起来，把继承传统优秀文化又弘扬时代精神、立足本国又面向世界的当代中国文化创新成果传播出去。"② 文化既要薪火相传，又要与时俱进。湖湘文化的现代发展不是简单的文化复制，更不是陈腐的文化复古，而是以时代之眼发现传统之美，以创意之力活化传统之韵。这就要求处理好传统与现代的关系，通过创造性转化创新性发展，建构面向现代生活的湖湘文化。无数历史证明，传统

① 《习近平谈治国理政》第二卷，外文出版社，2017，第313页。
② 《习近平谈治国理政》，外文出版社，2014，第161页。

文化如果背对现实实践、远离现代生活，必然走向衰落，甚至没落，只能作为标本储存，陈列于博物馆，而不可能兴盛。

湖湘文化本身具有强大的生命力和适应性，能够根据时代的变化实现守正创新。自新文化运动后，湖湘文化加速发展，基本完成现代转型，成为处于流动社会条件下，既具地方特点又具普遍意义的现代中国文化单元之一。这一转型不仅体现湖湘文化在发展方向上的前瞻性、品格塑造上的激进性、内容转换上的创造性和功能选择上的社会性，而且也展示了湖湘文化在面对现代社会挑战时的适应性和创新能力。湖湘文化的基本特质实事求是、敢为人先、爱国救亡、经世致用、自强坚韧等在现代社会中得到新的诠释和发展。2020 年 9 月 16 日，习近平视察湖南时，专程来到汝城县沙洲村，带领大家重温"半条被子"的温暖，指出"半条被子"的故事充分体现中国共产党的人民情怀和为民本质。①"半条被子"的故事不仅反映了红军战士无私奉献、亲民爱民的高尚品质，还映射出当地民众对湖湘文化爱国主义精神、民本思想的认同与回应。这种军民之间的相互支持与深厚情感，构成了"血脉相通、鱼水情深"的湖湘精神纽带。

面向现代生活，发挥中华优秀传统文化在现代社会中的积极作用，极大促进文化繁荣和社会发展。随着社会的发展和时代的进步，人们对于文化的需求也在不断变化，人们的精神文化需求在不断提高，审美理念在不断进化，亟待以现代产业理念生产更多富含湖湘文化基因的产品，以现代审美思维传承发展非物质文化遗产。适应新时代的发展的程度，决定着中华优秀传统文化创新实践的力度、深度、广度。按照时代需求与发展趋势，在通晓古今之变，正确观察时代和把握时代脉搏的基础上，直面社会现实问题，挖掘好、维护好、阐释好、继承好、运用好湖湘文化蕴含的哲学思想、人文精神、价值理念、道德规范和思维方式，使之与现实社会相融相通，以时代精神激活湖湘文化的生命力。

（二）面向现代市场经济

习近平总书记在《之江新语》的《文化是灵魂》一文中形容，"文化

---

① 《"半条被子"的故事充分体现了中国共产党的人民情怀和为民本质》，人民网百家号，2020 年 11 月 12 日，https://baijiahao.baidu.com/s?id=1683112374076525278&wfr=spider&for=pc。

的力量，或者我们称之为构成综合竞争力的文化软实力，总是'润物细无声'地融入经济力量、政治力量、社会力量之中，成为经济发展的'助推器'、政治文明的'导航灯'、社会和谐的'黏合剂'"。① 文化不应是坐而论道的书斋文化，而是经世致用的济世文化。

面向现代经济需做好湖湘文化人文性与经济性结合的文章。文化和经济好比人类社会发展的两个车轮，经济奠定发展的物质基础，文化提供发展的动力和价值导向。优秀的文化不仅能为经济发展起到正向推动作用，还能为经济发展打开更加广阔的空间，提供更加持久的动力，推动经济增长从"快"向"好"转变。湖湘文化的人文性具体体现为其所蕴含的价值观、思想理念、艺术成就和社会习俗等文化元素，这些不仅构成湖湘人民的精神家园，也是社会和谐与进步的重要基石。湖湘文化的经济性则是指湖湘文化在经济活动中的实际应用和转化能力，包括文化产业开发、文化资源利用以及文化市场拓展等。

湖湘文化的人文性强调人的价值和主体地位，激发人们的创造力和积极性。人文性追求真善美，引导人们树立正确的价值观，注重人与自然的和谐，促进人与自然和谐共生。湖湘文化的经济性能够促进人们勤奋工作、创造财富，促进经济交流与合作，能够推动经济转型升级。

发掘湖湘文化的人文价值能够推动经济社会的高质量发展。湖湘文化价值在现代市场经济中发挥积极作用。从宏观层面，可以深入挖掘湖湘文化价值、创新湖湘文化表现形态、推动湖湘文化与其他经济业态深度融合，激活创造力，提升发展品质，促进经济结构优化升级。湖南在文化产业的认识和实践上先行一步，走在全国前列，这离不开湖湘文化对湖南文化产业发展的支撑作用。从微观层面看，可以将文化价值融入企业的经营理念和品牌建设中，增强企业的核心竞争力和市场影响力。面向市场，不能囿于一域，而应顺应时代、把握大势，在新一轮世界技术产业变革的潮流中丰富湖湘文化内涵，在聚焦湖南改革发展的实践中与时俱进，在激活文化市场需求上聚焦发力。

---

① 《之江新语》，浙江人民出版社，2007，第149页。

（三）面向人民群众美好生活需求

改革开放巨大成就使我国人民精神文化生活不断迈上新台阶，人们的科学素养、人文素养、审美能力等具有显著提升，对精神文化产品的质量、品位、风格等具有更高要求。在新的时代背景下，湖湘文化的守正创新需面向人民群众美好生活需求，推动经济社会高质量发展。

湖湘文化发展为了人民、依靠人民，这也是湖湘文化守正创新的宗旨所在。当前改革开放进入了新攻坚期，无论是满足人民群众日益增长的物质文化需求，还是满足人民群众对美好生活的向往，满足的主体都是人民群众。因此，"以人民为中心"既是社会主义的本质体现，同时也是社会物质生产力发展到一定阶段的体现。湖湘文化要以广大人民群众对于美好生活的向往为中心，以人民群众的文化需求为导向发展建设文化事业，不断提升扩大各项文化事业和文化产业的内涵、质量与规模。同时，湖湘文化发展依靠人民，习近平总书记深刻指出人民既是历史的创造者、也是历史的见证者，既是历史的"剧中人"，也是历史的"剧作者"①。推动湖湘文化守正创新，要牢固树立依靠人民群众的观点，尊重人民群众的主体地位和首创精神，为人民群众成为社会主义文化建设主力军开辟道路、搭建平台、创造条件，让人民群众的活力创造力得到充分发挥。

湖湘文化发展成果归人民共享。湖湘文化创造性转化、创新性发展的各项文化成果应为人民群众享有，成为社会公共生活的一个组成部分，以高质量文化供给增强人们的文化获得感、幸福感。当前，文化产业成为文化与经济融合发展的重要领域，并日益成为国民经济支柱性产业。与西方国家突出娱乐化、唯利润化、工业化不同的是，我国文化产业把社会效益放在首位，将社会效益和经济效益有机统一，致力于满足人民群众精神文化需求、增强人民精神力量。这就要求以经济活化湖湘文化，必须进一步发展壮大湖南文化产业，强化文化赋能，充分发挥文化在激活发展动能、提升发展品质、促进经济结构优化升级中的作用。强化科技赋能，以人文精神护航高质量发展，丰富文化产品供给，提升文化生活品质，满足人民

---

① 李延霞、刘慧、刘开雄：《以人民为中心推动文化建设——深入学习贯彻习近平文化思想系列述评之八》，《人民日报》2024 年 1 月 30 日。

群众多样化、多层次的文化需求。在公共服务方面，湖湘文化融入现代生活，通过开展社区文化活动、建设公共文化设施等方式，让文化服务深入人心，弘扬湖湘文化的崇高的精神追求和价值理念，推动社会风气向上向善，营造更加文明、和谐的社会氛围，让人民群众在精神上获得滋养。

第三节　以文化自信为核心的创造性转化、创新性发展

文化自信，是更基础、更广泛、更深厚的自信，是更基本、更深沉、更持久的力量。历史和现实表明，有文化自信的民族，才能立得住、站得稳、行得远。习近平总书记指出："坚定文化自信，就是坚持走自己的路。""坚定文化自信的首要任务，就是立足中华民族伟大历史实践和当代实践，用中国道理总结好中国经验，把中国经验提升为中国理论，既不盲从各种教条，也不照搬外国理论，实现精神上的独立自主。要把文化自信融入全民族的精神气质与文化品格中，养成昂扬向上的风貌和理性平和的心态。"[①]

对于具有悠久历史和丰富内涵的湖湘文化而言，在全球化和多元文化互相交流的时代背景下，只有坚守文化自信，其创造性转化、创新性发展才具有生机与活力。

一　湖湘文化自信的核心意蕴

文化自信是一个国家、一个民族、一个政党对自身文化价值的充分肯定，对自身文化生命力的坚定信念。只有对自己的文化有坚定的信心，才能获得坚守的从容，鼓起奋发进取的勇气，焕发新的活力。[②] 也就是说，文化自信是一个国家、民族和政党对自身的理想、信念、学说以及优秀传统文化发自内心的尊敬、信任和珍惜，是对当代先进文化充满信赖感的尊

---

① 习近平：《在文化传承发展座谈会上的讲话》，人民出版社，2023，第 10 页。
② 云杉：《文化自觉 文化自信 文化自强——对繁荣发展中国特色社会主义文化的思考》，《红旗文稿》2010 年第 16 期。

奉、坚守，对未来文化发展有放眼世界的自信、担当和追求。[①]湖湘文化是中华优秀传统文化重要组成部分，湖湘地区的人民群众对自己的文化身份和湖湘文化的价值怀揣坚定的信念，对湖湘历史、传统、价值观和文化成就持有积极自信的态度。

文化自信不是凭空产生的，也不是一蹴而就的，而是有其独特的生成谱系，包括横向与纵向、历时性与当下性的交织。这意味着文化自信的形成是一个涉及认知、情感和实践等多个层面的复杂且系统的过程。

（一）文化自信形成的阶段性

文化自信，从本质上来讲是一种基于文化自觉的心理认同、坚定的信念和正确的文化心态。心理学视域下的文化自信可以被视为个体对自己所属文化的认同和自豪感，以及对该文化形态的价值、传统和成就的积极评价和情感反应。[②]据此，考量文化自信可从文化认知、文化情感、文化认同和文化动机四个维度展开。

从文化认知看，文化自信是对本土文化的知识、价值观、信仰体系、符号等方面的了解和认识，也包括对文化特征和文化差异的了解、对文化知识的了解、对文化价值观的接受与评估等。从文化情感看，文化自信是一种内在的心理情感体验，包括强烈的自豪感、深刻的归属感、情感投入、文化价值情感评价以及文化依恋感和文化敬畏感等。自豪感来源于对文化成就的深切认同，是一种对文化遗产的珍视、对文化传统的传承、对文化创新的追求。归属感是指当个体对自身文化充满自信时，他们会感受到与同胞的深切联系，感受到源自文化共同体的温暖和力量。这种归属感能够消弭个体间的隔阂，凝聚起共同的精神力量，为社会发展注入活力。主体对文化的情感投入和文化价值情感评价，是产生文化依恋感和文化敬畏感的重要依据。当主体对所属文化拥有积极的情感体验时，就会对文化产生依恋与敬畏感，文化则成为个体的积极心态的塑造者，使个体在流动性社会中获得认同感、幸福感和安全感。然而，如果个体产生消极的文化

---

① 刘林涛：《文化自信的概念、本质特征及当代价值》，《思想教育研究》2016年第4期。
② 吕晓峰、孟维杰：《文化自信的心理机制及培育路径》，《中国社会科学报》2023年12月20日。

情感体验，就会在面对文化时产生失落感、焦虑感和不安全感，导致个体与文化之间不可避免地产生冲突。从文化认同看，文化认同是指文化主体对自身所属文化的认可和接纳，是对文化的一种发自内心的承认和坚信。文化自信体现为对文化身份的清晰定位，当个体拥有文化自信时，他们能够清晰地认识到自身的文化身份，并以此为基石，树立明确的人生目标和价值追求。这种认同感使个体在多元文化碰撞中保持文化自觉，坚定文化立场，捍卫文化主权。从文化动机看，文化自信来自文化的主体性，文化主体性是文化自信的根本依托。根据马斯洛的需求层次理论，需要是动机产生的基础。当个体对某一文化具有深刻的认知、情感体验和认同，这种文化就会成为推动个体行为的内在动力。文化动机是文化主体在文化方面的内驱力、意图和目标导向，它涉及个体在文化领域中表达和展现自己的行为，包括体验和学习、寻求文化体验、表达与交流以及传承和创新文化等。这是文化自信的最后阶段，也是判断文化自信的根本指征。个体只有具有文化动机，才能将对文化的认同以文化行为的方式表达出来，表现为对文化的沉醉、传播、创新。

　　文化认知、文化情感、文化认同和文化动机四个阶段共同构成了文化自信形成发展的过程。① 四者具有连续性，各自又具有独立性，相互影响。文化认知是起点，是主体对文化的认识、理解和评价，属于初始阶段。文化情感是以文化认知为基础的积极或消极的情绪体验，其决定主体是亲近还是远离自身所处的文化环境，并决定由此萌发的情感和态度。在文化认知和文化情感共同作用下，主体将原始的直观感知提升至理性层面，引发深层的文化满足感和归属意识，从而形成文化认同。文化认同直接激发主体的文化动机，进而激励个体投身于对文化的保护与创新，在与外来文化的互动交流中，为个体的行为提供内在的驱动力，实现文化的传承和创新，进而增强对自身文化的认同感和自信心，从而形成更加坚定的文化自信。文化动机是文化自信的核心驱动力和实践环节，是个体在文化认知、文化情感和文化认同的基础上，将内在的文化认同转化为外在文化行动的

---

①　吕晓峰、孟维杰：《文化自信的心理机制及培育路径》，《中国社会科学报》2023 年 12 月20 日。

动力源泉，个体积极参与、主动创新和自觉传播文化。上述四个阶段围绕着文化自信的产生、发展和巩固，形成了一个由认知到情感、由认同到行动的渐进过程。这个过程不仅是个体心理发展的历程，也是文化传承与创新的社会动态过程。

（二）湖湘文化自信形成与表现

湖湘文化自信的形成也是历经文化认知、文化情感、文化认同与文化动机四个阶段的深度积淀与升华。这四个阶段相互交织递进，共同构筑起湖南人民对自身文化的深刻理解和坚定信念，为湖湘文化的传承与创新提供强大的内在动力。

文化认知是湖湘文化自信形成的起点。湖南作为一个文化资源大省，拥有丰富的传统文化和红色文化资源，这些文化资源，为湖南人民提供了丰富的文化认知材料。湖湘文化源远流长，自先秦湘楚文化至宋明理学，再到近现代革命文化，形成了独具特色的文化体系。对湖湘文化的认知涵盖对湖南地域特色、历史沿革、学术思想、艺术成就、民俗风情等多维度的系统梳理与深入理解。如湖湘流域的自然环境、地理条件对湖南人民生活习性、性格特质的影响，使人们深刻理解湖湘文化所蕴含的坚韧、务实与创新精神。又如对湖南历史文化名人、学术流派等的研究，揭示湖湘文化深厚的思想底蕴与丰富的人文精神。对湖南民间艺术、非物质文化遗产如湘绣、花鼓戏、梅山傩戏等的研究，揭示了湖南文化的多元性与艺术魅力。

随着认知的不断深入，深度了解湖湘文化历史故事、英雄人物、艺术作品等，对湖湘文化价值充分肯定，由此产生情感体验。这些情感体验激发了湖南人民对本土文化的亲近感、归属感与自豪感，促使他们对湖湘文化产生深深的情感依恋。岳麓书院的对联"大江东去，无非湘水余波"就深刻反映湖南人民对湖湘文化充满自豪的情感。湖南虽地处南方一隅，但其文化底蕴深厚，人才辈出，对中华文明的发展起到不可忽视的作用。"无非湘水余波"以豪迈的口吻表达湖南人对自身文化血脉的骄傲，认为湖湘文化的影响力如同湘江一样波澜壮阔。这句话展现了湖湘文化的博大精深和湖南人的胸襟气度。

对湖湘文化的认同构建了湖南人民集体身份与文化自觉。湖南人民在集体身份认同上展现出充分的文化自信，他们将自己视为湖湘文化的传承者与实践者，将这一文化视为精神家园和行为规范的根基。这种认同不单是对文化符号、习俗、方言等表层文化特征的接纳与传承，更深刻地体现为对湖湘文化核心价值观、思维方式、道德规范等深层文化要素的内化与践行。内化和践行这些文化要素的过程，即是文化自觉的体现。文化自觉促使个体主动承担起传承、弘扬与创新本土文化的使命，积极投身于文化保护、教育普及、文艺创作、理论研究等文化实践活动。通过这些实际行动，湖南人民不仅推动了湖湘文化的繁荣与发展，而且将文化自信从个体情感提升为群体共识，构筑起稳固的社会心理基础。

湖南人民的文化动机由文化认同发展而来，是一种强烈的使命感和责任感。在文化动机驱使下，人们在文化领域积极弘扬湖湘文化，提升湖湘文化的知名度与影响力。同时，文化动机也激励湖南人民在继承传统的基础上，勇于创新，赋予湖湘文化新的时代内涵与表现形式，使之在与全球文化交流互鉴中保持活力，持续为社会进步提供精神滋养与智慧支持。这种文化实践与创新的自觉行动，既是湖南人民文化自信的外在体现，也是湖湘文化不断巩固与深化的重要途径。湖南人民群众的文化自信基于对湖湘文化的充分认知，湖南人民群众正确认识文化和自我的关系，有助于减少偏见，促进跨文化交流和相互理解，积极拓宽文化视野，增强文化敏感性。

二 "文化同化"与"文化失根"

文化自信和文化自觉是构建文化软实力的基石，它们构成一个民族文化发展的内在动力。当一个民族或地区对自己的文化缺乏自信时，容易受到外来文化的影响，逐渐丧失自己的文化特色。一些文化主体在与其他文化的接触过程中，因缺乏对自身文化价值的认同和保护，导致传统语言、宗教信仰、生活习俗等被外来文化所取代，最终导致文化同化。

文化自觉性不足可能导致年轻一代对本民族的传统文化缺乏了解和兴趣，从而在现代社会中感到迷茫，失去文化认同感。缺乏文化自信和文化自觉将导致对本土文化资源的忽视，无法有效地挖掘和利用这些资源进行文化创新。如一些地区可能拥有丰富的民间艺术和传统工艺，但由于缺乏对其价值的认识和开发，这些文化资源未能转化为文化产品。在全球化背景下，缺乏文化自信和文化自觉可能导致文化冲突和误解。当一个文化群体未能有效地表达和传播自己的文化时，可能会被其他文化群体误解，从而引发文化摩擦。因此，一个民族只有对自身传统文化资源有足够的认识、理解，才能真正将其内化为创新的源泉，才能实现文化的延续，增强民族凝聚力。

三　文化自信对于湖湘文化创造性转化、创新性发展的重大意义

湖湘文化强调以文化人、以文育人，这种文化自信和传承精神是增强文化软实力的关键。湖湘文化创造性转化、创新性发展体现湖南人民的文化自信和文化自觉、历史自信和历史自觉、价值自信和价值自觉。在历史长河中，湖湘文化不断吸收融合新的元素，形成独特的文化特色。湖湘文化的创造性转化、创新性发展，正是基于对传统文化的自信和自觉，以及对历史和价值的自信和自觉。自信来源于对湖湘文化深厚历史积淀和独特价值的充分认识，自信促使湖湘文化在面对外来文化冲击时保持自身的特色和独立性。自觉则体现在对传统文化的主动传承和创新上，湖湘文化通过自觉地吸收时代精神，不断丰富和发展自身的内涵。树立高度的文化自觉和文化自信能够保护湖湘文化的根脉，增强湖湘文化的吸引力，从而增强我国文化的凝聚力和向心力。

（一）文化自信来源：深刻理解和尊重湖湘文化

湖南人民的文化自信根源于湖湘文化所蕴含的精神、智慧和经验。这些文化精髓在历史的长河中不断推动着社会的发展，为湖南人民建立文化自信构筑坚实的基础。湖湘文化在坚守其独特性的同时，与中华文化的主体紧密融合，形成一种既展现地方特色又具有普遍价值的文化形态。湖湘文化的这种特性使其具有广泛的适应性和影响力，而且在中华文化的宏大叙事中确立了其重要地位。这种文化自信的形成，是历史与现实相结合、地方与整体相协调的结果，它不仅为湖南人民提供一种文化上的归属感，

也为湖湘文化的传承与创新提供不竭的动力。

湖南文化植根于中华文明的沃土，深受儒家、道家、法家等思想影响，尤其是理学在湖南的广泛传播，使湖南文化与中华文化主脉紧密相连。同时，湖湘文化在与中华文化交融的过程中，充分发扬地域特色，形成独特的湖湘精神与价值取向。如"心忧天下，敢为人先"的社会责任感，"经世致用，实事求是"的务实态度，以及"吃得苦、霸得蛮、耐得烦"的坚韧性格。湖湘文化独树一帜，与中华文化主体相辅相成，共同构成中华文化的多元面貌。

湖湘文化鲜明独特性为湖南人民建立文化自信提供强大的外部推动力。独特性是指湖湘文化在中华优秀传统文化中展现出的鲜明个性，赋予湖湘文化鲜明的辨识度与竞争力，使其在文化交流与对话中独树一帜。首先，湖湘文化在历史积淀中形成独特的文化遗产。马王堆汉墓出土的珍贵文物，展示了湖南地区在汉代的繁荣景象与所具备的高超工艺；岳麓书院作为千年学府，见证了湖湘学术的兴盛与人才培养的辉煌；湘绣、花鼓戏、侗族大歌等非物质文化遗产，展现湖南丰富多彩的民间艺术与民俗风情。这些独特的文化遗产，不仅承载了湖南的历史记忆，也为湖湘文化在全球文化版图中树立鲜明的地标。其次，湖湘文化在思想创新中形成独特的理论成果。王夫之的船山学说，以其深邃的哲学思考与批判精神，被誉为"东方黑格尔"；毛泽东思想，作为中国共产党领导中国革命与建设的理论武器，对20世纪的世界产生了深远影响。这些理论成果，不仅丰富人类思想宝库，也为湖湘文化在全球文化对话中赢得崇高的学术地位。再次，湖湘文化在社会实践中的表现独特，如近代以来湖南人在中国近现代史上的突出贡献，如戊戌变法、辛亥革命、新民主主义革命等重大历史事件中湖南人的贡献，以及湖南在新中国成立后在农业、工业、科技、教育等领域取得的显著成就，均彰显湖湘文化的实践活力与创新精神，进一步提升了湖湘文化在全球视野下的影响力与竞争力。

文化自信不仅体现在对文化价值的独特性认识上，也体现在对外来文化的开放包容、兼收并蓄上。习近平总书记指出："在各国前途命运紧密相连的今天，不同文明包容共存、交流互鉴，在推动人类社会现代化进程、繁荣世界文明百花园中具有不可替代的作用。"① 湖湘文化的创造性转化、创新性发展并非闭门造车，排斥外来文化，而是把对湖湘文化的守正创新与积极借鉴吸纳外来文化有机统一起来，实现文化的交流、互鉴和融合。包容开放和兼收并蓄不仅能够促进多元文化的和谐共存，也为增强文化的多样性和丰富性提供条件。湖湘文化在保持自身特色的同时，也能够不断地从其他文化中汲取营养，增强自身的文化自信。历史上，湖南地处南北交通要冲，中原文化、荆楚文化、岭南文化、巴蜀文化等多种文化在此交汇融合，形成湖湘文化丰富多元的底色。佛教、道教传入湖南后，与本土文化相互影响，催生湖湘佛道文化的独特形态。在传统手工艺方面，外来文化的理念、方法、技术等与本土文化、技艺深度融合，形成了具有湖南特色的文化成果。如湘绣吸收苏绣、粤绣、蜀绣等技艺特点，形成工笔细腻、色彩艳丽的独特风格。

（二）湖湘文化发展重要保障：坚定而充分的文化自信

坚定的文化自信是推动湖湘文化创新发展的根本保证，只有坚定对湖湘文化的价值认同和自觉认同，才能为湖湘文化创造性转化和创新性发展提供强大的精神动力。虽然湖湘文化孕育了灿烂多彩的文化成果，承载着丰富的传统价值，但在当代社会也存在普遍性的认同危机，主要表现在以下三个方面。一是传统文化传承断代。随着社会变革和经济发展，许多传统文化习俗和价值观正在逐渐消失。目前，传统的湘剧和花鼓戏的年轻一代受众日益减少，一些传统手工艺也因为市场萎缩而难以为继。二是传统文化遭到商业化和娱乐化的侵蚀。市场经济的发展使文化日益物化与技术化，一些传统文化被扭曲和异化，失去原本的内涵和价值。三是传统文化遭到文化多元化的冲击。随着全球化和信息化的发展，人们接触到更多元的文化，对传统文化的认同感有所下降。面对这些问题，必须坚守文化自信，在传承中敢于创新，在创新中勇于超越，使湖湘文化始终保持生机和活力。

从个体层面分析，增加个体情感投入与激发个体创新意识是湖湘文化

①　习近平：《携手同行现代化之路——在中国共产党与世界政党高层对话会上的主旨讲话》，人民出版社，2023，第7页。

创造性转化、创新性发展的关键环节，文化自信意味着实现对湖湘文化价值的确认和肯定。一是激发个体对湖湘文化的热爱与尊重，促使他们在日常生活中主动传承、实践湖湘文化，为湖湘文化的传承创新提供微观层面的动力。二是鼓励个体在面对外部文化冲击时，坚守湖湘文化的核心价值，抗住文化同质化的压力，保持湖湘文化的独特性。在面对多元文化碰撞与冲突、强势文化的冲击与渗透时，正确处理与世界多元文化的关系，以客观的态度审视自我，以积极的姿态学习他者，既不故步自封，也不盲目崇拜，在坚持民族文化主体性的前提下，积极吸收异质文化中的精华，逐步掌握文化交流的主动权。三是激发个体的创新意识。个体对湖湘文化的创新性诠释与表达应被视作对文化传统的尊重与继承，而非对传统的背离或颠覆。这种正面评价与鼓励机制能够消除个体创新时的顾虑与压力，激发他们大胆尝试、积极探索的热情。

从社会群体角度分析，文化自信是湖湘文化创造性转化、创新性发展的根基与动力。它以集体认同与价值共享为基础，凝聚湖湘人民的力量，推动湖湘文化传承与创新不断深化。首先，文化自信引发湖湘人民对自身文化的情感共鸣，使他们对湖湘文化历史记忆、地域特色、人文精神形成深刻的认同，深刻理解湖湘文化在社会生活、公共治理、社区建设中的重要作用。这种共同认知、情感共鸣、深切认可为湖湘文化创造性转化、创新性发展提供坚实的社会支持。其次，文化自信强化社群内部的文化凝聚力，促进湖湘人民在文化传承创新中形成合力，共同推动湖湘文化的发展。再次，文化自信还促进社群对外部文化的开放与包容，使人们能够以开放包容的心态看待其他文化，吸取其精华，为己所用，推动湖湘文化与世界文明的交流互鉴。最后，文化自信还引导人们在文化传承创新中关注社会公正、环境保护、可持续发展等议题，推动湖湘文化与社会进步深度融合。

四　坚定文化自信，湖湘文化创造性转化、创新性发展的"两个立足"

文化自信是湖湘文化创造性转化、创新性发展的基石，在坚定文化自信的前提下，推进湖湘文化创造性转化、创新性发展需要做好"两个立足"工作，要立足于文化本体的建设，深入挖掘和传承湖湘文化的核心价值与精神财富。要立足于文化的未来，积极规划和培育湖湘文化的创新性发展路径。

（一）立足湖湘文化本体

习近平总书记指出："坚定文化自信，就是坚持走自己的路。"① 湖湘文化自信的根基深植于对中国特色社会主义道路、理论、制度的坚持与发展，同时也依赖于湖湘文化自身的持续进步与自我超越。坚定文化自信，推进湖湘文化创造性转化、创新性发展，首要任务应当是专注于湖湘文化本体的建设，深挖内涵、传承精髓、创新表达，练好湖湘文化自身"内功"。

（1）不忘本来，善于挖掘社会历史和现实中蕴含的优秀的湖湘文化，做到薪火相传、代代守护，与时俱进、勇于创新

文化是人类社会的重要组成部分，它不仅是人类本质力量的展现，也是人类精神的自我确证。因此，有必要深入研究湖湘文化的历史脉络，挖掘其在不同历史时期的文化表现和社会作用。一方面需关注文化的形式和内容，理解其背后的社会结构和价值观念。通过对历史文献的梳理、对古迹的考察以及对民间传说的收集，更全面地把握湖湘文化的精髓，为创造性转化提供坚实的历史基础。另一方面，需具备敏锐的社会观察力和文化洞察力，挖掘当代现实生活中蕴含的优秀文化和先进文化，撷取那些能够反映现代社会价值、符合时代发展趋势的文化元素。

（2）吸收"外来"，秉持文明是多彩、平等、包容的正确态度和基本原则，推动不同文明相互尊重、和谐共处

文明交流互鉴首先体现为对不同文明的尊重与欣赏，既包括对其他文明的历史积淀、地域特色、人文精神等核心要素的尊重与欣赏，又包括对其当代价值与发展成就的认可与借鉴。近年来，文明交流互鉴逐渐成为推动湖湘文化发展的重要理念，被视为其创造性转化与创新性发展的外部动力。首先，通过广泛深入的文明交流，湖湘人民得以深刻认识并尊重其他

---

① 习近平：《在文化传承发展座谈会上的讲话》，人民出版社，2023，第10页。

文明的历史文化，这种对文明历史底蕴的深入理解和敬畏之情，为湖湘文化的传承创新注入深厚的历史动力。其次，文明交流互鉴拓宽湖湘人民的视野，使他们能够充分领略并认同其他文明的地域特色，这种对其他文化独特性的欣赏与借鉴，为湖湘文化的传承创新提供丰富的地域灵感与实践参照，成为推动其创新的重要驱动力。最后，文明交流互鉴激发湖湘人民探索其他文明人文精神，深刻领悟其中蕴含的理想主义精神与创新精神的热情，这不仅能够提升湖湘人民的人文素养，还能够为湖湘文化的传承创新注入鲜活的人文精神内核，使之在保持自身特色的同时，具备更为广阔的人文视野与创新活力。

（二）立足湖湘文化发展的未来

增强文化自信是一个多维度的过程，要求不仅从历史的深度中发掘文化底蕴，从当下的实践中展示文化魅力，更要对未来进行深远的规划，挖掘文化发展的内在潜力。在全球化的背景下，不同文化的交流与融合日益频繁，未来世界的竞争将在很大程度上体现为文化软实力和价值观的较量。

为在全球多元文化格局中脱颖而出，湖湘文化创造性转化、创新性发展的关键在于加强湖湘文化的吸引力与引导力，提升其软实力。湖湘文化的未来发展需要立足于本土，同时放眼全球，通过创新实践，不断探索文化与现代社会相结合的新路径。

（1）创新文化发展，增强湖湘文化的吸引力

文化创新是实现文化发展的动力，是保持文化活力和吸引力的重要途径。湖南作为我国十大文物城市之一，无论是世界物质文化遗产还是世界非物质文化遗产，总量都在全国名列前茅。面对这一丰富的文化遗产，使湖湘文化的思想精髓在当代世界绽放光芒，并赢得全球民众的喜爱，成为湖湘文化走向国际舞台的关键课题。为应对这一挑战，可以借鉴世界文化强国在文化发展上的成功经验。首先，从思想文化的表达形式着手，用世界听得懂、能理解的语言传播湖湘文化。其次，创新文化传播的平台与载体，搭好网络化、信息化的"顺风车"，善于利用新媒体宣传湖湘文化。

（2）增强文化的引导力，提升湖湘文化的话语权和竞争力

文化在塑造国家形象和提升国际地位方面起到举足轻重的作用。在当今世界，相较于其他认同形式，文化认同的重要性日益凸显。历史已经证明，大国的崛起都以文化为坚实的基石；而国家强盛之后，又依托其强大的综合国力，进一步增强其文化的国际影响力。因此，要在国际舞台上充分展现湖湘文化的先进性和引领力，必须善于挖掘具有普遍价值的湖湘文化资源，在国际交流中勇于发声。湖南省第十二次党代会报告提出了湖南深度融入"一带一路"建设的战略目标，旨在扩大国际文化交流合作，加强国际传播能力建设，并推动"湘"字号文化产品走向世界，讲述中国故事中的湖南篇章。这一战略部署为湖湘文化的对外传播提供宏观指导和政策支持。通过积极参与同其他国家和地区的文化互动，能够显著提升湖湘文化的国际影响力。

第六章　湖湘文化创造性转化、创新性发展的实践进路

新时代传承和弘扬湖湘文化，实现其创造性转化、创新性发展，对于推动湖南文化建设、提升国家文化软实力具有重要意义。湖湘文化创造性转化、创新性发展要在物质文化遗产的活化利用、非物质文化遗产的传承与创新、历史文化街区的再生、红色文化的传承与弘扬等方面下苦功夫，做好政策机制保障创新工作，立足实际、多措并举，走出一条具有湖南特色的实践路径。

第一节　湖湘文化创造性与创新性的策略

推动湖湘文化创造性转化、创新性发展，向"前"探源研究"透"，向"内"挖掘阐释"好"，向"新"借力展示"美"。向"前"探源研究"透"，深入挖掘湖湘文化的历史脉络、文化精髓和价值观念，以历史为镜，探索湖湘文化创新之路；向"内"挖掘阐释"好"，精准把握湖湘文化的内涵特征、精神内核和时代价值，以理论为基，筑牢湖湘文化创新之魂；向"新"借力展示"美"，充分运用现代科技、创意设计和市场运营手段，以创新为翼，实现湖湘文化创新。湖湘文化创造性转化、创新性发展正全面而深入地推进，这一进程实现了湖湘文化历史价值、文化价值与市场价值的和谐统一，开辟传承与发展新的道路。

一　挖掘阐释，赋予湖湘文化崭新的时代内涵

挖掘阐释传统文化精髓是湖湘文化创造性转化、创新性发展的坚实基

础。习近平总书记强调："要讲清楚中华优秀传统文化的历史渊源、发展脉络、基本走向，讲清楚中华文化的独特创造、价值理念、鲜明特色，增强文化自信和价值观自信。"① 湖湘文化创造性转化、创新性发展应立足当代，深入挖掘阐发湖湘传统文化精髓，赋予湖湘文化崭新的时代内涵。

考古挖掘深入探究湖湘文化内在价值，提炼时代内涵，为后续湖湘文化的实践应用与创新发展奠定坚实基础。一是从"古"出发，深入挖掘湖湘文化的历史、哲学、美学、伦理、道德、习俗等各个层面的内涵，揭示其内在的价值观念、思维方式、行为规范、审美情趣等核心要素，认清湖湘文化深厚的历史底蕴。二是从"当下"出发，紧扣当代政治、经济、科学、社会、文化生活的需求，探寻湖湘文化与现代文明的内在关联，使传统文化的意蕴与现代生活紧密联结，赋予湖湘文化鲜活的时代生命力。要深度挖掘湖湘文化如何"润物细无声"地浸润经济，特别是支撑现代化经济体系；要推陈出新，构造人文经济形态，使之成为中华民族现代文明之"达用"；要围绕湖南"文化强省"战略布局推进，深入挖掘湖湘文化传统中的经济元素和商业契机，在实践中构建出新的价值谱系，适应社会流行风尚，创造出新的文化价值。

阐释研究是湖湘文化创造性转化、创新性发展的理论准备，包括两方面。一是启动湖湘文化保护传承工程，全面梳理湖湘文化的发展脉络，整理出版湖湘文化典籍，围绕湖湘文化历史传承、湖湘文化时代化等重大理论、现实课题，推动湖湘文化研究更加深入，取得创造性转化、创新性发展的新成效。二是鼓励湖湘文化理论研究的原创性与前瞻性，力求推出在学界具有深远影响力且富含学理内涵的创新成果，为湖湘文化创造性转化、创新性发展提供理论支撑。鼓励历史学、社会学、经济学、艺术学等多个学科领域的学者合作，共同探讨湖湘文化的创新发展问题，从多角度、多层次促进理论创新。加强同高校及科研院所的联合研发，重点依托智力资源，持续促进湖湘文化成果转化，激发传统文化创新与转化的内生动力。

---

① 《习近平谈治国理政》，外文出版社，2014，第 164 页。

挖掘与阐释湖湘文化，必须秉持科学严谨的方法论，确保研究的准确性和深度。一是秉持问题意识，深入挖掘湖湘文化在现代社会存在的文化传承断层、现代表达方式缺失、国际传播力度不足等问题，建立问题库，并对其进行分类、分析，确定研究的优先级和方向。构建湖湘文化内外部要素的综合理论框架，用以分析和解释文化现象及其发展变化。深入研究具有代表性的湖湘文化现象或案例，剖析问题的本质和成因，为理论创新提供依据。利用现代信息技术建立湖湘文化动态监测系统，实时跟踪文化发展的新趋势、新问题，及时调整研究方向和策略。二是坚定创新意识，在挖掘阐释过程中，应秉承去粗取精、去伪存真的一贯原则，在系统全面搜集古籍资料的基础上，认真检索、细致校验、辨析优劣，倡导创新性研究。加强对标识性文化遗产的保护研究和挖掘阐释。

二　创新激活，湖湘文化实现再创造

创新激活文化实现再创造，是湖湘文化创造性转化、创新性发展的关键。通过创新思维、创新方法、创新手段，对湖湘文化的内涵、形式、功能、价值进行再创造，赋予其崭新的时代内涵、艺术形态、市场价值。

（一）产业化促进湖湘文化的创造性转化、创新性发展

湖湘文化产业化不仅是湖湘文化传承的必然选择，也是湖湘文化创新的重要途径。湖湘文化产业化是指将湖湘地区独有的文化资源转化为具有市场竞争力的文化产品与服务，涵盖文化资源的深度挖掘、系统整理、精心包装及有效营销等。这不仅是对湖湘文化资源的经济价值挖掘，更是对其内在精神价值的创新性传播与弘扬。

一是深度开发文化资源。系统搜集和整理湖湘文化资源，建立健全文化资源普查制度，全面摸清湖湘文化资源的家底，对珍稀、濒危的文化资源进行重点保护，为深度开发文化资源提供基础资料。对文化资源进行全面系统的分析、论证和阐述，包括文化资源的概述、开发战略与原则、价值评估、产业形态、符号化模式以及数字化及应用等方面。构建特色文化资源开发效益评估指标体系，科学地分类和分级，从而形成四个明确的文化资源品级区域：强势区、优势区、潜力区、一般区。为文化资源的市场

化和公共治理提供决策依据，为资源的产业化开发指明方向。

二是打造湖湘文化品牌。湖湘文化资源要实现资本化。通过文化创意的转化，将这些资源塑造成具有市场吸引力的文化产品，进行产业化经营，形成具有显著地域特色和深厚文化底蕴的文化品牌。创建以湖湘文化为核心的文化品牌，借助品牌的力量推广湖湘文化，提升其市场竞争力。进行 IP 化开发与故事化叙事，选取具有代表性和影响力的湖湘文化符号，如名人轶事、民间传说、地方风俗等，进行 IP 化包装与故事化重构，打造易于大众接受且富有感染力的文化产品。

三是激活文化市场。把握文化市场需求释放的机遇，通过科技赋能湖湘文化产业创新工程，创作生产更多优秀文化产品。紧紧围绕科技赋能文化产业创新工程，布局建设一批引领性重大文化产业项目，加强文化基础设施和公共服务平台建设，创作生产更多既叫座又叫好的优秀文化产品，用品牌和口碑赢得受众、赢得市场。把提振文化消费作为扩内需、稳增长的重要内容，加强消费跨界融合，发挥文化消费对整体消费的撬动作用。提升文化产业园区的创新孵化、展示交易、公共服务等功能，吸引各类文化企业、工作室入驻，形成集约化、专业化、协同创新的文化产业集聚区。基于消费者行为分析与市场细分，明确各类文化产品的目标市场，实施精准营销策略，满足不同群体的个性化文化消费需求。构建线上线下融合的销售网络，利用电商平台、社交媒体、直播带货等线上渠道拓展市场覆盖面，同时优化线下零售店、体验店布局，构建全渠道销售体系。创新消费场景与服务模式，打造沉浸式、互动式消费场景，如文化主题街区、夜间文化消费场所等，推广定制化、会员制、共享型等新型文化消费服务模式。

四是实施跨界融合。秉持"以文塑旅、以旅彰文"的理念，深度整合湖湘地区的红色文化、始祖文化、农耕文化、青铜文化、土司文化、书院文化、陶瓷文化等资源，创新"文化+旅游"模式。发布湖湘文化游径名录，编制游径地图，打造特色文化旅游线路，使湖南成为全球游客心中的"诗和远方"，有效提升湖湘文化的影响力。依托湖湘丰富的自然景观与人文遗产，设计主题鲜明、体验项目丰富的文化旅游线路，融合演艺、节庆、研学、民宿等多种业态，打造一批高品质文化旅游目的地。结合湖湘地区丰富的旅游资源，打造独具特色的文化旅游项目，如红色旅游、山水人文游、非遗体验游等，通过旅游产业实现湖湘文化的活态传承与展示。

（二）利用事业化手段保护和利用、传承湖湘文化，满足人民群众对美好生活的需求

利用事业化手段保护与利用、传承湖湘文化是一个多维度、多层次的过程，涉及政策支持、法律保障、活化利用、产业发展、国际合作等多个方面。利用事业化手段可以有效地保护和传承中华优秀传统文化，同时使其在现代社会中发挥更大的作用。

首先，打造文艺精品，准确提炼并展示湖湘文化的精神标识，更好体现湖湘文化的历史价值、文化价值、审美价值、科技价值、时代价值，繁荣文艺创作，丰富人民精神文化生活。一是打造"湘味""乡味"文艺精品。深入发掘提炼湖湘文化精神特质和思想内涵，突出湖南历史上重大事件、重大人物精神，创作一批反映湖南厚重历史、湖湘瑰丽文化以及湖南红色基因的文艺作品。围绕乡村振兴，推出反映脱贫攻坚成就、乡村新风貌的文艺精品，用文艺讲好湖南故事，用精品书写山乡巨变，大力弘扬脱贫攻坚精神，助力乡村振兴工作。二是推动湖湘文化文艺作品的网络创作。进一步推动网络文学、微电影、短视频、网络直播等有序发展。支持优秀健康原创网络剧、网络电影、网络音乐、网络演出等在湖南制作发行，推动湖湘优秀文化产品数字化、网络化。三是推进传统文艺与网络文艺创新融合。促进传统文艺生产形态的数字化发展，用现代技术和时代语境赋予传统文化新内涵，促进传统文化和时代气息融合。发挥新媒体的独特优势，用好新媒体载体，推动优秀文艺作品多渠道传输、多平台展示、多终端推送。

其次，系统性保护文化遗产。一是完善文化遗产保护体系，针对湖南地区的物质文化遗产（如文物古迹、历史建筑等）和非物质文化遗产（如民间艺术、传统技艺等），建立和完善分级分类保护制度，确保其得到有效维护和传承。二是加强非物质文化遗产的保护和传承，促进非物质文化遗产的活化利用，开展非物质文化遗产的普查和记录工作，确保其得到有

效保存。借助工艺复兴、对传统表演艺术进行现代演绎等方式，使非物质文化遗产在现代社会中焕发新生。设立非物质文化遗产体验中心，让公众亲身感受湖湘文化的魅力。三是保护与开发历史文化名城（镇、村），制定历史文化名城（镇、村）保护规划，平衡保护与开发的关系。开发以历史文化为主题的旅游产品，如举办历史再现活动、文化节庆活动等，吸引游客参与。完善公共文化服务体系，加强公共图书馆、博物馆、文化馆等公共文化设施的建设和管理，提供更多优质文化服务。四是举办公益性的文化活动，如讲座、展览、演出等，提高公众对湖湘文化的认知水平。开展社区文化建设项目，鼓励居民参与本地文化的保护和传承活动。

三　科技赋能，为湖湘文化创造性转化、创新性发展插上科技的翅膀

文化和科技深度融合，共同演进，催生一种全新的产业生态。这一生态不仅融合文化与科技的优势，还拓展两者边界，反映并承载着二者融合后所产生的独特性质、功能和价值。文化和科技融合不仅能够提升人们的生活品质，满足人们高层次的物质消费需求，还能丰富人们的情感体验，极大地激发文化科技消费市场的活力。

对于湖湘文化创造性转化、创新性发展而言，科技的作用不言而喻。在国家文化数字化战略的宏观导向及一系列重大文化产业项目的战略牵引下，湖南正处于一个历史性窗口期。湖南应积极响应国家战略部署，把握时代机遇，坚持以科技创新为驱动引擎，有效赋能湖湘文化产业，推动其在内容创新、业态升级、服务模式变革等方面实现创造性转化、创新性发展。通过搭建数字化平台、推广文化资源数字化应用、研发先进文化科技产品，促使湖湘文化与现代科技紧密结合，释放出更大的社会经济效益，进而提升湖湘文化的竞争力和影响力。

一是开展湖湘文化的数字化保护工作。数字化保护是一项对传统文化资源进行长期保存、高效管理和创新发展的战略行动，通过建立大数据库，整合资源，形成湖湘文化的数字化档案，使分散的文化资源得到集中管理和展示。为此，推进实施全省古籍数字化记忆工程，切实加强古籍保

护、研究、利用。利用三维扫描技术、数字摄像技术及数据库存储技术等，加强对传统艺术形式的保护，实现文物的数字化采集。充分利用数字修复技术，采用 3D 打印技术对那些完整性不足的文化遗产进行复原。采用 VR 与 AR 技术，让文化遗产保护突破时空限制，实现更久远传承。激发公众对文化遗产的兴趣。依托 5G 云网底座，结合空间计算能力，展示湖湘文化遗产。

二是建设湖湘文化数字资源库。构建湖湘文化的"数字全景图"，统筹省内已建和在建的文化基因库、民族文化资源数据库、文化遗址、文化场馆等资源，推动建立贯通优秀传统文化内容创作、发布、存储、传播、应用等全链条的社会化开发利用机制。建设"湖南省文物动态数据资源库"，完成高清藏品数字资料的收集和整理。建立统一的湖湘文化大数据平台，整合湖湘地区的历史文化资源、非遗项目、传统技艺、文学艺术作品等各类文化数据，实现数字化存储和管理。

三是提升湖湘文化数字化内容生产水平。运用 5G、大数据、人工智能等新兴数字技术，探索适合传统文化内容生产的新模式和新业态。整合马栏山视频文创产业园资源，对接湖南省各大博物院，开展诸如建设数字实验室、馆藏数字化、文博数字产业基地等合作，让文物"活起来"。探索数字时代博物馆的创新表达方式与以博物馆为平台的在地文化数字化呈现方式。开放湖湘文化数字资源，将数据库的数据资源转化为数字资产，实现其产业应用价值。

四是创新湖湘文化的传播渠道。以数字技术传播湖湘文化是关键之举。要提升传统文化传播的可视化、形象化水平，增强其可体验性，更好地传播价值观念和人文精神。推动文化资源数字化，推进"互联网+湖湘文化""互联网+湖湘文明"建设，创新传播手段，运用网络直播、文物数字化、科技展览、短视频、微电影等形式，构建线上线下一体化发展的文化传播体系，扩大受众范围，使湖湘文化的传播更加适应现代生活。打造全媒体传播矩阵，坚持差异化的发展策略，立足于湖湘文化这一优秀传统文化资源，坚持文化传播与品牌打造并举，推出"数字汉生活""国宝皆可潮"等文化品牌，较好地实现数字技术与湖湘文化的融合。

五是打造湖湘文化的消费新场景。文化消费不单是物质消费，还包含文化体验、情感归属和身份认同等深层次精神需求，是优秀传统文化传承中的重要环节。以数字技术打造圈层聚合、能够进行沉浸式体验的消费新场景，打造线上线下交融、虚实互动的全新文化消费生态，发掘湖湘文化的经济价值，增强其社会影响力。持续打造线上线下贯通的文化消费新场域。推动网络购物、网络直播、网络视听和网络游戏等与传统古迹、典籍、曲艺、美食等的融合，拓展湖南省内优秀传统文化的消费场景。通过数字技术、设计创意，以更具交互性、趣味性的方式，利用人工智能、数字穿戴等技术，打造诸如《帛画奇境》《关公战长沙》《寻楚记》等沉浸式体验产品。

四　合理利用，推动湖湘文化融入生产生活

现代社会是一个日益开放、多元化的社会，人们的生产生活方式发生深刻变化。湖湘文化要适应现代社会发展的要求，就必须融入生产生活。将湖湘文化融入生产生活，可以使湖湘文化更好地满足人民群众的精神文化需求，促进社会文明进步。一是全面释放文化消费需求。现代社会，人们的文化消费需求日益旺盛。湖南拥有庞大的消费群体，这为湖湘文化融入生产生活提供广阔的空间。应积极营造科学的文化休闲、消费方式，增加各类消费群体的实际可支配收入，全面释放文化消费需求，为文化经济的持续增长提供动力。

二是转变湖湘文化资源配置方式，全面释放文化活力。湖湘文化资源丰富，但存在着配置不均衡、利用不充分等问题。依托乡村振兴、城镇化等系列战略举措，深入把握湖南地区各地域文化和谐共生关系，探索建立地域文化互动机制，促进传统文化在发展政策、资源统筹等方面差异化、互补性发展，构建传统文化协调发展新格局。

三是转变硬要素驱动方式，突出软要素驱动，强化硬支撑。文化产业的发展，不仅需要硬件设施的支撑，更需要软要素的驱动。应在管理创新、创意研发、人才培养等软要素上寻求突破，培育数字文化产业等新兴文化业态，提升湖湘文化的核心竞争力。湖湘文化要走进现代生活，就必

须转变传统表达方式，强化硬支撑。应挖掘传统文化的独特基因，持续加强文化输出力度，创作更多具有时代特征、中国特色、湖南味道的优秀文化产品，满足人民群众多样化的精神文化需求。

四是做好湖湘文化的教育普及工作。要聚焦湖湘文化与践行社会主义核心价值观深度融合，增强湖湘文化在学校教育、家庭教育和社会教育中的教化作用。创新湖湘文化教育体系，让学校成为湖湘文化传播传承的主渠道。鼓励学校开发一系列涵盖湖湘历史、文学、艺术、哲学等内容的教材和课程。这些课程应结合不同年级段的学生认知水平，逐步深入，使学生能够系统地学习和理解湖湘文化。在学校内部营造浓厚的湖湘文化氛围，如设立湖湘文化主题图书馆、展览馆、文化墙等，定期举办湖湘文化艺术节、讲座、研讨会等活动，让学生在日常生活中随时能感受到湖湘文化的存在。学校应与博物馆、图书馆、文化中心等公共文化机构建立合作关系，利用这些机构的资源优势，为学生提供更多的学习机会和实践平台。开展国际文化交流活动，让湖湘文化走进国际学校和教育机构，拓宽学生的国际视野，将湖湘文化推向世界。家庭教育是湖湘文化传承的重要载体。家庭教育在继承发扬湖湘文化中具有学校教育、社会教育无法替代的作用，如尊老爱幼、勤俭持家等美德的培养，知书达理、遵纪守法等行为规范的养成，都更多依赖于言传身教、德教为本的家庭教育方式。加强对历史文献、文化经典、文物古迹中的优秀家风资源的保护、修复和挖掘，整理湖湘古圣先贤和清官廉吏的修身齐家故事。通过家规家训、家书家信等载体和言传身教等方式，形成良好的家风家教。社会教育是湖湘文化元素和价值传播的重要途径。社会作为一个更广泛的文化环境，通过各种文化活动和社会实践，提供文化资源和实践平台，能够丰富人们的文化生活，帮助普及教育的拓展性、辐射性与渗透性，形成正确的价值导向，正确引导舆论。社会对于传统文化的重视和支持，也为学校和家庭提供更多的资源和条件来进行传统文化教育。

五　开放多元：提升湖湘传统文化国际影响力

文明因交流而多彩。在全球化的今天，任何国家和民族的文化建设都离不开国际交流与合作。湖湘文化创造性转化、创新性发展是一个持续开放、融汇古今中外的过程。通过加强国际人文交流合作，激活湖湘文化的创造性与开放性，使其成为现代的、世界的优秀文化。因此，推进湖湘文化的创造性转化、创新性发展应积极推动湖湘文化开放发展。

一是推动湖湘文化典籍的翻译与传播，将湖湘文化典籍传播到海外，是中华文化"走出去"的有效方式。需多措并举，推动湖湘文化典籍在世界范围内的系统翻译和传播。盘点湖湘文化典籍的"家底"，梳理其海外传播情况，找出以往湖湘文化典籍翻译和传播中的成功经验以及存在的短板，寻找适合湖湘文化典籍的海外传播方式，为今后系统翻译和传播提供借鉴。精选翻译典籍，确保翻译质量。建立专门委员会，遴选对湖湘文化有深度研究的专家，选择真正能代表湖湘文化的典籍出版。选择熟悉湖湘文化的专业翻译团队、优秀译者进行翻译。强化对译著的宣传推广力度，最大限度地实现翻译成果价值，精心策划译著的海外传播工作。进行海外目标市场的文化需求和阅读习惯的深入研究，以确定最合适的宣传策略和渠道，了解目标市场的出版行业规范、流行趋势。确保翻译工作不仅语言准确，还要符合目标文化的表达习惯和语境。

二是加强品牌宣传和推广，提高湖湘文化的知名度和美誉度，利用互联网和新媒体平台扩大其影响力和传播范围。加强对湘瓷、湘绣、湘茶、湘烟花、湘剧等湖南文化形式的宣传和推广。建立统一的品牌形象，通过标识设计、封面风格和宣传材料等，提升湖湘文化的品牌识别度。举办文化活动和展览，让更多人了解和认识湖湘文化。通过展销、对接交流等方式，让世界看到拥有深厚传统文化底蕴的匠心独具的手工艺品。提炼总结对外传播模式，归纳多元策略，提升湖湘文化的国际传播影响力。利用社交媒体、在线文学社区、电子书平台等网络渠道进行宣传，增加湖湘文化的影响力。与海外书店、图书馆、大学和文化机构合作，举办讲座、研讨会和展览，为受众提供体验湖湘文化的机会。

三是举办大型文化盛典和公益活动。加强与共建"一带一路"国家和地区的文化交流，互派留学人员。举办湖湘文化节、湖湘非遗保护论坛等文化交流活动周等大型活动，增强湖湘文化的标识性和辨识度。积极参与国际非遗周宣传交流活动，向世界传播湖湘文化，提升其国际影响力。

第二节　湖湘物质文化遗产的创造性转化、创新性发展

文化遗产是湖湘文化的重要组成部分，文化遗产分为物质文化遗产与非物质文化遗产。物质文化遗产是一种有形的社会遗产，包括历史文物、历史建筑等。具体来说，物质文化遗产包括具有历史、艺术和科学价值的文物，如古遗址、古墓葬、古建筑、石窟寺、石刻、壁画、近代现代重要史迹等不可移动文物，以及历史上各时代的重要艺术品、文献、手稿等可移动文物。此外，还包括在建筑式样或与环境景色结合方面具有突出普遍价值的历史文化名城、街区、村镇。

推动湖湘文化创造性转化、创新性发展，需大力实施"文化遗产+"战略，推进文化遗产与文博、文创、文旅深度融合，加大文化创意和文化遗产产品开发，建设一批国家级历史文旅品牌。

一　在"探源展示"上发力，做好考古与文物古迹遗址保护和传承工作

文物古迹作为物质文化遗产的一部分，具有历史价值、科学价值、艺术价值。文物古迹包括与重大历史事件、革命运动和重要人物有关的建筑物、遗址等。

推动湖南考古与文物古迹保护事业创新发展。湖南围绕建设具有中国特色、中国风格、中国气派的考古学贡献力量。做好中华文明探源工作，以沅水流域、洞庭湖、澧阳平原为重点区域，通过具有主动性、学术性的考古发掘、研究，做好探究人类起源、长江中游地区文明起源等田野考古工作及探源课题研究。开展"湖南简帛"保护研究与展示项目，做好马王堆汉墓遗址与楚简、秦简、汉简、晋简保护研究工作，以及长沙简牍博物馆、里耶古城、秦简博物馆、益阳故城遗址等提质改造与开放展示工作。加强对战国秦汉古城的考古与保护利用工作，主要做好临武渡头、汨罗罗

子国古城、保靖四方城、桃源索县汉代城址等战国秦汉古城保护研究与"洞庭郡"考证研究工作。

做好古陶瓷保护传承工作。做好史前白陶及典型遗址研究展示工作，加强对湘江流域古窑址考古工作以及对岳州窑、长沙窑、醴陵窑等的传统陶瓷技艺复兴研究。关于科技考古项目，主要做好考古遗迹与出土文物现场保护、动植物考古、矿冶考古、文物保护与考古实验室建设等工作。

展示保护农耕文化标志性文物。着力打造以城头山古文化遗址等为代表的农耕文化名片，推进城头山澧阳平原史前稻作文化保护展示项目。主要做好以城头山遗址、鸡叫城遗址等为核心的澧阳平原史前稻作农业文化园建设，推进早期稻作农业社会研究及城头山遗址博物馆提质，做好城头山——鸡叫城考古与新发现遗迹遗存保护工作。为申报世界文化遗产做好准备。针对稻作文化遗址田野考古与保护利用项目，主要做好玉蟾岩遗址、高庙遗址的本体保护与价值发掘工作，典型农业考古遗址的考古发掘工作，紫鹊界梯田等的保护利用工作。针对农耕文化纪念性文物保护传承项目，做好炎帝陵、舜帝陵系统性保护利用工作，耕读文化与传统农耕文物保护展示工作。针对村落文物保护与文旅融合发展项目，主要做好集中连片传统村落系统性保护利用工作，做好江永勾蓝瑶寨文物保护与文旅融合示范项目，加强传统村落数字博物馆建设等。

围绕长江国家文化公园（湖南段）建设，全面调查长江流域（湖南段）文物资源，做好长江沿线以及环洞庭湖区域史前遗址、商周遗址及青铜器、古城址和古墓葬、古窑址、农业水利遗产、交通遗产、建筑遗产、万里茶道、革命文物、洞庭湖平原垸田遗产、工业遗产等资源分类整理与价值提炼工作。保护长江沿线（湖南段）文物，做好对铜鼓山商代遗址、大矶头、临湘塔以及其他文物保护单位的本体保护、环境整治、文化展示工作。保护湖湘名楼名人文物，成立相关研究院，主要做好岳阳楼、柳子庙、屈子祠、贾谊故居、桃花源古建筑群、濂溪故里、张南轩墓等的保护展示工作。保护研究水文水利遗产项目，做好水文化研究展示、史前灌溉考古、水利水文遗产调查与文物征集、古井保护等工作。

积极申报世界文化遗产。发挥世界文化遗产申报的示范与抓手作用，提高各级党委政府保护文物与文化遗产的积极性与管理水平，始终把世界文化遗产申报放在特殊位置。做好世界文化遗产管理展示工作，诸如老司城遗址博物馆监测系统提质改造、老司城排水系统保护展示、土司文化考古学研究等。做好侗族村寨（通道、绥宁）、凤凰湘西边墙、万里茶道（湖南段）等申遗预备名录所涉文物的保护、研究、展示工作。积极开展世界文化遗产申报前期研究，做好长沙铜官窑遗址保护工作，加强对湘西边墙、永州浯溪摩崖石刻等的核心价值发掘、申遗前期研究等工作。

二 在"活化利用"上发力，让文物说话，让历史说话

习近平总书记指出要加强文物保护利用和文化遗产保护传承，提高文物研究阐释和展示传播水平，让文物真正活起来，成为加强社会主义精神文明建设的深厚滋养，成为扩大中华文化国际影响力的重要名片。[①]

（一）历史文物活化

以里耶秦简、三国吴简、三眼井楚简、苏仙桥晋简、马王堆帛书帛画为重点，联合高校和科研机构创新研发科技保护手段，深挖出土文物内在价值，开发文创产品。支持博物馆、考古研究单位等国有收藏单位整理出版研究成果，制作和发布相关视频资料。鼓励和支持举办公益性古籍保护成果专题展览，采取国有馆藏与民间私藏相结合、公藏与私藏相结合的多维办展模式。推动实施关于简牍、帛书帛画和珍贵古籍的"云"工程，建立"湖南省古籍珍本数据库"，免费为公众提供阅览服务。鼓励馆藏典籍、保护成果与文创产业相结合，为人民群众提供高品质的文化服务。

（二）革命文物活化

开展革命文物保护利用实施情况评估工作，对全省革命文物所在地、类型、保护利用情况进行全面评估，建立统一登记制度和协同管理机制，完善全省革命文物资源的名录和大数据库，分批次公布革命文物名录。创新展陈方式。鼓励和支持以文艺展演、图片展览、微党课、研学、红色诵读等立体、多维度的形式，讲"活"革命故事，让革命文物元素被感知、

---

① 习近平：《加强文化遗产保护传承 弘扬中华优秀传统文化》，《求是》2024年第8期。

可体验。建立健全革命文物、革命博物馆纪念馆与周边学校、党政机关、企事业单位、驻地部队、城乡社区的共建共享机制，组织开展系列主题活动，如"伟人故里、将帅之乡、革命摇篮""访红色故地、筑信仰之乡"等，加强新时代爱国主义教育。

（三）博物馆馆藏文物活化

有效提升馆藏文物展出率，鼓励国有博物馆通过借展、联展、巡展等方式，形成国有馆藏文物资源共享机制。指导国有博物馆通过调拨、交换、借用等方式，优化馆藏文物结构，帮助馆藏文物较少的博物馆举办有特色的陈列展览。支持湖南博物院和市级、县级博物馆间的联展、巡展。切实提升陈列展览展示水平。结合重大革命事件、重要党史人物和重要时间节点打造全省博物馆展览季项目。组织全省博物馆围绕重大主题，举办专题展览，集中宣传推广，扩大影响力。积极开展精品布展陈列，助力各市级博物馆提升展览水平，做大做强博物馆展览"内循环"。深化文物对外交流与合作，围绕湖湘文化、始祖文化、红色文化等特色文化，通过丰富的精品文物、全新的阐释方式和先进的科技手段，发挥好湖南文物外展"金色名片"功能，讲好湖南故事。实施文化创意产业孵化工程。加大博物馆等文博单位文化创意资源开放力度，鼓励文博单位与社会力量开展多种形式的合作，推动社会资金与文物资源相结合，文化产业和文物资源相结合。拓展文化创意产品开发投资、设计制作和营销渠道，发挥湖南博物院、长沙市博物馆等的引领作用，打造更多的创意品牌。推进数字博物馆建设。运用大数据、云计算、互联网等现代信息技术，加快推进数字博物馆建设，提供丰富的动感体验和精彩的视觉享受，打破时间空间限制，更好地满足群众线上观展需求。提升博物馆青少年教育功能。建立广泛的馆校合作机制，构建校内外育人共同体，建立健全博物馆与教育部门、场馆教育专员与学校教师的联动机制，鼓励学校组织学生到博物馆开展学习实践活动。组织评选、发布博物馆青少年教育课程优秀教学设计推介项目，建立青少年教育项目库。

（四）民间文物活化

探索建立民间收藏文物登记交易制度。以登记交易为中心，创设文物流通领域管理和服务的新模式。由文物经营主体自愿申报拟交易文物标的，文物登记单位鉴定标的是否为可交易文物，并分类进行登记。文物行政部门依法开展文物经营监管。进一步增强收藏爱好者信心，增强文物经营主体审批便利性，明确文物行政部门管理服务职能定位，明晰文物市场发展方向预期，改善文物流通领域环境。鼓励并支持民办博物馆的发展。规范和完善民办博物馆的各项制度，赋予其与国有博物馆同等的法律地位。对具有门类特点、行业个性或地域文化、民族唯一性的民办博物馆，对致力于抢救濒危文化遗产、填补某领域文化空白的新建民办博物馆，给予必要和适当的扶持。根据社会发展和民办博物馆发展状况，依法实行积极有效的管理措施，支持民办博物馆发展。坚持宏观管理、间接管理和协同管理，出台奖补措施，促使民办博物馆把社会效益放在首位，实现社会效益和经济效益的统一。

三　在"数字赋能"上发力，加大湖湘文化遗产传承传播力度

（一）积极推进分布式部署、逻辑相互关联、知识交互共享的湖湘文化大数据体系建设

推进湖南物质文化遗产数字化知识生产服务能力、文化遗产展示传播能力快速提升，提高文化遗产信息化水平，实现湖南文化遗产全景展现、数字成果全民共享、数字产品世界知名。推进湖湘文化大数据资源建设。进行湖湘数字资源采集，制定湖湘文化数字资源入库标准，充分整合利用湖南博物馆、文史展览馆已有藏品，研究、保护、展示、传播、产业化成果，充分利用在建/已建成的数据库。依托历年来文化遗产普查相关数据，进一步对湖湘文化物质性遗产文物（含可移动和不可移动文物）、藏品以及相关成果等进行全样本数据记录采集，广泛汇聚和梳理文字、图片、音频、视频、动画、数字体验项目等不同类型的数字资源，构建湖湘文化资源数据库。深度挖掘湖南文物数字资源的知识关联特性。基于知识图谱等人工智能技术对不同领域、不同形态、不同主题的文化遗产数字资源进行分类编目、标注、关联，实现数据管理平台所汇聚的各类资源库和数据库细粒度、语义级、知识级的贯通融合。强化湖南文物博物馆数字资源的多

语种、国际化的内容制作；开展湖南文物博物馆全阶段、全地域、全形态、全内容的资源整合和挖掘工作，创新通史性、全景式的应用，提供关联数据。

（二）建设湖南文化遗产数字资源服务与产品云平台

建设湖南文化遗产资源大数据开发平台、湖南文化遗产数字资源产品与服务开发应用平台、湖南文化遗产数据资源交易和海外推广交易平台。构建面向湖湘文化资源大数据汇聚、关联贯通的湖南文化遗产大数据平台，为湖湘文化数字资源的应用奠定文物博物馆数据资源基础。制定文化遗产资源标准，设计与国家、省市文化大数据系统的对接方案和接口规范，实现与国家、省市文化大数据体系的高效联网和数据共享。建设湖南文化遗产数字产品与服务创作生产线，开发数字产品与服务协作生产平台，提高湖南的文物博物馆数字产品与服务的质量，降低成本。开发湖南文化遗产数字资源产品与服务供给平台，提供基于云服务支持线上线下一体化、在线在场相结合的藏品、研究、教育、出版、传播、展示等多样化文物博物馆服务。建设基于区块链技术的湖南文物数据资源交易平台，为湖南文物资源数据和数字内容的确权、评估、匹配、交易、分发等提供专业服务，建设具有区域特色的文物数据资源交易中心。

（三）大力推动湖南文化遗产数字展示与传播水平

开展面向湖南重要文化遗产专题、重要不可移动文化遗产（如古建筑、考古遗址）、重要博物馆成果、经典红色和革命文化遗产、重要历史文化等领域的湖南文化遗产数字展示与传播应用示范服务工程。提供数字文博新体验，具象化、立体化、沉浸式、全样态地呈现湖南文物，为湖南实施全域旅游战略提供文物数字化支撑。推广云展览展示传播，依托湖南文物数字资源产品与服务云平台，统筹文物价值挖掘、数据支撑、技术应用、展览展示，开发一批高水平的数字展览展示创新项目，打造湖南文物博物馆云展览和新媒体传播高地。建设湖南文化遗产数字文化海外推广平台，为湖南的文物博物馆进行国际交流与贸易提供相关政策信息、市场信息、法律咨询、技术支撑、人才招聘等服务。

第三节 湖湘非物质文化遗产的创造性
转化、创新性发展

非物质文化遗产包括各种传统文化表现形式，这些形式为各族人民世代相传并被视为其文化遗产组成部分。具体来说，非物质文化遗产涵盖民间文学、传统音乐、传统舞蹈、传统戏剧、传统体育、游艺与杂技、传统美术、传统技艺、传统医药和民俗等几大门类。这些门类反映非物质文化遗产的多样性和丰富性，每个代表性项目都是文化多样性的展现。推动非物质文化遗产创造性转化创新性发展，充分发挥现代产业的作用，使人文与经济相得益彰；充分发挥科技的关键作用，将文化和科技融合，推动湖湘非物质文化遗产更好地融入现代生活，发挥带动作用，服务经济社会发展。

一 建圈强链，推动非遗产业转型升级

做强非遗产业链，发展好非遗生态圈，推动传统文化资源转化为经济资源，推动文化资源优势转化为经济发展优势。一是聚焦非遗现代产业生态圈建设。吸引非遗头部企业入驻，培育产业链链主企业，构建包括链主、平台、研究机构、中介机构、非遗传承人等在内的"5+N"产业生态圈，推动非遗走工业化、智能化制造之路，推动非遗由传统技艺向创意产业转型。二是聚焦完善非遗产业链条。促进非遗产业链、供应链、资金链、人才链以及各条产业链之间的深度融合，通过内容创意、技术研发和工艺的良性竞争，推动企业不断创新，促进优胜劣汰，延长产业生命周期，增强产业链稳定性。三是聚焦政、产、学、研深度融合。构建以非遗企业、文化科技企业和消费者为主，以政府、高校实验室与投资机构为底座的非遗科技融合发展共创体系，加强与马栏山数字媒体湖南省重点实验室、湖南大学数字文化创意与智能设计技术文化和旅游部重点实验室、湖南师大产学研示范基地等文化科技类重点实验室、工作室展开合作，支持利用科技文化打造非遗"飞地"。四是聚焦龙头企业。加快培育非遗"瞪羚"企业，支持培育符合比较优势、有发展前景的非遗企业做大做强，逐

步带动上下游配套企业和生产同质功能非遗产品的企业。

二　数字赋能，拓展非遗发展新渠道

科技赋能是非遗高质量发展的强引擎。借力数字化手段，推动湖湘文化在保护传承、传播、经济层面全面开花。一是运用数字化技术对非遗文字、图片、音频、视频资料进行保护，加强 3D 数字建模，将超高清视频等前沿文化科技应用于非遗，助力非遗实现"数字永生"和"经典重生"。二是应用数字化工具创新湖湘文化表现形式。加强科技与非遗资源平台、交易平台的融合，推广区块链等新兴技术在非遗创新发展和成果转化中的应用，为非遗连接社会资源打开新通道。三是搭乘"互联网+"快车，助力非遗产品生产和消费。继续探索发展非遗数字藏品市场，将实物"存量"转换为数据"增量"。打通线上线下消费渠道，促使非遗企业和消费者有效连接，实现非遗生产个性化、品质化与批量化、标准化，满足消费者个性化高端化需求和一般日用需求。对接腾讯、哔哩哔哩、京东专门上线的非遗主题活动区，依托微信、抖音、快手等新媒体，加强与相关文化传媒企业合作，助力非遗"出湘""出圈""出彩"。

三　创新加持，焕发非遗传承利用活力

非遗传承利用的核心是创新，通过模式革新、方式变革，实现业态共生，打造非遗品牌，推动传统工艺高质量发展。一是材料创新。开发性能更优、性状更优、可获得性更高的材料。在宏观方面，研发材料的替代物质；在微观方面，推动材料物质的不断优化，支持材料的利用、制备的技艺同步发展。二是设计创新。将非遗技艺与现代科技、艺术相结合，将其引入广泛的设计范畴，如请柬、商标、产品包装设计、插图、书籍装帧等，设计出更具特色和竞争力的产品；与知名设计师、知名品牌合作，打造联名 IP，提升非遗知名度和影响力。三是工艺创新。邀请材料专家和相关行业专家协助参与非遗工艺创新研发，推动传统工艺与服饰、装饰等日用品完美融合。四是设备创新。推动生产设备的数字化、智能化、机器化等现代化转型，提高非遗产业的竞争力；开展非遗技艺的创新研究，探索

非遗技艺的新应用、新领域和新产业。五是模式创新。在新的文化经济形势下，改变传统非遗厂家材料提供商、产品生产商的角色定位，开放工艺流程，建设博物馆、体验园，建设特色小镇。

四 突出内涵，激发非遗跨界融合潜力

跨界融合通过强内涵与扩外延，获取多种助力，获得多维赋值。一是跨"企业"边界。运用工业互联网平台，围绕消费者和供应链两条主线进行数字化建设，推动企业向数字化、智能化转型。如陈昌银麻花，借助标准化的数字供应链平台，以满足市场需求为导向，反向引导生产，提升工厂和客户之间的订单流转效率，满足客户定制需求。二是跨"行业"边界。以非遗为基点，与旅游、文创、影视等行业跨界合作，形成一批"非遗+"新业态，如"非遗+文旅""非遗+文创""非遗+动漫""非遗+影视""非遗+中医药"等，特别是加强传统非遗小微企业、作坊与建筑、家居、服装、旅游、课外教育等行业对接。三是跨"产业"边界。非遗与第一、二、三产业协同发展，在非遗生产的原材料端，可与种植基地合作，促进当地农业的发展；在非遗产品的制造端，可与制造企业合作开发产品，促进制造业的发展；在非遗与旅游的融合中，与餐饮、住宿等服务企业合作，促进当地服务业的发展。四是跨"领域"边界。推动非遗进校园，培养更多的非遗传承人、非遗爱好者和相关从业人员。推动非遗进社区，建立非遗传承的社区共建机制，让非遗成为社区文化的重要组成部分。

第四节　推动历史文化街区的高质量发展

历史是城市的记忆，文化则是城市的灵魂。保护、活化地方特色传统文化，推动历史文化街区高质量发展，要做好"挖掘阐释""两个融合""创新求变"等工作。

一 回答发展之问：写好"挖掘阐释"文章，让"活化石"变成"金名片"

截至 2023 年 12 月底，湖南已拥有历史文化名城、名镇、名村共计

269 个，历史文化街区 53 片，历史建筑 2590 处。① 这些成果对于维护地方传统文化遗产的完整性、丰富现代城市建设的文化内涵，以及提升地方文化软实力都具有深远的意义。

随着社会公众对城市功能需求的不断增加，在城市发展的同时，保护好地方特色传统文化遗产，是历史文化街区发展面临的重大挑战。习近平总书记强调："城市历史文化遗存是前人智慧的积淀，是城市内涵、品质、特色的重要标志。要妥善处理好保护和发展的关系，注重延续城市历史文脉。"② 城市发展和文化遗产保护不是一道二选一的选择题，而是需要两手抓的必答题。为此，需向内挖掘求"全"。全面挖掘地方文化宝库，摸清资源底数，掌握历史文化街区的历史沿革、文化资源总量、品级品质和开发潜力等"身份信息"。按照"空间全覆盖、要素全囊括"原则，加快编制保护名录和分布图，一体化保护包括街巷、建筑、传统民俗在内的文化遗产，明确保护范围和要求，做到心中有数、手中有方。向外阐释求"真"。一方面，"修旧如旧"，保护真实、完整的历史环境；另一方面，划分"重点打造、适度利用、风貌提升"三种利用类型，精准制定保护与利用策略，完好留存历史痕迹和文化印记。向微借力求"美"。以"绣花"功夫做好"微更新"，"镶牙式""针灸式"做好"微改造"工作，保存典型民居和传统街巷，保护历史风貌和文化内涵，提升街区整体美学，完善生活功能。

二 直面传承之需：写好"两个融合"文章，以"融"促活，以"融"促兴

对地方特色文化不能进行"隔绝式保护""库房式保管"，需要与公众时代记忆相连接，与时代需求相契合，让其成为人民群众的精神财富。为此，要创新传承方式，挖掘文化内涵，拓展应用场景，做好融合发展

---

① 刘奕楠：《湖南构建特色城乡历史文化保护传承体系—— 历史文化街区焕发新活力》，湖南省人民政府，2024 年 3 月 23 日，http://www.hunan.gov.cn/hnszf/hnyw/zwdt/202403/t20240323_33260545.html。

② 《习近平关于城市工作论述摘编》，中央文献出版社，2023，第 114 页。

工作。实现业态融合，将商业之力、旅游之体、文化之魂相统一。找准传统文化与市场需求的结合点，踩准当代人对于"慢生活""松弛感"的需求，发展集观光游憩、文化体验、特色餐饮、时尚购物于一体的文旅产业，商、文、娱融合发展。打造文化数字化消费新场景，推动老字号商铺、店铺、品牌入驻，推进非遗"带土移栽"。开展创意民俗活动，开发非遗技艺等多条研学路线，打造"没有围墙的民俗博物馆"。加强文化与科技融合。打造"数字孪生古街"，深化古街内涵，复原历史文化城区、街区和工业遗产风貌，还原历史原貌与生活场景。丰富消费者消费体验，打造"新、奇、特、幻"新型社交消费空间。精准营销，借鉴"短视频+文旅"发展模式，助力街区提高知名度。加强文旅空间形态与环境生态融合发展。保留不同年代的建筑元素和时间印记，深入挖掘、呈现老建筑的核心文化，让每个商铺都成为一个独特的景点，采用"文化+"方式，引进知名连锁品牌，整合周边老宅，整体打造精品酒店、创客空间、陈列馆、博物馆等。采用"文化×"方式，将传统建筑、现代街巷串联起来，与周边环境生态广场、绿地景观融为一体，提高街区发展竞争力。

三　突破特色之难：写好"创新求变"文章，破解"千街一面"，实现"千街千解"

湖南部分街区在进行整体商业开发过程中，对历史文化资源内涵发掘得不充分、提炼得不够精准，展示手段不够丰富，存在"同质化"、过度"商业化"的功能错置现象，使本应具有"本源性"文化底色的街区，沦为千篇一律的"吃喝玩乐一条街"。

为此，需提升"守正创新"能力，以数字技术为底层，以特色文化为灵魂，以多元品牌为资产，"唤醒""焕新"历史文化街区。植入超级"文化IP"，激活"文化基因"，深入研究地方特色文化的起源、发展、演变过程，揭示其艺术风格、历史价值、人文精神等核心要素；解锁"文化密码"，提炼出人物形象、故事传说、艺术风格、地理标志等具有广泛影响力、高度识别度的"文化符号"；找到传统与市场的结合点，实施融入、转化、催生策略，让经典重生再现。增强文化"混搭感"，将地方传统文化的"古色、红色"与现代文化"新色、绿色"结合，"串珠成链、聚链成群、集群成势"，统筹规划好点与点、片区与片区之间的历史文化、红色文化和绿化生态建设。将文化嵌入"共享+"生活，推动"共享空间""共享文化""共享经济"等共享形式发展，让古城老街成为居民、创客和游客的"共享家"。推动文化"跨界式"活化，"以用促保"，将资源用起来，将文化传下去，深度将历史文化遗存与科普教育、陈列展览、学术研究和旅游服务等融合。"保育活化"，振兴传统工艺，支持利用民居、历史建筑、文保单位等建设非遗展示体验中心，持续推进小型博物馆建设。支持青年艺术家在街区开设工作室等，构筑人才创新发展新空间。

四　集聚多方之力：写好"同频共振"文章，形成"人人都是建设者"的发展格局

历史文化街区高质量发展离不开地方政府重视和政策推动，离不开市场主体的文化品位和设计眼光，更离不开公众的认同呵护和共建共享。为此，需发挥政府"掌舵人"作用，形成"政府主导、企业运作、多方参与、利益共享"机制。政府充分发挥决策、支持和监督作用，实施"古街保护更新伙伴计划"，以公开招租、公开转让、合作开发等市场化形式招引伙伴对象。在湖南科技赋能文化产业创新工程中，要积极鼓励各地申报历史文化街区保护传承类项目，落地实施一批内生动力强、综合效益明显的优质项目，使之成为老百姓喜闻乐见的去处。发挥居民"智多星"作用，探索当地居民自主更新的改造模式。摒弃以往"穿衣戴帽"方式，引导居民、投资者按照传统风貌要求修缮房屋；引导每家每户展现独特个性，"螺蛳壳里做道场"，在"小天地"中去写下"大文章"。大力总结推广像绍兴仓桥直街保护模式、松阳"拯救老屋行动"、诸葛八卦村"人人都是文保员"、永嘉"百家修百屋"等经验做法，找到更多行之有效的大众参与保护的路径和方式。发挥市场"生力军"作用，探索社会资本参与的多元模式。鼓励社会资本通过财政补贴、税收减免等方式参与历史文化街区的保护与更新。创新金融工具，通过设立专项基金、发行债券、信用融资等方式，吸引社会资本参与历史文化街区的保护与更新。

第五节　做好湖湘红色文化的保护传承

红色文化是湖湘文化重要组成部分，是中国革命文化与传统文化相互交融孕育而成的产物。习近平总书记指出，湖南是一方红色热土，大批共产党员在这片热土谱写了感天动地的英雄壮歌①。湖南是革命圣地、伟人故里、红色文化摇篮，湖湘红色资源在中国红色文化中占据重要的历史地位。截至 2023 年，湖南有省级以上爱国主义教育基地 192 个，其中全国爱国主义教育示范基地 38 个，数量位居全国各省份第一。全省查明登记不可移动革命文物保护单位 2300 余处，其中全国重点革命文物保护单位 59 处，省级革命文物保护单位 438 处，革命文物资源总量和重要资源数量均位居全国前列。

党的十八大以来，湖南以高度的政治自觉担负起传承红色基因的使命任务，充分挖掘红色资源"富矿"，在保护传承利用上下功夫，赓续红色血脉，汲取红色力量，让红色基因代代相传。湖南充分发挥红色资源优势，深入挖掘提炼与湖南相关的革命精神，教育引导广大干部群众发扬革命传统、传承红色基因，大力弘扬伟大建党精神。大力弘扬红色文化，注重培根铸魂，研究总结提炼"半条被子"、十八洞村等红色故事的精神内涵、时代价值，把红色资源作为加强党的政治建设的鲜活教材，推动新时代党的建设，使红色文化薪火相传，让革命文物得到有效保护利用，让遍布全省的红色资源"活起来、动起来、火起来、火出圈"，使湖湘大地成为没有围墙的革命历史博物馆。

一　夯实革命文化保护工作

加强国有馆藏革命文物的鉴定定级工作，稳步推进革命文物大数据库子库建设。准确掌握各级各类革命文物的保护、保存、保管现状。在统筹

---

① 《习近平在湖南考察时强调 在推动高质量发展上闯出新路子 谱写新时代中国特色社会主义湖南新篇章》，人民网，2020 年 9 月 19 日，http://cpc.people.com.cn/GB/n1/2020/0919/c64094-31867620.html。

好革命文物的抢救性保护和预防性保护、本体保护和周边保护、单点保护和集群保护等工作的基础上，继续实施好"百项重点革命文物保护工程"，并将它们建设成为核心价值突出、规模不一的革命文化园区和红色景点景区。针对早期建党旧址，保护好以新民学会成立旧址、湘南学联旧址、中共湘区委员会旧址、湖南自修大学旧址、中共平江县委旧址、中共金家堤支部旧址等为代表的中国共产党湖南早期地方组织相关系列革命文物、革命旧址。针对工农运动旧址，实施以毛泽东考察湖南农民运动旧址、水口山工人运动旧址、衡山岳北农工会旧址等为代表的湖南工农运动相关系列革命文物保护工程。针对武装斗争旧址，实施以秋收起义、平江起义、湘南起义、桑植起义等"四大起义"为代表的武装斗争相关系列革命文物保护工程。针对革命根据地旧址，实施以井冈山、湘鄂西、湘鄂赣、湘赣、湘鄂川（渝）黔等为代表的革命根据地相关系列革命文物保护工程。针对伟人故居及革命名人故居，实施以113位湖南籍开国人物为代表的湖南伟人故居及革命名人故居系列革命文物保护工程。

二　提质革命文化展示传播水平

加强以研究阐释为基础的革命文物展示传播，充分挖掘革命文物精神内涵，出台革命文物讲解词撰写指南，指导撰写好并动态更新革命文物说明词、讲解词。指导做好重点革命文物保护单位展示工程和革命纪念馆陈列展览提质工程，倡导以物说话，倡导讲述文物背后的故事和精神，倡导庄重朴素的陈列展览形式；从陈列展览的内容研究和文物展品研究出发，不断推出弘扬革命精神、培养社会主义核心价值观的主题展览，提炼时代精神、挖掘细节故事，逐步解决重点革命文物保护单位和革命纪念馆提供的陈列展览作品没有科学说服力、欠缺内在感染力、难以触动人内心的突出问题。对湖南全省革命纪念馆的陈列展览进行提质，在坚持政治性思想性艺术性统一的前提下，合理运用现代科技手段，增强革命文物展览的表现力。统筹探索革命文物片区展示方式，推进长征线路暨长征国家文化公园湖南段、湘鄂渝黔和湘赣边等湖南革命老区的革命文物展示传播，在每一个片区，依托一家或两家核心的、主题突出的革命纪念馆，以及几处或多处以全国重点文物保护单位和省级文物保护单位为代表的革命文物保护单位，通过对革命文物的整体保护和统筹展示、预防性保护和数字化保护利用，明确片区的革命历史时空定位和核心价值，逐步形成集保护、展示、宣传、教育、体验、传承和旅游等功能于一体的革命文化园区。

三 拓展革命文化利用空间

高质量发展红色旅游。推出一批以革命文物为核心的红色主题游径、精品线路；在革命文化有址可寻、有物可看、有史可讲、有事可说、见人见物见精神的基础上，细化制定红色旅游景点景区建设标准、服务标准、讲解标准；继续公布红色旅游经典景区、景点和线路，推出"潇湘红"红色旅游App；办好中国红色旅游博览会和湖南红色旅游文化节；擦亮"伟人故里、将帅之乡、革命摇篮"红色旅游品牌，着力打造以韶山等为代表的经典红色名片。加大传承弘扬革命文化的力度。通过展览、讲解、研学、演艺等手段拓宽利用革命文物的思路。创作"红色烙印——湖南革命文物故事"系列图书、短视频、宣传片，建立革命文化主题知识数字图谱，宣传"革命文物实证共产党人的初心使命""潇湘红色故事汇""访红色故地 筑信仰之基"等革命文化活动、作品等，并通过"线上+线下"、融媒体讲好党的故事、革命的故事、英雄的故事，使革命传统教育、爱国主义教育以及党史、新中国史、改革开放史、社会主义发展史、中华民族发展史学习教育与革命文化传承弘扬相得益彰。红色旅游品牌已经形成，根据《中国红色旅游发展报告（2022）》，湖南红色旅游发展指数位列全国第6[①]。韶山至井冈山红色旅游铁路专线开通，十八洞村、沙洲村成为理想信念教育的新地标。湖南连续18年举办红色旅游文化节，建成28个国家红色旅游经典景区，5条精品线路入选"建党百年红色旅游百条精品线路"。坚持"保管用"三位一体推进方式，实施革命文物保护传承工程，建设全省红色资源大数据库，推进长征国家文化公园（湖南段）、革命文物保护利用重点片区建设，打造以韶山为代表的红色经典名片，打造集"景区""演

---

① 湖南省社会科学院（湖南省人民政府发展研究中心）：《让"芳草"更加芬芳——关于促进我省红色文化和旅游深度融合发展的调查》，《专报》2023 年 6 月 27 日。

艺""文创""展览""体验"于一体的红色旅游品牌。

第六节　做好湖湘文化创造性转化、创新性发展的保障

实现湖湘文化创造性转化、创新性发展必须构建一个涵盖体制机制、社会思想、法治环境、主体参与和人才培养等的全方位保障体系。保障措施的制定与实施应充分考虑时代性、地域性、群体性与虚拟性等多元因素的影响，以确保其与现代社会的快速发展、地域文化特色、不同群体需求以及数字化趋势相适应。

一　加强湖湘文化创造性转化、创新性发展的制度保障

2017 年 1 月，中共中央办公厅、国务院办公厅颁布的《关于实施中华优秀传统文化传承发展工程的意见》，提出了原则要求和任务举措，阐述了基本途径、主要措施、重点工作，从组织领导、政策保障、法治环境、社会参与等方面的内容，对传承发展中华优秀传统文化做出系统部署和制度性安排。湖南要按照党和国家一系列政策要求，在建立机制体系、营造社会环境、优化政策举措、制定规范准则等方面开展工作，进一步完善制度政策法规体系。要推出切合实际的传承模式，出台相关政策措施，为湖湘文化创造性转化、创新性发展提供制度保障。

做好顶层设计，制定湖湘文化创造性转化、创新性发展战略规划，明确发展目标、任务和路径。加大政策支持力度，出台相关政策，为湖湘文化的创新性发展提供政策支持和法律保障。出台的政策应该涉及文化产业发展指导、文化市场监管、文化遗产保护等。要完善传承弘扬湖湘文化的体制机制，夯实保障基础，把软保护和硬约束结合起来。

做好产业保障与金融服务工作。出台专门的湖湘文化保护与产业开发政策，明确政府、企业和社会各方的责任与权益，强化法律法规对文化资源保护和产业开发的监管。提供金融支持与税收优惠，建立多元化投融资体系，引导社会资本投入湖湘文化保护与产业发展。给予符合条件的文化

产业项目一定的税收优惠，降低其创业和运营成本。培育与规范文化市场，建立健全文化市场管理体系，规范文化市场秩序，保护消费者权益。提供政策支持，给予税收优惠，鼓励企业投资与湖湘文化相关的项目。加强对文化产品和服务的质量监管，提升湖湘文化在市场中的竞争力。

完善制度体系，提升治理能力。更加有力地实施湖湘文物保护法及相关法律法规，修订《湖南省文物保护条例》《湖南省文物保护单位管理办法》等法规，健全文物领域地方性法规体系。依法严格把控湖湘文物流通市场准入条件，规范民间收藏文物行为和文物鉴定，确保文物市场健康有序发展。探索建立不可移动文物保护与国土空间规划管理的协调机制，加快与"多规合一"协同平台的融合。开展"文物保护+标准化"行动，积极推动文物领域地方标准制定修订工作。扎实推进各项全省文物保护利用改革任务，着力破解制约文物高质量发展的体制机制问题，不断完善文物治理体系、提升治理能力。

建立健全激励评价机制。聚焦湖湘文化创作领域发展不平衡不充分问题，从政策、资金、机制等方面，出台相关支持艺术繁荣发展的实施意见。建立健全科学合理的文化艺术作品评价机制，把遵循新时代社会价值和人民满意作为最高标准，把艺术水准、受众反映、社会影响等作为评价的主要指标。充分发挥文艺评奖的导向激励作用，进一步改革和完善评奖机制，提高公信力和权威性。

完善湖湘文化创作版权保护制度。深入推进湖南省知识产权战略，进一步提升文艺领域知识产权运用、保护与管理能力，以版权保护促进文化创新。加快培育以动漫游戏、网络传媒、文化娱乐、广告设计、文化软件服务等为重点的版权产业，健全信息网络传播保护机制，优化版权运用市场机制，着力推进优秀出版物和原创影视作品输出。积极利用区块链技术，创建"智能知识产权平台"，治理网络文学、音视频、游戏、动漫、软件等行业的侵权现象。

二　加大湖湘文化创造性转化、创新性发展的财政投入

加大资金投入，合理配置资源，确保湖湘文化在研究、保护和推广上

的资金保障。加强财政、税收、金融等方面的支持政策衔接，保证公共财政对文化建设投入的增长幅度高于财政经常性收入增长幅度，提高文化支出占财政支出比例。落实公益性文化事业捐赠减免的各项政策，拓宽公共文化服务供给渠道，积极引导社会资本参与文化发展。努力探索财政支持文化事业和文化产业的新途径、新办法，进一步增强文化投入的有效性、激励性和引导性，建立起与公共财政支持方向相适应、符合文化发展内在规律的、稳定的财政投入机制和管理模式。

完善法规制度，建立文化投入稳定增长机制。推进文化的立法工作，争取以法律形式确保湖湘文化建设投入的增长。创新财政投入方式，进一步拓宽文化投入来源渠道，努力增加政府非税收入用于文化的比重，提高公益金用于文化事业的比重。将财政对文化的投入由以前直接拨款为主转为购买服务、项目补贴、以奖代补、基金制等多种方式。加强财政、税收、金融等方面支持文化发展的政策的衔接。

三 合理配置文化资源，支持文化项目落地和文化创新活动开展

编制湖湘文化资源配置规划，结合湖湘地区文化资源分布特点、产业发展需求及区域发展战略，明确各类湖湘文化资源的优先发展领域、重点支持项目和区域布局，引导文化资源向优势领域和关键环节集中。

持续深化文化产业供给侧结构性改革，优化湖湘文化资源配置和产业布局，健全现代文化产业体系和市场体系，以省属国有文化企业为重点，加快建立富有文化特色的现代企业制度。建立健全现代文化市场体系，完善湖湘文化资源市场化配置制度，促进文化资源合理流动。同时，加强文化市场监管和调控，明确文化市场主体权责，改进政府管理模式，加强综合执法，规范文化产业运营，维护文化市场公平竞争环境。建立和完善文化市场机制，促进文化产业与其他产业的联动，形成产业链，提升湖湘文化的经济效益。

完善产业发展机制，促进资源优势向产业优势转变。要把厚重的湖湘文化资源开发好、配置好、利用好，转化为产业发展优势。完善文化产业发展机制，走集约化发展道路，注重培育品牌，形成自身特色和竞争优

势；建设文化产业集群及文化产业基地，形成具有联动效应的文化产业带。培育湖湘文化市场主体，激发湖湘文化创造性转化、创新性发展活力。鼓励文化企业创新发展，打造湖湘文化产业链。支持文化创业者创业，培育湖湘文化新业态、新模式。

四 优化完善湖湘文化创造性转化、创新性发展的环境

优化湖湘文化的传承创新环境，营造发展氛围，多管齐下、合力共为，为之注入新动力，展现新景象。湖湘文化的传承创新是一个长期的过程，全社会要积极参与行动。鼓励社区和民间力量参与湖湘文化的保护与发展，形成政府、市场、社会三方共同参与的文化发展格局，激发各类文化创新主体的积极性和创造性。

一是培育文化传承人创新思维。加强文化传承人在科技应用、市场把握能力等方面的培训，注重培养文化传承人的融合创新思维，引导文化传承人精心研究新工艺、新载体、新手段，创新优秀传统文化的现代表达形式。二是开拓文化管理者创新思维。文化管理者应实现由"办"文化、"管"文化向"引"文化的转变，着重优化制度体系、完善支持政策、搭建发展平台，引导文化企业与文化传承人合作，充分发挥各自的优势，实现中华优秀文化的精品再造。三是提升文化企业自主创新能力。要从加强文化企业自主创新意识入手，持续加大人力、物力的投入，深入开展系列传统文化主题创新活动，构建鼓励创新、开放包容的企业创新文化，形成高效、协同、开放的文化创新体系。同时，政府要给予创新能力强、创新效果好的文化企业一定的政策支持，以激发文化企业的创新动力。

五 培养湖湘文化创造性转化、创新性发展的人才队伍

牢固树立人才是第一资源的理念，完善人才激励机制，推进文化专业人才队伍建设，激活湖湘文化创造性转化、创新性发展的活力。

一是实施湖湘文化优秀人才工程，以专业技术人才和管理人才为核心，实施高端文化人才集聚计划、创新文化人才提升计划、基层文化人才夯实计划、传统文化人才需求与高校人才供给对接计划，加强与现代公共

文化服务体系建设有机融合的人才规划。加强对湖湘文化创新人才的选拔、培养与扶持。坚持省市联动，构建文教结合机制，教育培养文化人才、支撑文化发展、拓展文化市场。二是依托重大科研项目、建设工程与重点基地，大力培养与壮大湖湘文化人才队伍。对湖湘文化宣传、创作有贡献的专业人才在选拔任用、职称晋升等方面制定优惠政策。在各类人才选拔、人才评价、人才奖励、人才项目中设立传统文化发展专项，人才政策重点向传统文化创新型人才倾斜，重点培养湖湘文化与相关产业融合发展的创意型、策划型和管理型人才。三是推行湖湘文化传承人才精准培养模式。针对不同类型的人才要求，运用科学的方法精准培养人才，以满足中华优秀传统文化创新与转化发展要求。以非遗传承人为例，对于具有代表性与影响力的非遗传承人，政府要给予专门的支持与保护，制定非遗传承人梯队接班人才培养专项计划，精准聚力人才队伍建设。

参考文献

1. 习近平：《之江新语》，浙江人民出版社，2007。

2. 《习近平关于实现中华民族伟大复兴的中国梦论述摘编》，中央文献出版社，2013。

3. 《习近平谈治国理政》第三卷，外文出版社，2020。

4. 习近平：《高举中国特色社会主义伟大旗帜 为全面建设社会主义现代化国家而团结奋斗——在中国共产党第二十次全国代表大会上的报告》，人民出版社，2022。

5. 《习近平著作选读》第一卷，人民出版社，2023。

6. 《习近平著作选读》第二卷，人民出版社，2023。

7. 习近平：《在文化传承发展座谈会上的讲话》，人民出版社，2023。

8. 习近平：《加强文化遗产保护传承 弘扬中华优秀传统文化》，《求是》2024年第8期。

9. 翦伯赞、郑天挺：《中国通史参考资料》（近代部分），中华书局，1980。

10. 林增平：《近代湖湘文化试探》，《历史研究》1988年第4期。

11. 黄守红：《毛泽东早期思想与湖湘文化传统》，《湘潭大学社会科学学报》2001年第2期。

12. 方克立：《湘学研究的对象、范围和意义》，《湘学第二辑》，湖南人民出版社，2002。

13. 姚静冰：《青年毛泽东思想中的湖湘文化渊源》，《湘潭大学社会科学学报》2003年第12期。

14. 彭大成：《湖湘文化与毛泽东》，湖南人民出版社，2003。

15. 万里：《湖湘文化的精神特质及其影响下的精英人物》，《长沙理工大学学报》（社会科学版）2004 年第 3 期。

16. 张昭军：《曾国藩理学思想探析》，《北京师范大学学报》（社会科学版）2004 年第 3 期。

17. 史革新：《晚清理学"义理经济"思想探析》，《福建论坛·人文社会科学版》2007 年第 10 期。

18. 胡海波、郭凤志：《马克思恩格斯文化观研究》，中国书籍出版社，2010。

19. 江凌：《试论近代湖湘文化的基本特质及其文化精神》，《湖南社会科学》2011 年第 6 期。

20. 《马克思恩格斯选集》第一卷，人民出版社，2012。

21. 朱汉民：《湖湘文化的文源、文脉与文气》，《新湘评论》2013 年第 5 期。

22. 罗文荟：《屈辞楚俗研究》，博士学位论文，中央民族大学，2013。

23. 戴金波：《唐代贬谪文人与湖湘文化的相互影响》，《武汉理工大学学报》（社会科学版）2014 年第 4 期。

24. 朱汉民：《湖湘文化与中国文化主体性构建》，《湖南社会科学》2014 年第 3 期。

25. 沈学玕：《毛泽东思想活的灵魂中的湖湘文化元素》，《社会科学家》2014 年第 9 期。

26. 高瑞华：《哈贝马斯的协商民主理论研究》，博士学位论文，南开大学，2014。

27. 史海威、雷菁：《湖湘文化创新与湖南经济发展》，《湖南大学学报》（社会科学版）2015 年第 6 期。

28. 董成雄：《中国优秀传统文化的系统解读和传承建构》，博士学位论文，华侨大学，2016。

29. 李先明、成积春：《中华优秀传统文化传承体系的构建：理论、实践与路径》，《南京社会科学》2016 年第 11 期。

30. 徐耀强：《论"工匠精神"》，《红旗文稿》2017 年第 10 期。

31. 鞠忠美：《中华优秀传统文化创造性转化创新性发展实现机制研究》，

博士学位论文，山东大学，2018。

32. 李维武：《传统文化的创造性转化与创新性发展——对习近平文化观的思考》，《武汉大学学报》（哲学社会科学版）2018年第5期。

33. 孔繁轲：《推动中华优秀传统文化创造性转化、创新性发展的实践运用与路径探析——以传统文化与社会主义核心价值观的耦合转化为例》，《理论学刊》2018年第6期。

34. 阮晓菁、肖玉珍：《习近平关于"中华优秀传统文化创造性转化、创新性发展"论述研究》，《思想理论教育导刊》2019年第1期。

35. 徐光木、江畅：《习近平总书记对中华优秀传统文化的创造性转化和创新性发展》，《思想理论教育》2019年第2期。

36. 许纪霖：《在"理"与"势"之间：晚清官僚士大夫的自改革》，《探索与争鸣》2019年第10期。

37. 吴增礼、王梦琪：《中华优秀传统文化创造性转化与创新性发展的维度和限度》，《湖南大学学报》（社会科学版）2020年第1期。

38. 黄意武：《中华优秀传统文化创造性转化、创新性发展面临的障碍及破解路径》，《重庆社会科学》2020年第5期。

39. 曹苗：《中华优秀传统文化的创造性转化创新性发展研究——兼论中华优秀传统文化的基本精神》，《理论探讨》2021年第6期。

40. 李新潮：《中华优秀传统文化创造性转化创新性发展的运行机理》，《理论学刊》2022年第2期。

41. 刘洪森、黄家皓：《青年毛泽东志气、骨气、底气的养成、内蕴与价值》，《湘潭大学学报》（社会科学版）2022年第4期。

42. 郭丽瑾、肖周录：《习近平中华优秀传统文化创造性转化和创新性发展的逻辑理路》，《学术探索》2022年第10期。

43. 钟君等：《2023年湖南经济发展报告产业图谱研究》，社会科学文献出版社，2023。

44. 张涛、高惠珠：《习近平关于传承中华文明的重要论述研究——基于创造性转化和创新性发展的视角》，《经济社会体制比较》2023年第5期。

45. 王泽应：《中华文明体系中的湖湘文化及其独特贡献》，《毛泽东研究》2023 年第 5 期。

46. 郑佳明：《湖湘文化的三重属性》，《新湘评论》2023 年第 14 期。

47. 朱汉民：《湖湘文化在中华文化中的地位》，《新湘评论》2023 年第 14 期。

48. 朱汉民：《湖湘文化通史》，岳麓书社，2024。

49. 潘莉、卞程秀：《习近平文化思想对中华优秀传统文化"体""用""贯通"的揭示》，《海南大学学报》（人文社会科学版）2024 年第 4 期。

50. 林国标：《习近平文化思想对中华优秀传统文化的阐释与弘扬》，《海南大学学报》（人文社会科学版）2024 年第 1 期。

51. 郑大华：《推动湖湘文化创造性转化、创新性发展的省思》，《求索》2024 年第 2 期。

52. 吴齐强、颜珂：《持续用力打造"三个高地"（推动高质量发展·权威发布）》，《人民日报》2024 年 5 月 11 日。

53. 洪银兴：《促进经济和文化共同繁荣》，《人民日报》2024 年 3 月 5 日。

54. 李卓尔：《让文明之光照亮复兴征程——习近平总书记引领推动文化遗产保护传承》，《人民日报》2024 年 6 月 8 日。

55. 李延霞、刘慧、刘开雄：《以人民为中心推动文化建设—深入学习贯彻习近平文化思想系列述评之八》，《人民日报》2024 年 1 月 30 日。

56. 郑敬斌：《在推动中华优秀传统文化"两创"中赓续中华文脉》，《人民日报》2024 年 2 月 7 日。

后　记

　　作为中华文明的瑰宝，湖湘文化以其经世致用、心忧天下、敢为人先的精神，为中华民族的伟大复兴提供了丰厚的精神滋养，在当代社会焕发出勃勃生机。深入研究湖湘文化，不仅有助于更好地传承和发扬中华优秀传统文化，而且能为解决当代社会面临的诸多问题提供新的思路与方案。基于此，我着手撰写这本专著，旨在深入探讨湖湘文化在现代社会中的转化与发展路径，为中华优秀传统文化的现代表达提供学术支撑与实践指导。

　　新时代，湖湘文化的创造性转化、创新性发展前景广阔，但同时也面临着传统与现代的和谐融合、文化自信的构建以及文化产业发展的多重挑战。这些挑战促使学者们不断思考，在当代社会的传承与创新中，如何站在历史与现实的交汇处，进行更深层次的挖掘与思考。从选题的确定到资料的搜集，从理论框架的构建到案例的深入分析，本书力求在传统与现代、传承与创新之间找到平衡点，以期揭示湖湘文化在新时代的创造性转化、创新性发展的实践进路。本书细致梳理湖湘文化历史，对其哲学思想、文化艺术、社会习俗等展开多维度的系统研究，探讨湖湘文化在当代文化产业发展中的机遇与挑战，提出将传统文化资源转化为现代文化产业的系列观点。

　　本书经过反复打磨，终于得以完成。它不仅是我个人学术生涯的一个重要里程碑，更是对湖湘文化深情的致敬。在学术研究的征途上，我们始终追求真理和知识的深化，学术探索的道路永无止境，但囿于个人视野和能力，书中的某些观点和论述可能尚待进一步推敲和完善。在此，我诚恳地希望广大读者和同行专家不吝赐教，提出宝贵的批评与建议，以便未来能够对这些知识进行更深入的探讨和研究。

　　本书的出版，是团队智慧的结晶。我要向所有参与本书出版的社会科学文献出版社的编辑老师们，特别是陈凤玲老师、责任编辑宋淑洁老师表达诚挚的感谢，她们的专业素养和严谨态度让我受益匪浅，为本书的出版提供了有力保障。我同样期待本书的成果能够为湖湘文化乃至中华优秀传统文化的创造性转化、创新性发展，提供有价值的参考和启示。

廖卓娴

2024 年 6 月于湖南省社会科学院

图书在版编目(CIP)数据

湖湘文化创造性转化创新性发展研究／廖卓娴著.
北京：社会科学文献出版社，2024.9.--ISBN 978-7-
5228-4378-0

Ⅰ.K296.4

中国国家版本馆 CIP 数据核字第 2024QJ0559 号

湖湘文化创造性转化创新性发展研究

著　　者／廖卓娴

出 版 人／冀祥德
组稿编辑／陈凤玲
责任编辑／宋淑洁
文稿编辑／田正帅
责任印制／王京美

出　　版／社会科学文献出版社·经济与管理分社（010）59367226
　　　　　地址：北京市北三环中路甲 29 号院华龙大厦　邮编：100029
　　　　　网址：www.ssap.com.cn
发　　行／社会科学文献出版社（010）59367028
印　　装／三河市东方印刷有限公司

规　　格／开本：787mm×1092mm　1/16
　　　　　印张：13.5　字数：209 千字
版　　次／2024 年 9 月第 1 版　2024 年 9 月第 1 次印刷
书　　号／ISBN 978-7-5228-4378-0
定　　价／99.00 元

读者服务电话：4008918866